Der Philosoph Melanchthon

Der Philosoph Melanchthon

Herausgegeben von
Günter Frank und Felix Mundt

De Gruyter

ISBN 978-3-11-055266-9
e-ISBN 978-3-11-026099-1

Library of Congress Cataloging-in-Publication Data
A CIP catalog record for this book has been applied for at the Library of Congress.

Bibliografische Information der Deutschen Nationalbibliothek
Die Deutsche Nationalbibliothek verzeichnet diese Publikation in der Deutschen Nationalbibliografie; detaillierte bibliografische Daten sind im Internet über http://dnb.dnb.de abrufbar.

© 2017 Walter de Gruyter GmbH & Co. KG, Berlin/Boston

Dieser Band ist text- und seitenidentisch mit der 2012 erschienenen gebundenen Ausgabe.

Druck: Hubert & Co. GmbH & Co. KG, Göttingen

∞ Gedruckt auf säurefreiem Papier

Printed in Germany

www.degruyter.com

Vorwort der Herausgeber

Der vorliegende Band dokumentiert die Ergebnisse des interdisziplinären Workshops „Der Philosoph Melanchthon", der am 28. und 29. Oktober 2010 am Institut für Philosophie der Freien Universität Berlin stattfand. Das Ziel des Workshops war, Melanchthon als Philosophen stärker und in einer größeren Vielzahl von Facetten in den Blickpunkt der Forschung zu rücken, als es im 20. und beginnenden 21. Jahrhundert geschehen ist. Dass auch der Theologe Melanchthon ohne seinen philologisch-philosophischen Bildungshintergrund nicht zu verstehen ist, ist an sich keine neue Erkenntnis, und doch führt die Akzentverschiebung, ihn einmal primär als Gestalt und Teil der Philosophiegeschichte in den Blick zu nehmen, zu neuen, teilweise auch überraschenden, Erkenntnissen und lässt ihn als selbständig denkenden Akteur auf der intellektuellen Bühne der frühen Reformationszeit neben Luther auch über die werdenden Konfessionsgrenzen hinaus stärker hervortreten. Es zeigt sich der bestimmende Einfluss wesentlicher Teil- und Randgebiete der Universalwissenschaft Philosophie auch auf Melanchthons theologische Theoriebildung. Während Wilhelm Dilthey mit seiner starken Betonung des Einflusses Ciceros auf Melanchthon dieses Phänomen vorrangig als Verhältnis zweier herausragender Denker verstanden, Hans-Georg Gadamer in seiner Melanchthonlektüre wiederum die Bedeutung der rhetorischen Hermeneutik herausgestellt hatte, soll hier versucht werden, das Spektrum – so weit es die gegenwärtige Forschung ermöglicht – noch weiter zu entgrenzen. Neben der allgemeinen Frage, worin für Melanchthon Wesen und Aufgabe von Philosophie und Ethik schlechthin bestanden, werden Anthropologie, Rechtsphilosophie und die Diskussion der Willensfreiheit näher beleuchtet. In der Anwendung aristotelischer und ciceronischer Topik sowie in den dichterischen Versuchen Melanchthons zeigt sich, dass die nach antiken Mustern gewählte Methode bzw. Form nicht ohne Einfluss auf den (theologischen) Inhalt bleibt. Von Interesse ist ferner, dass auch die zeitgenössische Porträtkunst Melanchthon typologisch eher als Humanisten und Philosophen denn als reformatorischen Theologen darstellt.

Die Herausgeber hoffen, der philosophischen Melanchthonforschung durch die folgenden Beiträge neue Impulse zu verleihen. Sie verdeutlichen Aspekte der universalen Gelehrsamkeit Philipp Melanchthons, die in der Regel in der Forschung wenig Beachtung finden. Gleichzeitig gilt unser Dank dem „Interdisziplinären Zentrum Mittelalter-Renaissance-Frühe Neuzeit" der Freien Universität Berlin mit seiner Koordinatorin Katharina Richter, Christiana Rebe von der Forschergruppe „Topik und Tradition" sowie der „Europäischen Melanchthon-Akademie" und der Melanchthonstadt Bretten für die Unterstützung bei der Ausrichtung des Workshops. Dem Verlag De Gruyter sei herzlich für die vorzügliche Betreuung des Bandes gedankt.

Berlin und Bretten im Januar 2012   Günter Frank, Felix Mundt

Inhalt

Günter Frank
Einleitung: Zum Philosophiebegriff Melanchthons 1

Anne Eusterschulte
Assensio: Wahlfreiheit in Melanchthons theologischer
Grundlegung einer philosophischen Ethik 11

Günter Frank
Melanchthon – der „Ethiker der Reformation" 45

Wilhelm Schmidt-Biggemann
Topik und *Loci Communes:* Melanchthons Traditionen 77

Thorsten Fuchs
Krächzender Rabe oder singende Nachtigall? Der Dichter
Philipp Melanchthon und sein poetisches Werk 95

Gideon Stiening
„Notitiae principiorum practicorum". Melanchthons
Rechtslehre zwischen Machiavelli und Vitoria 115

Felix Mundt
Melanchthon und Cicero. Facetten des Eklektizismus am Beispiel
der Seelenlehre 147

Bernd Roling
Melanchthon im Streit um den Ursprung der Seelen: Die Debatte
zwischen Johannes Sperling und Johannes Zeisold 173

Maria Lucia Weigel
Melanchthon als Philosoph in graphischen Bildnissen des 16.–19.
Jahrhunderts 201

Personenregister 235

Sachregister 239

Einleitung: Zum Philosophiebegriff Melanchthons

Günter Frank

Wilhelm Dilthey und Hans-Georg Gadamer waren wohl die beiden letzten großen Gelehrten, die Melanchthon als Philosophen ernst genommen hatten. In seinen frühen Untersuchungen über „Das natürliche System der Geisteswissenschaften im 17. Jahrhundert" aus dem Jahr 1892/93 hatte Dilthey Melanchthon als jene Vermittlungsgestalt gesehen, die den Übergang aus dem „alten theologisch-metaphysischen System" hin zum natürlichen System des 17. Jhdt. bezeichnete. „Dies System gestaltete als natürliche Theologie und als Naturrecht die Ideen und Zustände Europas etwa vom dritten Dezennium des 17. Jahrhunderts ab um, es machte sich ebenso in den anderen Geisteswissenschaften geltend."[1] Daneben war es die Hermeneutikforschung des 20. Jhdt., in der die in den älteren Arbeiten zur Frühgeschichte der Hermeneutik gleichwohl umstrittene Frage diskutiert wurde, ob der systematische Ort der Ausarbeitung hermeneutischer Theorien die protestantische Theologie (Dilthey)[2], die Logik (Jaeger)[3] oder die Rhetorik (Gadamer)[4] ist, in der dann insgesamt Melanchthon als Begründer einer systematischen Theologie des Protestantismus eine herausragende Rolle zukommt.

Daneben wurde – vor allem in der protestantischen Kirchengeschichtsforschung – Melanchthons Philosophie häufig als Thema einer Zugehörigkeit zu einer bestimmten philosophischen Schultradition diskutiert. Entsprechend der Gewichtung philosophischer Theoreme, bzw. einer entsprechenden Kommentarbuchtradition konnte er dann als Aristoteliker, Platoniker oder auch als Schüler Ciceros bezeichnet werden. Die Problematik einer solchen externen, inhaltlichen Bestimmung

---

1 Wilhelm DILTHEY, Das natürliche System der Geisteswissenschaften im 17. Jahrhundert, in: Aufsätze zur Philosophie. hg. von Marion MARQUARD, Berlin/O. 1986, 139–326, hier: 141.
2 Wilhelm DILTHEY, Die Entstehung der Hermeneutik (1900), in: Gesammelte Schriften, Bd. 5, Stuttgart/Göttingen ⁶1974, 317–338.
3 Hasso JAEGER, Studien zur Frühgeschichte der Hermeneutik, in: ABG 18 (1974) 35–84.
4 Hans-Georg GADAMER, Rhetorik und Hermeneutik, in: DERS., Kleine Schriften, Bd. 4 (Tübingen 1977) 148–163.

des Philosophiebegriffs Melanchthons wird bereits darin deutlich, dass auf diese Weise nie das Ganze seines Philosophieverständnisses in den Blick geriet. Kennzeichnend hierfür wurde etwa der Kunstbegriff eines „Eklektizismus", mit dem die unterschiedlichen und mitunter gegenläufigen philosophischen Traditionen zusammengedacht wurden[5]. Um einen solchen externen Philosophiebegriff mit seinen Verkürzungen und Aporien zu vermeiden, erscheint viel wichtiger die Frage, was Melanchthon selbst unter Philosophie verstand. Im umfangreichen Œuvre Melanchthons lassen sich drei Philosophiebegriffe identifizieren:

1. Philosophie im erasmischen Sinn als „Philosophia Christi" oder als „Philosophia christiana".

Auf der einen Seite findet sich bei Melanchthon die erasmische Vorstellung einer „christlichen Philosophie". Erasmus selbst hatte den Begriff einer „christlichen Philosophie" bekanntlich aus der auf die religiöse Lebensform bezogenen Terminologie der Kirchenväter entlehnt[6]. Wichtig für diese Tradition war, dass die „christliche Philosophie" – so etwa bei Clemens von Alexandrien[7], Johannes Chrysostomus[8] oder auch Augustin[9] – auf eine bestimmte Lebensform, zumeist auf das Leben der Mönche, bezogen war. Diese Redeweise wurde auch im Mittelalter insofern beibehalten, als man die Lebensform des Mönchtums allgemein, vor allem aber des Eremitentums als „christliche Philosophie" bezeichnete.

Erasmus von Rotterdam griff ab 1515 die Vorstellung einer „christlichen Philosophie" durch die Kirchenväter erneut auf mit dem entscheidenden Unterschied, dass nunmehr diese Philosophie nicht auf die Lebensform eines Standes, etwa der Mönche, beschränkt blieb, sondern sich auf alle Christen bezieht, die berufen sind, ein Leben nach dem

---

[5] Zu diesen auf die unterschiedlichen Schultraditionen bezogenen Philosophiebegriffen Melanchthons und deren Problematik Günter FRANK, Die theologische Philosophie Philipp Melanchthons (1497–1560), Leipzig 1995 (EThSt 67), 15–29.

[6] Ausführlich über diese philosophische Tradition der Kirchenväter nunmehr Theo KOBUSCH, Christliche Philosophie. Die Entdeckung der Subjektivität, Darmstadt 2006.

[7] Strom. VI, 67,1.

[8] In Kalendas 3: PG 48, 956.

[9] Contra Iulian. IV, 14, 72.

Neuen Testament in Entsprechung zu jener Lebensform zu führen, wie sie die Kirchenväter gelehrt hatten[10].

An diese doppelte Vorstellung einer Lebensform, die sich an den Quellen des Neuen Testamentes orientiert und sich auf das religiös-sittliche Leben aller Christen bezieht, die mithin kaum an den spekulativen Perspektiven einer theoretischen Philosophie interessiert ist, knüpfte auch Melanchthon an. In seiner Deklamation über das Studium der paulinischen Lehre aus dem Jahr 1520 spricht Melanchthon von der „paulinischen Philosophie"[11], die er auch als „hochheilige"[12], „heilige"[13] oder allgemein als „christliche Philosophie"[14] bezeichnen kann, und bezieht sich hier vor allem auf die soteriologischen Perspektiven der paulinischen Theologie (iustificatio) und ihre Überlegenheit über eine „pagane Philosophie". Unverkennbar ist, dass diese Äußerungen Melanchthons insofern einen neuen Akzent der erasmischen Rede einer „christlichen Philosophie" verdeutlichen, als diese vor dem Hintergrund

---

10 Vgl. hierzu: Georges CHANTRAINE, „Mystère" et „Philosophie du Christ" selon Erasme. Étude de la lettre à P. Volz et de la „Ratio verae theologiae" (1518), Namur, u. a. 1971 (BFPLN); Jerzy DOMAŃSKI, On the Patristic Sources of „Philosophia Christi": Erasmiana Cracoviensia, Krakau 1971, 87–102; Cornelis AUGUSTIJN, Erasmus von Rotterdam. Leben, Werk, Wirkung, München 1986; DERS., Art. Erasmus, Desiderius, in: TRE 10 (²1993) 1–18; Peter WALTER, Art. Erasmus, Desiderius, in: LThK 3 (³1995) 735–737.

11 Ad Paulinae doctrinae studium adhortatio, Basel 1520 (= CR 11, 34–41; hier: 34): „Equidem agnosco, Paulinae philosophiae studium vobis commendaturus, rem me conari non paulo maiorem viribus." Vgl. ebd. 40: „Proinde iuvenes Christo inaugurati, Paulinae Philosophiae animos addicite, nisi non est vobis salus vestra curae."

12 Ebd. 36: „Cur sacrosanctam philosophiam maximi homines tam studiose literis mandarent?"

13 So in seiner Vorrede zu: Martin Luther, In epistolam Pauli ad Galatas commentarius, Leipzig (April ?) 1519 (CR 1, 120–124; hier 122): „Quo magis eorum requiro prudentiam, qui hac sacra philosophia, christiano maxime necessaria, vel prorsus neglecta, vel leviter transmissa, in gentilium philosophorum libris macerantur et senescunt." (vgl. MBW 54).

14 Ebd.: „Verum id conqueror, istius seu miraculi seu monstri, imo christianae philosophiae vere hostis, tricas magis involventes quam expedientes, tanto temporis ac fructus dispendio christianum sectari." Ähnlich auch in der Vorrede zur „Epistola Pauli ad Romanos D. Erasmo interprete", Wittenberg 1520 (CR 11, 276–278; hier: 276 f.): „Porro autem rerum theologicarum summam nemo certiore methodo complexus est, quam Paulus in epistola, quam ad Romanos scripsit, omnium longe gravissima, in qua communissimos et quos maxime retulit christianae philosophiae locos excussit."

der paulinischen Theologie eine rechtfertigungstheologische Zuspitzung erfährt.

Allerdings stellt sich aus diesen ersten Hinweisen auf jenen Philosophiebegriff, wie er aus der erasmischen Tradition entlehnt ist, die Frage, ob ein solches Philosophieverständnis tatsächlich den umfangreichen philosophischen Bemühungen Melanchthons gerecht wird. Auffallend sind hierbei bereits zwei eher äußerliche Beobachtungen: Zum Einen erscheint der reformatorisch zugespitzte erasmische Philosophiebegriff im Blick auf das gesamte philosophische Œuvre Melanchthons eher singulär. Zum Anderen beschränkt sich dessen Rede von der „christlichen Philosophie" auf die Jahre 1519–1520, jene Jahre mithin, in denen Melanchthon unter dem Einfluss Martin Luthers gerade durch seine ausdrückliche Philosophiekritik von sich reden machen sollte. Neben dieser Philosophiekritik, die – zeitlich begrenzt – Episode blieb, muss vor allem berücksichtigt werden, welche Art von Philosophie Melanchthon kritisierte. Seine Vorrede zur bezeichnenden Edition der „Wolken" des Aristophanes aus dem Jahr 1520 verdeutlicht, dass es die vermeintliche „Nutzlosigkeit" der spekulativen Philosophie für die politische Wirklichkeit ist, die Melanchthon der Lächerlichkeit preiszugeben versucht[15].

So präzisiert er in einem Schreiben aus dem April 1520[16] an den Erfurter Augustiner Johannes Lang, in dem er die Edition der „Wolken" des Aristophanes ankündigt, dass sich seine Kritik auf die „Philosophaster" beziehe, nicht jedoch auf jene Philosophen, die bescheiden und behutsam innerhalb der Grenzen ihrer Disziplin blieben[17]. Insgesamt betrifft seine frühe und eher singuläre Philosophiekritik vor allem nicht den humanistischen Fächerkanon der „artes liberales". Die Erneuerung des humanistischen Reformprogramms der „artes liberales" gehörte zu jener Tradition, die Melanchthon aus Tübingen nach Wittenberg mitgenommen hatte. Melanchthon hatte dieses Reformprogramm zum Gegenstand seiner Tübinger Rede „De artibus liberalibus" aus dem Jahr 1517[18], in der er sich um die Erneuerung der klassischen „artes liberales", dem Trivium (Grammatik, Dialektik, Rhetorik) und dem Quadrivium

---

15 CR 1, 273–275. Zur Diskussion der Philosophiekritik des jungen Melanchthons und ihrer Wertung Frank (wie Anm. 5) 52–60.
16 MBW 87.
17 CR 1, 163: „Nos dabimus Nubes *Aristophanis*, argumentum splendidum, quo Philosophastros insectemur. Philosophastros aio, nam Philosophis optime volo, modo quis modice, cautim et ut cum *Platone* dicam, μετρίως ἐν τῇ ἡλικίᾳ φιλοσοφήσῃ."
18 MSA 3, 17–28.

(Arithmetik[19], Geometrie, Musik[20], Astronomie) bemüht hatte, und dann vor allem seiner berühmten Wittenberger Antrittsvorlesung „De corrigendis adolescentiae studiis" vom 28. August 1518[21] gemacht.

2. Der Philosophiebegriff des melanchthonischen Humanismus

Schon in der Tübinger Rede über die „artes liberales" ist Melanchthons Vorstellung eines Kanons der Philosophie klar formuliert: neben den Fächern des Triviums und des Quadriviums, die er auf 7 der 9 Musen bezieht, wird dieser Kanon erweitert mit den literarischen Figuren der Klio und der Kalliope, die Melanchthon – wie seit Hesiod, vor allem aber bei italienischen Humanisten üblich – mit der Geschichtsschreibung und der Poetik identifiziert[22]. Nicht anders sieht der Fächerkanon der „artes liberales" in der Wittenberger Antrittsvorlesung von 1518 aus. Auch hier sind es die Fächer des Triviums und Quadriviums, die Melanchthon als „disciplinae humanae", bzw. als Philosophie bezeichnet[23], ergänzt durch

---

19 Melanchthon selbst hatte zwar keine größeren Werke zur Arithmetik/Mathematik verfasst. Berücksichtigt werden müssen jedoch seinen vielfachen Vorwörter zu Lehrbüchern und wissenschaftlichen Werken, welche die mathematischen Wissenschaften betrafen. Eine Übersicht über diese zu berücksichtigenden Vorwörter findet sich bei Karin REICH, Melanchthon und die Mathematik seiner Zeit, in: Melanchthon und die Naturwissenschaften seiner Zeit. hg. von Günter FRANK, Stefan RHEIN, Sigmaringen 1998 (MSB 4), 105–121; hier: 110–112.
20 Hier sei hingewiesen auf die bislang wenig beachtete Thematik der Musik. Eine Bibliographie der musikalischen Werke, die sich auf Melanchthon beziehen, sowie Kompositionen von Texten Melanchthons findet sich bei Ludwig KNOPP, Melanchthon in der Musik seiner Zeit – eine bibliographische Studie, in: Der Theologe Melanchthon. hg. von Günter FRANK, Stuttgart 2000 (MSB 5), 411–432.
21 MSA 3, 29–42.
22 Nachdem Melanchthon die einzelnen Disziplinen des Triviums und des Quadriviums besprochen hat: „Censae artium numero Musae septem, duae supersunt. Cleio et Calliope, quibus aequum in omnes litteras ius: historiae Cleio, Calliopen poëmati praeficimus." (MSA 3, 26). Die ganze Wittenberger Antrittsrede findet sich auch in einer deutschen Übersetzung in: Melanchthon deutsch. Bd. 1: Schule und Universität. Philosophie, Geschichte und Politik. hg. von Michael BEYER, u.a., Leipzig 1997, 41–63.
23 MSA 3, 38 f: „Nam in ea sum plane sententia, ut qui velit insigne aliquid, vel in sacris, vel foro conari, parum effecturum, ni animum antea humanis disciplinis (sic enim philosophiam voco) prudenter et quantum satis est, exercuerit."

griechische und lateinische Literatur (Poetik)[24] und Geschichtsschreibung[25]. Melanchthon kann diesen Kanon der Philosophie, wie er aus den „artes liberales" sowie der Poetik und Geschichtsschreibung gebildet wird, zusätzlich beziehen auf die stoische Einteilung der Wissenschaftsbereiche der sprachkundlichen (λογικόν), naturkundlichen (φυσικόν) und ethischen (προτρεπτικόν) Disziplinen[26].

Auch wenn der Bezug auf die stoische Wissenschaftsklassifikation, die er später in seiner Dialektik wiederum als aristotelische bezeichnet[27], eher äußerlicher Natur ist und hier darüber hinaus singulär erscheint, so ist klar, dass Melanchthon in diesen frühen Äußerungen über die Philosophie einen Philosophiebegriff formuliert hatte, wie er allgemein charakteristisch war für die humanistische Bewegung. Einen solchen humanistischen Philosophiebegriff hatte folglich die jüngere Melanchthonforschung – sofern sie sich überhaupt diesem Thema genähert hatte – deutlich herausgestellt[28].

Dennoch bleibt auffällig, dass dieser Philosophiebegriff der „artes liberales" in seiner Erweiterung durch Poetik und Geschichte gerade nicht etwa auch die Moralphilosophie impliziert[29], die gemeinhin im

---

24 Ebd. 38: „Iungendae Graecae litterae Latinis, ut philosophos, theologos, historicos, oratores, poetas lecturus, quaqua te vortas, rem ipsam assequare, non umbram rerum, velut Ixion cum Iunone congressurus in nubem incidit."

25 Ebd. 39: „Necessaria est omnino ad hanc rem historia, cui si ausim, me hercle non invitus uni contulero, quidquid emeretur laudum universus artium orbis."

26 Ebd. 34. Zur stoischen Dreiteilung der Philosophie vgl.: Ioannes ab Arnim, Stoicorum veterum Fragmenta, 4 Bde. Stuttgart 1903–1924 [ND: Stuttgart 1964] (= SVF); hier: SVF II, 35 ff; vgl. auch die Hinweise bei Pierre Hadot, Art. Philosophie. F. Die Einteilung der Philosophie in der Antike, in: HWP 7 (1989) 599–607; hier: 601 f.

27 Vgl. „Erotemata dialectices" (CR 13, 656): „Aristotelica recte distribuit genera doctrinarum, Dialecticen, Physicen et Ethicen." In seiner anschließenden Diskussion der Philosophie der Stoa wird diese stoische Wissenschaftsklassifikation nicht mehr erwähnt (ebd. 657).

28 So etwa Heinz Scheible, Melanchthons Bildungsprogramm, in: Lebenslehren und Weltentwürfe im Übergang vom Mittelalter zur Neuzeit. Politik – Bildung – Naturkunde – Theologie. hg. v. Hartmut Boockmann, u. a., Göttingen 1989 (Abhandlungen der Akademie der Wissenschaften in Göttingen. Philologisch-Historische Klasse. Dritte Folge, Nr. 179), 233–248, bes. 235–237. Ähnlich aber auch Frank (wie Anm. 5) 61–86.

29 In der Wittenberger Antrittsvorlesung gibt es zumindest einen Hinweis auf die Moralphilosophie: „Complector ergo philosophiae nomine scientiam naturae, morum rationes et exempla." (MSA 3, 39).

Einleitung: Zum Philosophiebegriff Melanchthons 7

Zentrum des Philosophieverständnisses der Humanisten stand[30]. Neben den vielfältigen Bearbeitungen der Schriften zur praktischen Philosophie (der Ethik und Politik des Aristoteles sowie der politischen Schriften des Cicero) würde ein solcher humanistischer Philosophiebegriff auch andere, unverkennbar philosophische Schriften ausschließen, die Melanchthon publiziert hatte. Hierzu gehören seine Schriften zur Rechtsphilosophie (Cicero) ebenso wie die Bearbeitungen der aristotelischen Psychologie (De anima), die für die Medizingeschichte[31] genauso bedeutsam ist wie für die Erkenntnis- und Wissenschaftstheorie aufgrund der in dieser entwickelten Intellektlehre[32], und Naturphilosophie (Initia doctrinae physicae). Melanchthons Bearbeitungen dieser philosophischen Disziplinen verdeutlicht, dass er – zumindest seit den 30-er Jahren des 16. Jhdt. – unter Philosophie nicht nur die Fächer der Artistenfakultät in ihrer Erweiterung um Poetik und Geschichte verstanden wissen wollte, sondern mit Medizin und Jurisprudenz auch die höheren Fakultäten im Blick hatte. Schließlich: sofern selbst in der Theologie philosophische Theorien wie ein philosophischer Gottesbegriff[33], philoso-

---

30 Neben den beiden klassischen Studien von August BUCK, Humanismus. Seine europäische Entwicklung in Dokumenten und Darstellungen, Freiburg/München 1987, 154–176, der in der Moralphilosophie sogar „den theoretischen Rückhalt des humanistischen Bildungsbegriffs" sah (ebd. 169), und Paul Oskar KRISTELLER, Humanismus und Renaissance, Bd. 1, München o.J. (UTB 914), 177–194, sei hier auf die entsprechenden Hinweise der neueren Lexika hingewiesen: Peter WALTER, Art. Humanismus. I. Begriff und Ausprägungen, in: LThK 5 (^{3}1996) 319–322; Eckhard KESSLER, Art. Humanismus. II. Philosophiegeschichte, in: LThK 5 (^{3}1996) 322–324; DERS., Art. Renaissance, in: LThK 8 (^{3}1999) 1099–1102; Heinz SCHEIBLE, Art. Humanismus. III. Mittelalter und Renaissance, in: RGG 3 (^{4}2000) 1941–1944.
31 Neben dem „Liber de anima" sind für die Medizingeschichte auch verschiedene akademische Reden Melanchthons wie die „Laus artis medicae" von 1527 sowie das „Encomium Medicinae" aus dem gleichen Jahr (angebunden in: A.C. Celsus, De re medica libri octo eruditissimi, Hagenau 1528) von Bedeutung. Vgl. hierzu Rolf D. HOFHEINZ, Philipp Melanchthon und die Medizin im Spiegel seiner akademischen Reden, Herbolzheim 2001 (Neuere Medizin- und Wissenschaftsgeschichte, Bd. 11), der das „Encomium Medicinae" in einer deutschen Fassung vorgelegt hat (ebd. 101–108). Vgl. darüber hinaus die Promotionsrede von 1548 „De dignitate artis medicae" (CR 11, 806–811).
32 Vgl. hierzu die Hinweise bei Günter FRANK, Philipp Melanchthons „Liber de anima" und die Etablierung der frühneuzeitlichen Anthropologie, in: Humanismus und Wittenberger Reformation. hg. von Michael Beyer, u.a., Leipzig 1996, 313–326; hier: 313 f.
33 Loci praecipui Theologici, 1543 (CR 21, 607–612).

phische Gottesbeweise³⁴, die aristotelische Lehre von der Ewigkeit der Welt³⁵ und die Willensfreiheit³⁶ diskutiert werden, würde sich ein solcher Philosophiebegriff auch auf die Theologie erstrecken.

3. Der universalwissenschaftliche Philosophiebegriff

Hinter diesem umfangreichen, den Fächerkanon der humanistischen „artes liberales" unverkennbar überschreitenden, für die philosophische Produktivität Melanchthons aber gerade seit den 30-er Jahren des 16. Jhdt. kennzeichnenden Œuvre der philosophischen Schriften verbirgt sich letztlich ein Philosophiebegriff als einer universalwissenschaftlichen Disziplin. Melanchthon hatte ein solches universalwissenschaftliches Programm von Philosophie richtungsweisend in seiner „Rede über die Philosophie" aus dem Jahr 1536 formuliert und grundgelegt³⁷. In einer programmatischen Zusammenfassung desjenigen Wissens, welches die Philosophie umfasst, hebt Melanchthon hervor, dass hiermit nicht nur die Kenntnis der Grammatik (ein deutlicher Hinweis auf das Trivium der „artes liberales") gemeint sei, sondern die Wissenschaft (scientia) der Philosophie und vieler anderer Künste (artes).³⁸ Unverkennbar bezieht sich Melanchthon hier auf die wichtigsten Formen von Wissenschaft, die Aristoteles in den Kapitel 3–5 des Buches VI der „Nikomachischen Ethik" entwickelt hatte: die theoretische Wissenschaft³⁹, die aus einem

---

34 Ebd. 641–643.
35 Ebd. 637–641.
36 Ebd. 652–665.
37 CR 11, 278–284; eine deutsche Übersetzung findet sich in: Melanchthon deutsch, Bd. 1. hg. v. Michael Beyer, u. a., Leipzig 1997, 125–135.
38 CR 11, 279: „Quare ut argumentum conveniens huic loco afferrem, et aliquid de dignitate et utilitate harum artium, quas Philosophia profitetur, dicerem, institui orationem, in qua ostenderem, Ecclesiae opus esse liberali eruditione, et non tantum cognitione Grammatices, sed etiam aliarum multarum artium et Philosophiae scientia."
39 Aristoteles hatte diesen Wissenschaftsbegriff der ἕξις ἀποδεικτική oder des „habitus demonstrationis" in NE VI 3, 1139 b 31 formuliert. Vgl. zu diesem aristotelischen Konzept des apodeiktischen Wissens Albert Zimmermann, Ontologie oder Metaphysik? Die Diskussion über den Gegenstand der Metaphysik im 13. und 14. Jahrhundert, Leiden/Köln 1965, bes. 95–117. Hingewiesen sei wenigstens darauf, dass sich dieser aristotelische Wissenschaftsbegriff der ἕξις ἀποδεικτική gerade auf die Metaphysik bezieht, eine Disziplin, die Melanchthon zeitlebens aus seinem philosophischen Kanon ausgeschlossen hatte.

syllogistischen Beweisverfahren gewonnen wird und auf ersten, unveränderlichen Prinzipien beruht (scientia, ἐπιστήμη)[40], sowie die auf die Hervorbringung von Dingen bezogenen „artes" (τέχναι)[41]. Zu dieser umfassenden Wissenschaft (scientia) der Philosophie gehört nach Melanchthon dann die Natur- und Moralphilosophie[42], eine wissenschaftliche Methodenlehre (Dialektik) und die Rhetorik[43]. Die im Studium dieser Wissenschaften Geschulten – so Melanchthon weiter – würden sich dann jene begründete Geisteshaltung (ἕξις) erwerben[44], die sich nach Aristoteles auf die „scientia argumentativa" bezogen hatte, also auf die Wissenschaft von den ersten allgemeinsten und unveränderlichen Prinzipien[45]. Zu dieser umfassenden Wissenschaft (ars integra), die einen ganzen Kreis von Wissenschaften bildet, in der die einzelnen Disziplinen miteinander verbunden und aufeinander bezogen sind, gehört dann auch die Psychologie[46], Moral- und Rechtsphilosophie[47], Geschichte, Ma-

---

40 Über Philosophie als Wissenschaft (scientia), die auf unveränderlichen, wahren Prinzipien beruhen, vgl. dann ausführlich die entsprechenden Passagen in den „Erotemata dialectices" (CR 13, 652 f): „Quid est Demonstratio? Demonstratio est syllogismus, in quo aut ex principiis natura notis, aut universali experientia, aut ex definitione de subsumto, bona consequentia, necessariam et immotam conclusionem extruimus, aut ex causis proximis effectus proprios sequi ostendimus, aut econtra procedimus. [...] Dic definitionem Aristotelicam. Demonstratio est syllogismus procedens ex veris, primis et immediatis, notioribus et prioribus, quae sunt causae conclusionis. [...] Suntne demonstrationes in physica et ethica doctrina? [...] Mutabilium non esse demonstrationes seu *scientiam*, sed *immutabilium* (kursiv, G.F.), id intelligatur de propositionibus abstractis cogitatione a rebus, ut quamvis violae cito pereunt, tamen hae propositiones verae sunt: Violae sunt plantae [...]."
41 Vgl. zu diesen aristotelischen Wissensformen der „scientia" und „artes" und ihrer mittelalterlichen Transformation den Beitrag von Charles LOHR, Aristotelian „Scientia", the „Artes", and the Medieval Metamorphoses of both, in: Philosophia vitam alere (FS R. Darowski), Kraków 2005, 403–412. Im HWP fehlen die Lemmata „ars" und „scientia".
42 CR 11, 280: „[...] multa enim assumenda sunt ex Physicis, multa ex Philosophia morali conferenda sunt ad doctrinam Christianam."
43 Ebd.: „Deinde duae res sunt, ad quas comparandas opus est magna et varia doctrina, et longa exercitatione in multis artibus, videlicet, methodus et forma orationis."
44 Ebd. 281: „Qui in eo studio bene assuefacti, ἕξιν sibi paraverunt, revocandi omnia ad methodum, quae intelligere aut tradere aliis cupiunt, [...]."
45 Vgl. Anm. 38.
46 CR 11, 281: „Magno instrumento destitutus est Theologus, qui nescit illas eruditissimas disputationes, de anima, de sensibus, de causis appetitionum et affectuum, de notitia, de voluntate."

thematik, Astronomie und Astrologie⁴⁸. – Ausgeschlossen aus diesem universalwissenschaftlichen Philosophiebegriff bleibt jedoch die Metaphysik des Aristoteles.

---

47 Ebd.: „Non opinor quenquam adeo insulsum esse, ut non animadvertat, eos qui instructi sunt Philosophia morali, multas partes doctrinae Christianae foelicius tractare posse. Nam cum multa sint similia, de legibus, deque politicis moribus, contractibus, et multis vitae officiis, adiuvamur, non solum ordine ac methodo in Philosophia, sed etiam rebus ipsis diligenter perceptis; […]."
48 Ebd. 281 f.: „Iam historiae, temporum exacta supputatio, requirunt Mathematicen. […] Et barbaries quaedam est, ut nihil aliud dicam, contemnere illas pulcherrimas artes, de motibus syderum, quae nobis annos et temporum discrimina conficiunt, et multas res maximas venturas denunciant, nosque utiliter monent."

Assensio: Wahlfreiheit in Melanchthons theologischer Grundlegung einer philosophischen Ethik

Anne Eusterschulte

> „Voluntas extendit manum. Sed adiuvatur a Spiritu sancto. Hoc addidimus ex Evangelio, quod est lumen Legis, et ostendit, quomodo Lex fieri possit, et quomodo placeat, Nec tamen voluntas est otiosa. Trahit Deus, sed volentem trahit [...] et fatendum est, in renato voluntatem sic esse liberam, ut possit labi volens, et possit retinere beneficia Filii Dei, cum quidem iam iuvetur Spiritu sancto, iuxta dictum: Spiritus opitulatur infirmitati vestrae, videlicet, in petente et luctante, non in repugnante."[1]

> „Adversus Manichaeos haec fundamenta tenenda sunt [...] *omnes* homines *posse* converti ad Deum, *nec voluntatem se habere pure passive, sed aliquo modo active, ac assentiri posse Deo trahenti.*"[2]

Melanchthons praktische Philosophie steht, obwohl längst eine Reihe von grundlegenden Studien vorliegt, die sich die Erschließung, Analyse und Interpretation der philosophischen Schriften, nicht zuletzt der ethischen Werke zur Aufgabe gemacht haben[3], noch immer im Schatten

---

1 Philipp MELANCHTHON, Explicatio Symboli Niceni. Ex Editione Witebergensi anni 1561, in: Libri Philippi Melanthonis in quibus dogmata doctrinae christianae exposuit, CR 23, hg. v. Carolus Gottlieb Bretschneider u. Henricus Ernestus Bindseil, Braunschweig 1855, 357–584, hier 440.
2 Wiedergabe der „Exposition of the Nicene Creed, sent by Melanchthon to Cranmer 1550", in: Richard LAURENCE, Eight Sermons preached before the university of Oxford in the year 1804, new edition, Oxford 1820, 317.
3 Vgl. Nicole KUROPKA, Philipp Melanchthon. Wissenschaft und Gesellschaft. Tübingen 2002 (Spätmittelalter und Reformation N. R. 21). sowie, insbesondere mit Blick auf die Beurteilung der Ethik Melanchthons im ausgehenden 19. Jahrhundert, den Beitrag von Henning ZIEBRITZKI, Tugend und Affekt. Ansatz, Aufriss und Problematik von Melanchthons Tugendethik, dargestellt anhand der „Ethicae doctrinae elementa" von 1550, in: Günter FRANK (Hg.), Der Theologe Melanchthon, Melanchthon-Schriften der Stadt Bretten 5, Stuttgart 2000, 357–373; zur Rezeptions- und Wirkungsgeschichte Günter FRANK, Einleitung. Die praktische Philosophie Philipp Melanchthons und die Tradition des frühneuzeitlichen Aristotelismus, in: Philipp MELANCHTHON, Ethicae Doctrinae Elementa et Enarratio Libri quinti Ethicorum, hg. u. eingel. v.

der Frühneuzeitforschung bzw. der wissenschaftlichen Auseinandersetzung mit Melanchthons Rolle innerhalb der reformatorischen Theologie. Ein Grund hierfür mag sein, dass die Erschließung des von Melanchthon vorgelegten philosophischen Schriftcorpus prinzipiell einer umfassenden, auch editorischen Neu-Erschließung harrt. Auch hat sich das wissenschaftliche Interesse an Melanchthon lange Zeit vornehmlich auf den Theologen und bildungstheoretisch ambitionierten Reformator in der Nachfolge Luthers konzentriert. Welche Rolle den philosophischen Schriften, genauer dem Verhältnis von Theologie und praktischer Philosophie bei Melanchthon, zukommt, gerät leicht aus dem Blick, wenn man Melanchthon vornehmlich als Vermittler und explikatorisch wirksamen Systematiker der protestantischen Theologie in der Nachfolge Luthers sieht. Es kann gar keine Frage sein, dass die Lutherische Rechtfertigungslehre bzw. die fundamentaltheologische Systematik protestantischer Lehre für Melanchthons praktische Philosophie von grundlegender Bedeutung ist. Aber wie lässt sich vor diesem Hintergrund die Tatsache erklären, dass Melanchthon eine ebenso intensive wie kontinuierliche Auseinandersetzung mit antiken Ethiklehren anstrengt, er die ethischen Schriften Ciceros wie des Aristoteles, um nur zwei maßgebliche Beispiele zu nennen, wiederholt und in permanenter Überarbeitung seiner Erschließungsbemühungen zum Gegenstand von Vorlesungen, Kommentaren, interpretatorischen Re-Lektüren und nicht zuletzt Publikationen bzw. Editionen macht? Auch bleibt, wie die Forschung gezeigt hat, der Einfluss antiker Ethiklehren nicht auf die explizit philosophischen Schriften Melanchthons beschränkt, sondern zieht sich durch sein gesamtes Werk und geht nicht zuletzt in seine theologischen Hauptwerke ein. Nicht nur ist Melanchthons Aneignungsweise antiker Theoreme praktischer Philosophie theologisch fun-

---

Günter FRANK unter Mitarbeit von Michael BEYER (Editionen zur Frühen Neuzeit. Lateinisch-deutsche Quelleneditionen I, hg. v. Günter FRANK), Stuttgart 2008, XIX-XLII, hier XIX-XXIV. Zur praktischen Philosophie Melanchthons siehe den Forschungsüberblick zu einschlägigen Publikationen bei Günter FRANK (ebd. XXII) sowie dessen Studien zum Thema. Günter FRANK, Praktische Philosophie unter den Bedingungen reformatorischer Theologie. Intellektlehre als Begründung der Willensfreiheit in Philipp Melanchthons Kommentaren zur praktischen Philosophie des Aristoteles, in: Fragmenta Melanchthoniana. Zur Geistesgeschichte des Mittelalters und der frühen Neuzeit, Bd. I, hg. von Günter FRANK und Sebastian LALLA, Heidelberg u. a. 2003, 243–254 sowie DERS., Die Vernunft des Handelns – Melanchthons Konzept der praktischen Philosophie und die Frage nach der Einheit und Einheitlichkeit seiner Philosophie, in: Günter FRANK/Sebastian LALLA, ebd. 163–178.

diert, sondern ebenso fließen in die theologischen Schriften ethische Interpretamente antiker Provenienz ein. Man mag die Auseinandersetzung mit der antiken Literatur und Philosophie und so auch der Freiheitsproblematik als zentrale Frage der praktischen Philosophie im Horizont des ‚humanistischen' Bildungs-Impetus des Lehrers Melanchthon verorten. Im Zuge der humanistischen Editions- und Kommentartätigkeit seit dem ausgehenden 15. Jahrhundert wird nicht nur das *Corpus Aristotelicum* mitsamt den Schriften zur Ethik und Politik wieder zugänglich, sondern dies gilt ebenso für die Schriften Ciceros bzw. seine zentralen Schriften zu ethischen Fragen (z. B. *De officiis*)[4], so dass die Diskussion ethischer Fragen auf der Basis der neu gewonnenen antiken Quellen ein breites Fundament erhält. Das bleibt nicht ohne Auswirkungen auf theologische Debatten.

Aber damit ist noch nicht hinreichend geklärt, was dieses Interesse näherdings kennzeichnet und inwiefern gerade die Auseinandersetzung mit der praktischen Philosophie der Antike im Kontext der reformatorischen Theologie für Melanchthon einen solch zentralen Stellenwert erlangt. Dabei ist hier gar nicht entscheidend, dass Luther der Aristotelischen Philosophie, insonderheit den ethischen Schriften, mit dezidierter Distanznahme begegnet ist[5], ohne allerdings Melanchthons Bemühungen auf diesem Sektor nachhaltig zu kritisieren. Auch wird es hier nicht darum gehen zu thematisieren, warum sich in Luthers Schriften keine theoretische Einlassung auf Ansätze der Ciceronischen Ethik feststellen lässt, während diese für Melanchthon eminente Bedeutung gewinnt.

Vielmehr stellt sich grundsätzlicher die Frage, warum Melanchthon anders als Luther und möglicherweise hiermit über diesen hinausgehend, die Frage der Willensfreiheit und damit der sittlichen Selbstverantwortlichkeit nicht nur im Kontext einer philosophischen Ethik thematisiert, sondern gerade im theologischen Kontext der lutherischen Rechtfertigungslehre philosophisch zu entfalten sucht. Weiterhin und hierauf aufbauend wird zu verfolgen sein, ob und wie sich die praktische Philosophie, die Melanchthon in Rekurs auf antike wie christlich-spätantike Voraussetzungen entwirft, als theologische Ethik in den reformatorischen

---

4 Ein Tagungsband mit Studien zur Rezeption Ciceros in der Frühen Neuzeit ist derzeit unter der Herausgeberschaft von Günter FRANK und A. EUSTERSCHULTE in Vorbereitung und wird voraussichtlich 2012 erscheinen.
5 Vgl. hierzu Theodor DIETER, Der junge Luther und Aristoteles. Eine historisch-systematische Untersuchung zum Verhältnis von Theologie und Philosophie, Berlin/New York 2001 (Theologische Bibliothek Töpelmann 105) sowie Günter FRANK, Einleitung, in: FRANK (s. o. Anm. 3), XXIII.

Rahmen von Gesetz und Evangelium fügt, an deren strikter Trennung Melanchthon, Luther folgend, unbedingt festhält. Sie ist die theologisch-anthropologische Voraussetzung schlechthin.

Was heißt dies aber für den Geltungsbereich der Philosophie im Verhältnis zur Theologie, wenn „Fragen der Offenbarung, der Sündenlehre, der Gottesfurcht und des Gottvertrauens [...] niemals Gegenstand einer philosophischen Disziplin [sein können?] Eine philosophische Ethik ist mithin – theologisch gesehen – immer insuffizient. Von dieser fundamentaltheologischen Voraussetzung, die alle ethisch-politischen Schriften Melanchthons bestimmt, ist klar, dass die letzte Antwort auf die Bestimmung des menschlichen Lebens der Theologie vorbehalten bleibt."[6]

Auf der einen Seite steht somit der in seiner Heilsbedeutsamkeit unbedingt primäre Geltungsbereich des Evangeliums, das sich, wie Melanchthon es in den *Ethicae doctrinae elementa* betont, gleichsam in zwei Stimmen verlautbart, die ohne Ansehen der Person von universaler Geltung und in keiner Weise voneinander abtrennbar sind: „Die Stimme der Buße und die Stimme der Gnade."[7] Die göttliche Selbstoffenbarung im Evangelium legt sowohl die Zuständlichkeit der gefallenen, korrumpierten Natur des Menschen nach dem Fall offen und ist zugleich Heilsverheißung, Versprechen der Gnade an alle, die sich in Christus zu Gott bekennen. Allein das Evangelium weckt das Sündenbewusstsein, offenbart der gefallenen Natur den aus eigener Kraft irreversiblen Abfall von Gott, eine Sündenschuld, der Strafe und Strafgericht folgen. Es verheißt aber ebenso die göttliche Hingabe an den Menschen, eine gnadenhafte Versöhnung der Menschen mit Gott, die Vergebung der Sünden und ewiges Leben. Entscheidend ist hierbei das christologische Erlösungsgeschehen, das dem Menschen ohne sein Verdienst als göttliches Gnadengeschenk und d. h. völlig unabhängig von menschlichem Bemühen allein im Glauben an die Gottessohnschaft Christi und die Heilsverheißung gegeben ist. Die Rechtfertigung des Menschen vollzieht sich allein im Glauben – sie ist vollständig außerhalb der Reichweite menschlicher Vernunftfähigkeit oder vernunftgeleiteter Handlungsoptionen. Das heißt auch: Die Gewissheit

---

6 Günter FRANK, Einleitung, in: FRANK (s. o. Anm. 3), XXXI.
7 MELANCHTHON, Ethicae Doctrinae Elementa I, 68/69 (s. o. Anm. 3): „utranque contionem universalem esse, contionem poenitentiae, et contionem gratiae. Arguit Deus peccatum in omnibus hominibus, in hac depravatione naturae. Rursus, etiam promissio universalis est iuxta illud. [...] Offert Deus gratiam omnibus confugientibus ad filium Mediatorem. Nec est προσωποληψία in Deo."

des Evangeliums ist kein Gegenstand, der unter philosophischen Erkenntniskriterien in seiner Wahrheit auszuweisen wäre.

Hiervon strikt geschieden ist der Geltungsbereich philosophisch ausweisbarer Prinzipien der Moral. In der philosophischen Grundlegung der Ethik nimmt Melanchthon einerseits antike Naturrechtslehren auf, maßgeblich gestützt auf Ciceronische Voraussetzungen, um eine allen Menschen zukommende und in dieser Hinsicht universale, unveränderliche Instanz (die *lex naturalis* als Grundlage der *lex moralis*) auszuweisen, die dem Menschen als sittliche Vernunftfähigkeit von Natur aus zukommt. Diesen Ansatz verbindet Melanchthon mit Elementen der Aristotelischen Ethik, d. h. einem vor dem Hintergrund der Aristotelischen Lehre entwickelten Tugendbegriff sowie einem Konzept einer tugendhaftes Handeln erst ermöglichenden Disposition (*habitus*), die von grundlegender Bedeutung für Melanchthons Verständnis von *disciplina* im Sinne der Habitualisierung einer tugendhaften Haltung durch Gewöhnung ist.

Und doch stehen diese Geltungsräume von Gesetz und Evangelium nicht separat, d. h. unvermittelt nebeneinander. Denn das der menschlichen Natur eingeschriebene moralische Gesetz wird von Melanchthon schöpfungstheologisch begründet als Ausdruck und Erscheinungsmodus des göttlichen Gesetzes, dessen Ausstrahlung in der menschlichen Seele auch im postlapsarischen Zustand nicht erloschen ist. Der *lex moralis* Folge zu leisten, öffnet zwar nicht den Weg zur Erlangung der verheißenen Seligkeit im theologischen Sinne – dies ist allein der Rechtfertigung durch das Erlösungshandeln Christi und damit dem Glauben an das göttliche Gnadengeschehen vorbehalten, sofern allein das Evangelium dem Menschen in drastischer Weise seine Sündhaftigkeit sowie die göttliche Verheißung offenbart. Dennoch erfüllt auch der Gesetzesgehorsam, und das heißt in der Überblendung von theologischem und philosophischem Gesetzesbegriff, die Selbständigkeit der menschlichen Vernunfttätigkeit als Einsichtsfähigkeit in die Gebotenheit der Vernunftgesetze, eine theologische Funktion. Denn in der Befolgung dieser der Vernunftnatur des Menschen eingeschriebenen moralischen Gesetze und unter der Voraussetzung ihrer Begründung aus der göttlichen Vernunft bzw. Weisheit zeigt sich der seiner von Gott geschenkten, sittlichen Vernunftfähigkeit folgende, moralisch handlungsfähige Mensch in seiner Gottebenbildlichkeit[8].

---

8   In Melanchthons *Liber de anima* wird diese Gottebenbildlichkeit – mit Rekurs auf Augustinus' Seelenlehre – trinitarisch entfaltet. Im Menschen werden drei Potenzen als Wohnsitz Gottes unterscheidbar: „Voluit autem Deus agnosci se ab humana natura et talem esse imaginem Dei hominem, quae similitudinem cer-

Diese Verbindung der Naturrechtslehre mit der *imago-dei*-Lehre wird im Weiteren näher zu erläutern sein, denn dies ist eine Ebene, auf der die Frage der Wahlfreiheit systematisch verankert ist und die auf Melanchthons theologisch gefasste Anthropologie führt. Vorausgeschickt sei aber bereits an dieser Stelle: Die schöpfungstheologisch begründete Gottebenbildlichkeit als Teilhabe an der *lex divina* umfasst als prälapsarische Gegebenheit die menschliche Fähigkeit, Gott zu erkennen (Verstandeskraft, *facultas cognoscendi*) wie seinen Willen zu erkennen und diesem damit Folge leisten zu können (Willenskraft, *voluntas*). Es ist entscheidend, dass Wille und Verstand Ausdruck der göttlich verliehenen, natürlichen Gabe sind. Die *potentia cognoscens* steht bei Melanchthon für den Intellekt, Geist und das Urteilsvermögen und wird für sich genommen auch als Verstand (*ratio*) definiert. Die *potentia volens seu appetens*, das Willens- oder Begehrungsvermögen kennzeichnet den Willen (*voluntas*) bzw. die Bestimmung des Herzens. Von einem freien Willen (*liberum arbitrium*) ist dann die Rede, wenn beide Vermögen ineinandergreifen[9]. Dass der Mensch über einen von Gott verliehenen freien Willen oder eine Wahlfreiheit verfügt, die auch im gefallenen Zustand noch nicht ganz verwirkt ist, ist schon allein deshalb theologisch von größter Bedeutsamkeit, als in der – wenngleich höchst eingeschränkten – Abbildlichkeit dennoch für den Menschen die unbedingte Freiheit Gottes erkennbar wird. „Vult enim intelligi Deus, sese esse agens liberrimum."[10]

Im postlapsarischen, heilsbedürftigen Zustand der korrumpierten Natur sind beide Kräfte nicht nur verdunkelt und geschwächt, sondern liegen zudem in einem Widerstreit, aus dem sich der Mensch aus eigener Kraft in keiner Weise befreien kann. Dennoch sind die Qualitäten der

---

neret et intelligeret. [...] In homine haec tria praecipua sunt: Mens gignens cogitationem [pater], cogitatio quae est imago rei cogitatae [filius], et voluntas, in qua sunt laetitia et amor. His potentiis aliquo modo discrimina personarum significari inquit." Philipp MELANCHTHON, Liber de Anima, in: DERS., Werke in Auswahl (= STA), hg. von Robert STUPPERICH, 9 Bde., Gütersloh 1951–1975, hier Bd. III, 362.

9 Philipp MELANCHTHON, Explicatio Symboli Niceni, CR 23, 430. „potentia cognoscens, quae nominatur intellectus seu mens, seu iudicium: Altera est potentia volens seu appetens, quae nominatur voluntas, et cum est seria appetitio, nominatur cor in Propheticis et Apostolicis scriptis. [...] Nomen rationis interdum soli cognoscenti potentiae tribuitur, Interdum complectitur potentiam cognoscentem et volentem: Et haec Phrasis, liberum arbitrium, significat potentiam cognoscentem et volentem, seu liberam electionem harum potentiarum."

10 Ebd., Explicatio Symboli Niceni, CR 23, 431.

Gottebenbildlichkeit nicht verloren. Die Diskrepanz von Willen und Verstand, d. h. die Tatsache, dass der Wille den Verstandeseinsichten seine Zustimmung verweigert, weist auf eine tieferliegende Störung der Seelenkräfte, denn sofern das Herz durch eine Konfusion von widerstrebenden Affekten umgetrieben wird, genügt keine vernünftige Einsicht, sondern es muss eine affektive Motivation hinzutreten, dem Vernunftgebot auch Folge zu leisten.

Wenngleich es also fernab des Menschenmöglichen liegt, diesen verzweifelten Zustand aufzuheben und den Weg zur göttlichen Vollkommenheit zurück zu finden, so ist der Mensch im Zustand der zerstörten Integrität der Erkenntnis- wie Willenskräfte doch nicht der Passivität anheimgegeben. Denn die korrumpierte aber nicht vollends eingebüßte Gottebenbildlichkeit der kognitiven wie voluntativen Kräfte setzt ihn in die Lage, die Defizienz seiner Zuständlichkeit zu erkennen und zugleich in die Verantwortung, sich um ein Erstarken der ursprünglichen Fähigkeiten durch Ausbildung, Belehrung und Übung als Voraussetzung einer sittlichen Lebensführung zu bemühen[11].

Diese Vollzüge bleiben, betonen wir es nochmals, in den Grenzen der lebensweltlichen Praxis, wie sie die Philosophie fasst. Aber sie sind doch als performative Erkenntnis des Verlustes theologisch von größter Bedeutung. Über die Erkenntnis der Beschränktheit (unter den Bedingungen des Sündenfalls) des philosophisch Möglichen, der Einsicht in den Verlust der ursprünglichen Natur, ohne aber die Gründe des Abfalls rational rekonstruieren oder verstehen zu können, weist sie unweigerlich auf die Erkenntnis der Erlösungsbedürftigkeit, die allein im Glauben geschenkt werden kann. „Da aber die Schwäche (*infirmitas*) so groß ist, dass wir jene äußerst schöne Ordnung der Natur leicht, oft vielfältig und schrecklich in Unordnung bringen, mahnt sie uns, danach zu suchen (*monet, ut quaeramus*), woher diese Schwäche kommt und welche Gegenmittel Gott bereithält. Da aber die Philosophie über diesen Grund der

---

11 Im *Liber de anima* werden die intellektuellen Fähigkeiten auf der Basis eingeborener Begriffe (Denk-, Erinnerungs- und Urteilsvermögen, rationale Abwägung zwischen dem Allgemeinen und Besonderen, logische Schlussfähigkeit) sowie als Grundlage der Entfaltung von Künsten und Techniken pointiert vorgestellt. Insbesondere die Reflexivität des menschlichen Geistes ist die Voraussetzung für die Selbstbeurteilung bzw. der Fähigkeit der Selbstbildung: „Est potentia cognoscens, recordans, iudicans et ratiocinans singularia et universalia, habens insitas quasdam notitias nobiscum nascentes, seu principia magnarum artium, habens et actum reflexum, quo suas actiones cernit et iudicat, et errata emendare potest." MELANCHTHON, Liber de anima (s. o. Anm. 8) 331.

Schwäche (*de hac causa infirmitatis*) und über die Gegenmittel nichts aussagt, erkennen wir, dass eine andere Lehre über die Philosophie hinaus nötig ist (*agnoscimus alia quadam doctrina supra Philosophiam opus esse*), nämlich das Wort der Verheißungen bzw. durch das Evangelium."[12]

Wir haben es hier also mit einer zweifachen ‚Erkenntnis von Gründen' zu tun. Die Dignität der Tugendlehre als Teil der Philosophie beruht deshalb auch nicht *zuerst* darauf, so betont es Melanchthon, dass sie zu einem gottgefälligen Lebenswandel in der irdischen Welt aufgrund einer von Gott gegeben Norm befähigt. Zu vergegenwärtigen sind *zunächst* diejenigen Gründe, die die aufgeführte Tugenddefinition in sich birgt.

Melanchthon argumentiert theologisch für die Würde der philosophischen Ethik. Nicht nur die über eine eingepflanzte Handlungsnorm begründete Tugendfähigkeit des Menschen bzw. deren Kultivierbarkeit (durch *doctrina* und *disciplina/assuefactio*) sind theologisch über die gottebenbildliche Natur begründet. Mehr noch zeichnen sich die Tugenden dadurch aus, dass in der Reflexion auf die Ermöglichungsbedingungen dessen, was Tugenden ausmacht, vier Gründe für die notwendige Existenz und Beschaffenheit der Wesensnatur Gottes erkennbar werden. Zugleich ist dies aber auch eine Realisierung des Verlustes bzw. der uneinholbaren Diskrepanz zwischen göttlicher und menschlicher Natur. Melanchthon betont dies in seinen Schriften immer wieder[13]. 1.) Die Bewusstmachung der angeborenen *notitiae naturales*, der jedem Menschen gegebenen Grundlagen theoretischer wie praktischer Urteilsfähigkeit,

---

12 MELANCHTHON, Ethicae Doctrinae Elementa I (s. o. Anm. 3) 6/7.
13 MELANCHTHON, Ethicae Doctrinae Elementa I (s. o. Anm. 3) 134/135: „Hier muß vor allem die Ermahnung (*admonitio*) wiederholt werden, die wir oft einschärfen: Gott hat deshalb der Menschheit die Erkenntnis der Tugenden (*virtutum cognitio*) gegeben, um zu lehren, wie er selbst beschaffen ist..."; Vgl. ebd. Ethicae doctrinae elementa II, 156/157: „Man muss aber die Quellen sowohl der anderen Tugenden als auch besonders der Gerechtigkeit suchen, und man muss betrachten, woher und warum in den Geist der Menschen die Gründe der Tugenden kommen, weil freilich Gott den Menschen so geschaffen hat, dass er sein Abbild sei. Er wollte nämlich vom Menschen erkannt werden (*agnosci ab homine*). Daher, damit auf irgendeine Weise erkannt werden könne, wie Gott beschaffen ist, hat der Schöpfer dieses Abbild und gleichsam ein Gemälde vorgelegt: Wie bei Gott, so gibt es auch bei uns die Fähigkeit der Erkenntnis und die Fähigkeit des freien Willens". Emphatisch wird das Differenzbewusstsein, d. h. der korrumpierte Zustand im Vergleich zur ursprünglichen Ebenbildlichkeit mit Gott im Liber de anima (1553, s. o. Anm. 8) 363 ausgedrückt: „Nunc vero quam dissimiles sumus huic primae fabricationi!"

bezeugt die Existenz Gottes (*quod sit Deus*). Denn diese natürliche Begabung weist aus, dass die Befähigungen der menschlichen Natur nicht auf Zufall zurückgehen, sondern auf die Absicht eines planenden, göttlichen Schöpfers oder Weltenbaumeisters. Für Melanchthons Zurückweisung einer ‚stoischen' Interpretation der christlichen Gotteslehre ist dies von zentraler Bedeutung, wie im Weiteren noch gezeigt wird. 2.) Die Beschaffenheit der angeborenen Urteilsfähigkeit als Vermögen zwischen moralisch Verwerflichem und Vortrefflichem zu unterscheiden[14], führt auf die Erkenntnis der Beschaffenheit Gottes als Urheber dieser Befähigungen (*qualis sit Deus*). Die sittliche Urteilsfähigkeit des Menschen verweist, auf der Basis der schöpfungstheologischen Begründung der Ebenbildlichkeit, auf die Eminenz der in der göttlichen Wesenheit verankerten, untrennbaren Qualitäten des höchsten sittlichen Vernunftwesens: „intellegimus, Deum esse sapientem, liberum, veracem, iustum, beneficum, cassum, misericordem etc."[15] Hier werden sozusagen die Idealbedingungen sittlicher Vervollkommnung benannt und in Gott als Strebeziel verankert. 3.) Im Zusammenhang mit der gottgegebenen, sittlichen Unterscheidungsfähigkeit bzw. praktischen Urteilsfähigkeit des Menschen und der Tatsache, dass dieser sich seiner Verfehlungen schmerzhaft bewusst wird, d. h. sich im Bewusstsein (*conscientia*) seiner Verschuldungen gewissermaßen selbst der Folter aussetzt, natürlicherweise Gewissensqualen durchmacht, ist ein Zeugnis gegeben für die Existenz des gerechten Richtergottes (*de Dei iudicio*). Auf dieser Basis von drei Erkenntnisgründen für Gottes Existenz, Wesen und Wirken (*tres causae de Deo*) ist für Melanchthon auch dann ein vierter, in philosophischen Theorien gemeinhin an erster Stelle angeführter Grund zu nennen: 4.) Tugenden sind als Norm für das Leben der Menschen in innerweltlichen, sozialen Handlungszusammenhängen zu verstehen. Sie garantieren im besten Falle politischen Frieden. Zusammengenommen ist es aber die Vergegenwärtigung dieser vier Gründe (*causae*), die nach Melanchthon die Ethik lobenswert macht. Denn sie führt den menschlichen Geist (*mens*) „zum Nachdenken über Gott und die Erschaffung des Menschen"; weiterhin ermahnt sie, eingedenk dessen, „dass die Men-

---

14 Mit der wiederum durchgängig in den Schriften Melanchthons formulierten Unterscheidungs- und Urteilsfähigkeit (*discrimen honestorum et turpium in mente*) ruft Melanchthon ciceronische Terminologie auf und bezieht sich damit implizit auf Ciceros Pflichtenlehre (*De officiis*), die, als naturrechtliche Fundierung der Aristotelischen Tugendlehre eingeführt, theologisch eingebettet wird.
15 MELANCHTHON, Ethicae Doctrinae Elementa I (s. o. Anm. 3) 4/5 f.

schen nach dem bewundernswerten Plan geschaffen wurden, dass die menschliche Natur ein Ebenbild Gottes sei, in welchem gleichsam Strahlen der Weisheit und der göttlichen Tugenden (*virtutum divinarum*) leuchten sollen."[16]

Die philosophische Tugendlehre birgt in sich gewissermaßen einen Gottesbeweis. Ausgehend von der Gottebenbildlichkeit des Menschen weist die Erkenntnis die Ursachen der Abhängigkeit der innerseelischen Fähigkeiten und Vollzüge von der notwendig vorausgehenden Existenz Gottes aus. Wie man von einer Subjektivierung oder Anthropologisierung des Menschen bei Melanchthon in Hinsicht auf den Naturrechtsgedanken gesprochen hat[17], ließe sich hier auch von einem schöpfungsanthropologisch grundgelegten Gottesbeweis sprechen. Aber diese Hinlenkung auf die Erkenntnis der ursprünglichen Natur des Menschen, seiner Gottebenbildlichkeit wie seiner verdorbenen, verfehlungsanfälligen Gaben zeigt, wie oben betont, zugleich die Grenzen der Philosophie. Sie verbleibt im Bereich einer *adhortatio*, einer Erinnerung und Ermahnung. Weder steht es der Philosophie zu, die Gründe für die menschliche Schwachheit einzuholen noch kann sie zur Erlösung führen.

Halten wir nochmals fest: Es kann für Melanchthon gar keine Frage sein, dass die Philosophie, die über die theologische Einfassung der antiken Naturrechtslehre in den Bereich des Gesetzes fällt, und die Theologie oder die allein im Glauben an das Evangelium gegebene Rechtfertigung strikt zu trennen sind.

Ausgehend von der reformatorischen Distinktion von Gesetz und Evangelium[18] ist für Melanchthon daran festzuhalten, dass die praktische Philosophie und innerhalb dieser die menschliche Wahlfreiheit, als Voraussetzung einer Selbstzuschreibung von Verantwortlichkeit für moralisches Handeln, nach theologischen Maßgaben keine Relevanz für die Erlösung der gefallenen Kreatur besitzt. Menschliches Trachten und Bemühen, seien es gute Werke oder Gesinnungen, Tugendhaftigkeit und

---

16 MELANCHTHON, Ethicae Doctrinae Elementa I (s. o. Anm. 3) 6/7.
17 Vgl. Christoph STROHM, Zugänge zum Naturrecht bei Melanchthon, in: Günter FRANK (Hg.), Der Theologe Philipp Melanchthon, Stuttgart 2000, 339–356, hier 341 f.
18 Einschlägig hierzu die Studie von Heinz SCHEIBLE, Die Bedeutung der Unterscheidung von Gesetz und Evangelium für die theologische Ethik und Praktische Theologie am Beispiel Melanchthons, in: Wilhelm GRÄB/Denise ACKERMANN (Hgg.), Christentum und Spätmoderne. Ein internationaler Diskurs über Praktische Theologie und Ethik, Stuttgart u. a. 2000, 93–100.

vernunftbestimmte Lebensführung, sind theologisch betrachtet ganz und gar heilsinsuffizient, wie Melanchthon immer wieder betont. Denn eingedenk des für die menschliche Vernunftfähigkeit unerfasslichen göttlichen Willens bzw. eines rational gar nicht einzuholenden göttlichen Gnadengeschehens ist allein im Glauben an die Gottessohnschaft Christi und das göttliche Heilsgeschehen Erlösung verheißen. Eigeninitiative, Selbsttätigkeit bzw. -läuterung oder moralisches Selbstvollendungsstreben des Einzelnen in Orientierung an einem idealen, höchsten Gut gemäß antiker Eudämonielehren zeugen eher von einer hybriden Selbstüberschätzung der eigenen Fähigkeiten, insonderheit der Vernunft. Hier gilt allein das bedingungslose Gottvertrauen des Gläubigen, die Hingabe an Gott im unbedingten Vertrauen auf seinen gütigen Ratschluss.

Die Lektüre und Interpretation der ethischen Schriften Melanchthons zeigt allerdings, dass diese Restriktion und Subordination der praktischen Philosophie auf den Bewährungsraum extrakorporalen, lebensweltlichen Handelns, mithin die Sphäre politischer Kommunität, nicht ohne jede Bezugnahme auf die theologische Heilsverheißung ist. Die praktische Philosophie ist somit in keiner Weise heilssuffizient, aber sie ist gleichwohl von theologischer Bedeutung, sofern sie Gottes Vollkommenheit im allerdings abgeschwächten Widerschein zum Ausdruck bringt.

Warum gibt Melanchthon der Frage der Wahlfreiheit so großes Gewicht, wenn menschliches Handeln doch ohne Wirksamkeit auf die Heilsverheißung bleibt? Ist die Heilsinsuffizienz im strikten Sinne eine Negation jedweder Heilsrelevanz oder lässt sich hier nicht doch eine indirekte Beziehung feststellen? Hier liegt möglicherweise ein Moment, das die beiden geschiedenen Geltungsräume enger zueinanderführt und in gewisser Weise aufeinander beziehbar macht.

Es wird im Folgenden einerseits zu klären sein, wie der Gedanke einer Wahlfreiheit im Bezugsrahmen des fundamentalen theologischen Grundsatzes, wonach eine Heilshoffnung dem Menschen allein über das Evangelium geschenkt ist, situiert ist. Andererseits und im Unterschied hierzu wird diese Problematik im Argumentationskontext einer philosophischen Ethik zu fokussieren sein, die aber je schon theologisch gefasst ist, d. h. gar nicht außerhalb oder neben einer theologischen Grundlegung Bestand haben kann.

Die Frage kann gar nicht sein, ob das lebensweltliche moralische Handeln in irgendeiner Weise eine Suffizienz für das Seelenheil des erlösungsbedürftigen Menschen hat. Dies ist strikt verneint und gewissermaßen begründungstheoretisch insofern ausgeschlossen, als das sittliche Handelnkönnen in Lauterkeit, Gerechtigkeit, Wahrhaftigkeit unter den Bedingungen des Sündenfalls gar nicht gewährleistet werden kann.

Der Ansatzpunkt, um nach der Bedeutsamkeit der Willensfreiheit in Hinsicht auf die praktische Philosophie zu fragen, kann daher nur die theologische Grundlegung der Ethik sein. Weil die praktische Philosophie in ihrer Möglichkeit auf der *Imago-Dei*-Lehre basiert, ist sie auf die Schöpfungstheologie verwiesen. Sofern sie mit dieser aber zugleich in eine heilsgeschichtliche Dramaturgie eingebettet wird, bedarf sie weiterhin einer Fundierung durch den Glauben. Pointiert ausgedrückt: Ohne die Annahme des Glaubens ist wahrhafte Sittlichkeit gar nicht möglich, denn diese wurzelt zunächst einmal in der gottebenbildlichen Übereinstimmung von Vernunft und Willen. Für Melanchthon sind rein philosophische Ethiken insofern insgesamt unzureichend, sofern sie das wahre Ziel, die Ruhe in Gott als Wiederherstellung der ursprünglichen freien Natur des Menschen, verkennen und sich mit einem zu kurz greifenden Ziel begnügen.

Die Annahme des Evangeliums ist daher nicht nur die unhintergehbare Bedingung, der göttlichen Gnade in Hinsicht auf die Heilsverheißung teilhaftig zu werden. Sie ist auch Bedingung, um wahre sittliche Festigkeit in der praktischen Philosophie zu erlangen. Von einer Ethik im strengen Sinne kann somit gar nicht anders als unter der Voraussetzung des Glaubens die Rede sein.

Wie wirken sich der Glaube und die im Glauben gestärkten Willens- wie Verstandeskräfte auf die Gott-Mensch-Beziehung einerseits, auf die Lebenspraxis, d.h. auf die sittliche Verfasstheit wie die politische Lebensführung andererseits aus? Was sind die Bedingungen dafür, dass im Glauben die Motivation zu einem ethischen Handeln gestärkt wird?

Wenn der Glauben und damit das Wirken des Heiligen Geistes nicht notwendig zu ethisch richtigem Handeln motiviert, sondern dem Willen Entscheidungsräume lässt, dann stellt sich die Frage, wie sich hier Willen und Denkvermögen zueinander verhalten und ob nicht auch die Gläubigen, sofern sittliche Vervollkommnung auf Einsicht und Wollen beruht, auf eine Praxis der Belehrung, Bewährung und Leitung durch Grundsätze der praktischen Philosophie verwiesen sind. Wiederum ist hier zwischen den inneren guten Handlungen, motiviert durch den Heiligen Geist, und den äußeren, gegründet auf die natürliche praktische Vernunft, zu unterscheiden.

Für letztere wird zweierlei theologisch relevant. Zum einen stärkt eine christlich orientierte Bildung der sittlichen Vernunft die Bereitschaft, sich dem Evangelium zuzuwenden. Dies hat zur Konsequenz, im Vollzug der äußeren Gerechtigkeit der Gottebenbildlichkeit und damit deren Gegründetsein in Gott Ausdruck zu verleihen. „Durch das Bild soll das Urbild anschaulich und bekant werden. Der Mensch ist Bild Gottes: Folglich ist er dazu sein Bild, daß Gott durch ihn bekannt werde. Zweitens ist die der Natur eingeprägte Kenntnis dem Bewusstsein nicht zwecklos eingepflanzt. Nur dem Menschen ist das Wissen um Gott eingepflanzt. Folglich ist der Mensch im besonderen dazu geschaffen, dieses Wissen aufleuchten zu lassen und zu verbreiten."[19] Die äußere Gerechtigkeit ist ihrerseits eine Weise, Gott zu bezeugen und zur Hinwendung zu Gott zu ermahnen.

Wenngleich das in Gott gegründete, unveränderliche, ewige Naturrecht oder die *lex naturalis* als Grundlage moralischer wie politischer Wahlfreiheit des Menschen, Gerechtigkeitsprinzipien umzusetzen, auch im Geist der gefallenen Natur gegenwärtig ist, ist der entscheidende Hinderungsgrund äußerer Tugend in den Willensregungen zu suchen, denn „die Zustimmung (*assensio*) des Herzens ist aufgrund verkehrter Neigungen schwächer, und blinde Begierden stören die Zustimmung, wegen denen sich die Menschen vom Licht des Geistes entfernen und verkehrte Gewohnheiten gegen das Naturrecht annehmen."[20] Um den Willen bzw. das Herz in Einklang mit der natürlichen Vernunft zu bringen, ist vernunftwidrigen Affekten zu begegnen. Diese aber zu bewältigen, ist die Vernunft allein nicht in der Lage. Hier greift die Festigkeit im Glauben als Voraussetzung.

Wie sieht es aber mit den inneren Handlungsmotivationen aus, die allein im Glauben gewirkt werden und die negativen, zerstörerischen Affekte in wahre Gottesfurcht, Liebe und Vertrauen umwandeln und damit nicht nur Bedingung der Heilserwartung sind, sondern auch in der menschlichen Lebenswelt eine Auswirkung auf die Möglichkeit sittlichen Handelns haben?

Steht dieser Typus einer Wahlfreiheit unverbunden neben der externen Bewährung und Bildung? Auf zwei Aspekte sei dabei ein besonderes Augenmerk gelegt:

Erstens Melanchthons Rezeption der antiken Naturrechtslehre in Anknüpfung an Aristoteles bzw. Cicero und der Versuch, die menschliche, externe Wahlfreiheit so zu begründen, dass sie mit der Heilsverheißung des Evangeliums nicht nur nicht kollidiert, sondern gewisser-

---

19 MELANCHTHON, Philosophiae moralis epitomes libri duo (1546), in: DERS. (s. o. Anm. 8) III, 163–165, hier 164.
20 MELANCHTHON, Ethicae Doctrinae Elementa II (s. o. Anm. 3) 158/159 f.

maßen zu einem Komplement erklärt werden kann. Es wurde oben schon angedeutet, dass hier die ‚Zustimmung' (*assensio, adsensio*) eine wesentliche Rolle spielt. Wie sich dies auf Melanchthons Konzept einer praktischen Philosophie im Blick auf den Status von Wahlfreiheit auswirkt, wird im Folgenden zu diskutieren sein.

Zweitens Melanchthons Auseinandersetzung mit der Frage der ‚Zustimmung' in Hinsicht auf die Annahme des Glaubens im Vollzug der Gläubigen.

Wenngleich zwischen der Wahlfreiheit im Bereich der inneren guten Handlungen und der Wahlfreiheit in Bezug auf die äußere Handlungssphäre, den politischen Aktionsraum, strikt zu unterscheiden ist, taucht gerade an dieser Grenzlinie eine Nahtstelle auf, gleichsam eine dialektische Beziehung des Geschiedenen. Allein durch die Annahme des Evangeliums, im Glauben an die Verheißung in Christi, in ehrfürchtiger Liebe und Zuversicht ist der korrumpierten menschlichen Natur ein Weg zu Gott und damit zum Heil eröffnet. Die Hingabe Gottes an den Menschen ist unverdientes Geschenk und dessen Empfang zugleich die gnadenhafte Bedingung, des erstrebten Heils teilhaftig zu werden. Die Rechtfertigung allein im Glauben schließt also alles menschenmögliche Tun aus. Dennoch weist Melanchthon wiederholt darauf hin, dass die Annahme des Glaubens, die Hinwendung zum Wort, das Hören der Heilsverheißung keine gleichsam indifferent-beteiligungslose Passivität erlaubt, sondern eine mithelfende, unterstützende Haltung erfordert, eine Empfänglichkeit oder man könnte auch sagen Bereitschaft für die Annahme des Evangeliums, die nicht in bloßem Gehorsam gegenüber dem Gesetz bestehen kann, sondern als Einsicht in die Gebotenheit des Gottesgehorsams sowohl eine Vernunftaktivität erfordert wie ein voluntatives Moment. Hier wird der Begriff der ‚Zustimmung' im Bereich der inneren Handlungen wichtig.

Der lat. Terminus *adsensio* ist – ich folge hier der Darstellung von Löhr – eine Übertragung aus dem griechischen Vokabular der stoischen Philosophie bzw. eine theologische Indienstnahme eines Begriffs der stoischen Epistemologie (συνκατάθεσις). „Nach dieser [der stoischen Epistemologie] ist die συνκατάθεσις das dem ἡγεμονικόν zugeordnete rationale Vermögen, das als Zustimmung zu den durch die Sinne der Seele imprägnierten Vorstelllungen (φαντασίαι) die entscheidene Rolle bei der wirklichen Erfassung der Gegenstände spielt." Eine Überführung des stoischen Terminus in die theologische Lehre ist bei den Kirchenvätern (Clemens, Origenes) im Zusammenhang mit einer intellektualistischen Auffassung eines stufenweisen Fortschreitens im Glauben fassbar. So referiert Clemens von Alexandrien die Auffassung, wonach der „Glauben als eine Zustimmung der Seele zu etwas, das zu den Dingen gehört, welche das Wahrnehmungsvermögen nicht bewegen, weil sie nicht gegenwärtig sind" definiert ist, d. h. als eine Hoffnung im theologischen Sinne[21].

Wird die Frage der Zustimmung im Kontext der Lutherischen Theologie gleichsam aufgehoben, sofern „die Unterscheidung von *fides acquisita* und *fides infusa*, d. h. von aufzunehmendem Glaubensgegenstand und empfangener, eingegossener Glaubenswirklichkeit – Grundschema aller früheren Bestimmungen zum Glaubensbegriff – [...] grundsätzlich abgelehnt" wird[22], wird gerade diese Differenzierung, nun aber unter anthropologischem Blickpunkt, bei Melanchthon wieder virulent[23].

---

21 Vgl. hierzu die Studie von Winrich A. LÖHR, Basilides und seine Schule. Eine Studie zur Theologie- und Kirchengeschichte des zweiten Jahrhunderts, Tübingen 1996 (Wissenschaftliche Untersuchungen zum Neuen Testament 83), 58 f. LÖHR zeichnet weiterhin nach, dass Clemens von Alexandrien diese Zustimmung in Berufung auf platonische Quellen in Verbindung mit einem freien menschlichen Vermögen sieht. Auch Salvatore R.C. LILLA unterstreicht in seiner von LÖHR herangezogenen Studie, dass bereits Cicero unter dem Einfluss stoischer Lehren (möglicherweise durch seinen Lehrer Antiochus von Askalon) in den *Academica posteriora* XI, 40–41 die Begriffe *adsensio* (συγκατάθεσις) und *fides* (πίστις) in synonymer Weise verwende. (Vgl. Salvatore R.C. LILLA; Clement of Alexandria. A study in Christian Platonism and Gnosticism, London 1971, 128–129) Entscheidend für den Melanchthonischen Zusammenhang ist, dass die theologische Appropriation stoischer Philosopheme der Kirchenväter auf die Freiheitsproblematik verweist. „Das erinnert an die Versuche der Stoiker, die Wahlfreiheit des Menschen zu definieren. Die Stoiker (Chrysipp) teilten die vorausgehenden Ursachen (*causae antecedentes*) des Fatumzusammenhanges in Hauptursachen (*causae principales*) und Nebenursachen (*causae proximae et adiuvantes*) ein. Die συγκατάθεσις als ‚causa principalis' liegt nach stoischer Auffassung in uns selbst, auf diese Weise konnte man dem Argument der Akademiker begegnen, der stoische Fatum-Begriff zerstöre die individuelle Verantwortlichkeit. Wenn Clemens selbst den Begriff der συγκατάθεσις zur Präzisierung seines Glaubensbegriffs verwendet, so hat die συγκατάθεσις (offenbar vor dem Hintergrund der stoischen Verwendung des Begriffs) bei ihm stets die Konnotation betonter Wahlfreiheit und Verantwortlichkeit des Gläubigen, etwa gegenüber einem angeblichen Heilsdeterminismus bei Valentianianern und Basilidianern". Vgl. LÖHR (s. o.) 60.
22 Reinhard SLENCZKA, [Art.] Glaube VI. Reformation/Neuzeit/Systematisch-theologisch, in: TRE 13, Berlin/New York 1984, 318–365, hier 321. Vgl. zu dieser Frage auch Wilhelm MAURER, Der junge Melanchthon zwischen Humanismus und Reformation, Göttingen 1969.
23 Vgl. hierzu in Blick auf die Anthropologie Melanchthons die Studie von Simone DE ANGELIS, Anthropologien. Genese und Konfiguration einer ‚Wissenschaft

„Melanchthon indes verweist auf den beharrlichen *assensus – constanter assentiri omni verbo dei* – was durch die erneuernde und erleuchtende Wirkung des Geistes geschieht."[24]

---

vom Menschen' in der Frühen Neuzeit, Berlin 2010 zu Melanchthons theologischer Explikation von Erkenntnisprozessen vor dem Hintergrund der Seelenphysiologie bzw. medizinischen Lehre in Rekurs auf Aristoteles' *De anima* und Galen. „Als zwei voneinander zu unterscheidende Vermögen sind somit die *voluntas* an das Herz, der *intellectus* an die inneren Sinne, die diesem die Objekte präsentieren und sein Instrument sind, gekoppelt. (45) [...] Die Aufnahme des göttlichen Wortes im menschlichen Verstand und der Akt des Glaubens folgen zudem unterschiedlichen Erkenntnisweisen: Erstere geschieht durch eine Willenshandlung, die vom intellektuellen Akt der *adsensio* begleitet ist; diese stellt eine Stufe der *notitiae subitae* des erkennenden Vermögens dar. Der Glaube ist hingegen eine *notitia habitualis*, die durch Erinnerung und Wiederholung mentaler Gedankenbildungen entsteht und durch die Denkoperationen (wie z. B. die *adsensio*) gelenkt werden. Auch die – teilweise in der Dialektik und Ethik abgehandelten – Begriffe des *habitus* des erkennenden Vermögens hat Melanchthon im *Liber de Anima* in Abhängigkeit von der Erkenntnismethode unterschieden: Während die Wissenschaft (*scientia*) ein Wissen (*noticia*) ist, bei dem der Beweis zwingend Zustimmung verlangt, und die Meinung (*opinio*) ein solches Wissen ist, das mit wahrscheinlichen Argumenten arbeitet und die Zustimmung suspendiert, so ist der Glaube ein Wissen, dem wir ohne zu zweifeln auf der Basis historischer Zeugenaussagen oder der Autorität zustimmen" (46–47). DE ANGELIS zeigt in seiner Studie, wie Melanchthon das Verhältnis von Verstandesoperationen und Willensakten bzw. Affekten auf der psycho-physiologischen Ebene von Körperzuständen, -funktionen und -anatomie zu fundieren sucht. Zum Problem der Willensschwäche im Kontext des *Liber de Anima* auch Risto SAARINEN, Weakness of Will in Renaissance and Reformation Thought, Oxford University Press 2011, 133 in Bezug auf CR 13, 88 f.

24 Vgl. SLENCZKA (s. o. Anm. 22), in: TRE 13, 325 sowie 326: „ut promissionem Spiritus accipiamus per fidem", wie Melanchthon es formuliert. Vgl. STUPPERICH (s. o. Anm. 8) STA 2/1, 243, 9 ff.: „Das Ringen um den Zugang zur Glaubenszuversicht oder auch um das Bestehen im Glauben wird theologisch thematisiert. Mit den ‚tres causae bonae actionis', nämlich dem Wort Gottes, dem Hl. Geist und ‚humana voluntas assentiens nec repugnans verbo Dei' werden die Elemente des Glaubensvorgangs nahezu mechanisch beschrieben, doch im Grunde geht es um eine Anleitung zur Hilfe in der Glaubensanfechtung." Die Einschätzung, dass es sich hier um einen ‚mechanischen' Vollzug handelt, ist vor dem Hintergrund der von Melanchthon angestrengten Bemühungen, die Momente des Glaubensvollzugs zu differenzieren, m. E. fragwürdig. Allerdings artikuliert sich hier eine brisante, im sogenannten Synergismusstreit höchst kontrovers diskutierte Frage: Besitzt die Disposition oder aktive Haltung der empfangenden Seele eine mithelfende, für die Heilsverheißung kooperative Rolle, so dass zwischen der Verheißung des Hl. Geistes und der Annahme dieser Verheißung kraft des Glaubens zu unterscheiden ist?

Versuchen wir also, uns diese Problematik vor dem Hintergrund der Unterscheidung von inneren und äußeren Handlungen deutlich zu machen. Melanchthon gesteht dem Menschen in Bezug auf äußere Handlungen und Handlungszusammenhänge eine lediglich beschränkte Willensfreiheit (*libertas voluntatis*) zu. Die Restriktion auf die Regulierung der äußeren Körperkräfte und hierauf basierenden Handlungsmöglichkeiten findet wiederholt Betonung. Hier geht es um den ‚homo non renatus‘, den noch nicht wiedergeborenen Menschen, der seine Bewegungs- und Handlungsmöglichkeiten aus eigener Kraft zu lenken in der Lage ist, um sie in Übereinstimmung mit der Lex Dei zu bringen. Für Melanchthon ein Ausdruck des göttlichen Willens im Menschen[25]. Was aber verbindet sich mit dieser gottgewollten Fähigkeit, die Bewegkräfte bzw. das äußere Handeln auf Gottes ewiges Gesetz kraft der natürlichen Verstandesgaben ausrichten zu können? Wir haben oben schon gesehen: Für Melanchthon ist dieses Wirksamwerden des restringierten Willens in den externen Verhaltensweisen und Handlungen des Menschen Anstoß für einen Zugang zur Erkenntnis der Existenz, der Eigenschaften und des Wirkens Gottes.

So wird der Mensch, folgen wir Melanchthon, an seinem bewussten Wählenkönnen zwischen Handlungsoptionen prinzipiell der Unterscheidung von freiem und naturnotwendigem Handeln inne. Dies ist das basale Erkenntnisziel. „Primum ut aliquo modo intelligatur discrimen inter agens liberum et non agens liberum, simile igni aut brutis."[26] Weiterhin ist die Erkenntnis des eigenen freien Handeln-Könnens Verweis auf die absolute Freiheit Gottes bzw. Erkenntnis der Tatsache, dass Gott fernab jeder Naturnotwendigkeit in seinem Können und Tun gebunden ist. „Vult enim intelligi Deus, sese esse agens liberrimum, quod libere etiam extra ordinem naturae, et sine causis secundis opitulari invocantibus et possit et velit, iuxta dictum: Omnia quaecunque voluit, fecit."[27]

Darüber hinaus ist die Beherrschbarkeit der äußeren Handlungen Bedingung einer Verwirklichung lebensweltlicher Formen von Ge-

---

25 „Homo etiam non renatus, potest utcunque regere Locomotivam, id est, flectere externa membra ad actiones congruentes cum Lege Dei. Item ad actiones pugnantes cum Lege Dei. Hanc libertatem regendi locomotivam, id est, regendi externa membra, vult Deus reliquam esse, etiam in hac depravata natura." MELANCHTHON, Explicatio Symboli Niceni, in: CR 23, 431.
26 Ebd., CR 23, 431.
27 Ebd., CR 23, 431.

rechtigkeit in Orientierung auf das göttliche Gesetz (*lex dei*)[28]. Erst unter den Bedingungen eines Differenzbewusstseins von naturnotwendigen und freien Handlungen und der Rückführung menschlicher Handlungsfreiheit auf Gottes unbedingte Willensfreiheit wird die Voraussetzung einer *iustitia carnis*, der Gottesgehorsam bzw. das Mandat Gottes, unabhängig von einer Heilsbedeutsamkeit für den Menschen begründbar. Zu den Gründen für einen notwendigen Gottesgehorsam gehört dabei nicht zuletzt die Verwirklichung einer im Sinne der christlichen Nächstenliebe etablierten politischen Ordnung[29]. Das Sichtbarwerden des göttlichen Gesetzes unter den Voraussetzungen des Menschen im unerlösten Zustand, d. h. die Verfasstheit der politischen Ordnung, hat so etwas wie eine Verweisfunktion in Hinsicht auf die verheißene Ruhe und Gerechtigkeit in Gott, sie ist gleichsam Gradmesser einer Orientierung an der *lex divina*. Ebenso bezeugt sich dies im moralischen Verhalten des je Einzelnen: „Lex est paedagogus in Christum, id est, in his qui perseverant in sceleribus, certissimum est, non esse efficacem Spiritum sanctum iuxta dictum: Qui facit peccatum ex Diabolo est."[30] Dieses Sichtbarwerden des göttlichen Wirkens im Verhalten des Einzelnen, sein äußerer Gehorsam, der gewissermaßen ein Licht vorauswirft auf das verheißene Leben in Gott – „in hac vita, imputatione iustitiae et inchoatione novae et aeternae vitae et iustitiae"[31] –, darf allerdings in keiner Weise als eine Vollendung des Gesetzes, eine Beruhigung in Hinsicht auf die Sündenschuld oder eine Gerechtigkeit vor Gott im strengen Sinne missinterpretiert werden.

Denn auch in Bezug auf die äußere Gerechtigkeit liegt der Hauptaspekt auf der Gnade und Hilfe in Christus, die das externe Handeln erst durch eine innere Haltung und Einsicht, durch Glaubensfestigkeit, stärkt. „Filius Dei apparuit, ut destruat opera Diaboli, Tunc igitur et externam obedientiam firmius praestare possumus, cum agnoscimus Filium Dei et ab eo auxilium petimus, sicut ipse praecipit: Orate, ne intretis in tenta-

---

28 „Secundo, vult Deus libertatem regendae locomotivae esse in omnibus, etiam in non renatis, ut homines etiam non renati habeant iustitiam carnis seu disciplinam. Recte enim dicitur, Disciplinam esse actiones externas congruentes cum Lege Dei, quorum causae immediatae et propriae sunt." Ebd., CR 23, 431.

29 „Vult Deus etiam in non renatis externam obedientiam, propter aliorum tranquillitatem, e conservationem communis societatis. Non enim tantum nobis nascimur, sed Lex Dei sit in conspectu: Quod tibi non vis fieri, alteri ne feceris." Ebd., CR 23, 432.

30 Ebd., CR 23, 433.

31 Ebd., CR 23, 431.

tionem, Item, Venite ad me omnes, qui laboratis et onerati estis".[32] Das liegt ganz in der Konsequenz der Auffassung, dass die menschliche Gottebenbildlichkeit, d. h. die Übereinstimmung von Willen, Herz und Verstand, im postlapsarischen Status im Innersten zerrüttet ist. In diesem Zustand steht eine philosophisch begründete Ethik lebensweltlicher Praxis auf einem unzuverlässigen, brüchigen Fundament. Wo kein Vertrauen auf die eigene innerseelische Festigkeit gegeben sein kann, können eigene Kräfte, Werke, Tugenden oder Verdienste das göttliche Gesetz niemals erfüllen[33]. Begründet wird damit die notwendige Fundierung einer philosophischen Ethik durch die theologische Gnadenlehre. Der Glauben wird zur Bedingung der Möglichkeit wahrhaft tugendhaften Handelns.

Entsprechend sind die inneren Handlungen angewiesen auf Beweggründe vermittels des Heiligen Geistes (*non sine motibus Spiritus sancti*), auf wahre Gottesfurcht (*verus timor Dei*) und das wahre Vertrauen (*vera fiducia*), die erst dem Menschen die Willenskraft geben, die Furcht vor dem Tode wie vor gewaltigen Schmerzen zu besiegen. Die Vernunftnatur allein ist hier vollständig ohnmächtig, den Willen zu lenken. So ist allein durch die brennende Gottesliebe (*ardens dilectio Dei*) und die Beständigkeit des Glaubensbekenntnisses (*constantia confessionis*) die Kraft gegeben, Martyrien zu durchstehen, d. h. körperlichen Qualen, vermeintlichen Glücksversprechen oder Leidenschaften nicht zu erliegen, sondern Standhaftigkeit und Entschiedenheit zu zeigen. In Bezug auf diese inneren Handlungsgründe ist die Vernunft des Menschen schwach, vermag den Willen nicht auf das Gute zu lenken, und wir müssen wissen, „daß ohne die Hilfe des Heiligen Geistes (*auxilio Spiritus Sancti*) solche inneren gottgefälligen Bewegungen nicht geschehen." Doch verharrt der menschliche Wille unter dem Einfluss des Heiligen Geistes nicht untätig (*nec tamen in his nihil agit voluntas*) wie eine willenlose Statue[34], sondern er wird zur handelnden Mitursache: „Dennoch handelt in ihnen der Wille

---

32 Ebd., CR 23, 433.
33 „Manifestum est homines in hac depravata natura, non posse tollere peccatum et mortem, id est, exuere pravas inclinationes, et liberare se ab ira Dei, a morte corporali et aeterna propriis viribus, aut operibus, aut virtutibus, aut meritis, nec posse satisfacere Legi Dei. Sed haec liberatio a peccato et a morte, fit propter Filium Dei, et per eum in vera conversione." Ebd., CR 23, 431.
34 Gleichsam ein menschenähnliches, totes Gebilde ohne die gottebenbildlichen Fähigkeiten, die den Menschen auszeichnen, seine Würde ausmachen. An anderer Stelle spricht Melanchthon von Stein oder Holz, um den toten, willenlosen Zustand gegen die menschliche Fähigkeit, sich zu etwas zu verhalten, abzusetzen.

sehr wohl und verhält sich nicht wie eine Statue, sondern die handelnden Ursachen treffen zusammen: der Heilige Geist, der durch das Wort Gottes bewegt (*Spiritus sanctus movens per verbum Dei*), der denkende Geist (*mens cogitans*) und der Wille, der nicht dagegen ankämpft (*voluntas non repugnans*), sondern in zweierlei Hinsicht dem bewegenden Heiligen Geist nun gehorcht und zugleich die Hilfe Gottes erstrebt".[35] Bei diesem Konkursus oder Zusammenlaufen der handelnden Ursachen ist die Bewegkraft des Heiligen Geistes zweifellos entscheidend, um den menschlichen Geist durch das göttliche Wort anzustoßen und das Herz hinzuführen auf die wahre Gottesliebe. Aber Melanchthon betont zugleich, dass wir dies nicht im Sinne eines kausalen Folgeverhältnisses von handlungsauslösendem Anstoß und reaktivem Verhalten, sondern als ein simultanes Geschehen mit wechselseitiger Bedingtheit verstehen sollen. Kraft des Denkens ist der menschliche Geist ebenso tätig wie der Wille, der sich nicht rigoros der Heilsbotschaft verschließt, sondern diese annimmt. Erst im Teilhaftigwerden des Heiligen Geistes vermittels des Evangeliums entfaltet dieses die Bewegkraft, um den Willen ganz auf die Verheißung zu lenken. Dennoch liegt Melanchthon daran, die Mittätigkeit der menschlichen Vernunftfähigkeit wie des Willens zu betonen. Die Hilfe des Heiligen Geistes wird allen zuteil, ist ein göttliches Angebot, das aber als solches angenommen sein will. „,Wie viel mehr wird euer himmlischer Vater den Heiligen Geist denen geben, die ihn bitten' (Lk 11, 13), d.h., nicht den Müßigen, nicht denen, die ihn verschmähen, nicht denen, die gegen ihn ankämpfen, sondern gewiss denen, die mit wahrem Seufzen Hilfe erbitten. Hieran – weil die Verheißung allgemein ist – erkennt man, dass unsere Zustimmung hinzukommen muss (*adsensio concurrere oportet*), da ja freilich auch der Heilige Geist bereits den Geist (*mens*), den Willen (*voluntas*) und das Herz (*cor*) entzündet hat."[36] Dieses Moment der *adsensio*, der Zustimmung, gewinnt zentrale Bedeutung für die Dialektik von Gesetz/praktischer Philosophie und Evangelium, sofern hier die Freiwilligkeit oder vernunftgeleitete Bereitschaft, sich ganz dem Glauben anzuvertrauen, Betonung findet. Melanchthon richtet sich hier keineswegs an die Ungläubigen, die erst noch zum Evangelium geführt werden müssen, sondern an diejenigen, die als Gläubige entweder an der Kraft des Glaubens zweifeln, mit vermeintlichen Widersprüchen hadern, sich willenlos fügen, als handele es sich um ein Fatum, kurz, ihren eigenen Anteil an der Verwirklichung der geistigen Gabe verkennen oder

---

35 MELANCHTHON, Ethicae Doctrinae Elementa I (s. o. Anm. 3) 68/69.
36 Ebd., Ethicae Doctrinae Elementa I, 70/71.

Assensio: Wahlfreiheit in Melanchthons theologischer Grundlegung 31

gar die unerlässliche Mithilfe des Heiligen Geistes aus Borniertheit zurückweisen (so etwa die Pelagianer).

Wiederholt beruft sich Melanchthon in seinen Schriften, um dieses voluntative Moment einer Annahme der im Glauben geschenkten Verheißung zu betonen, auf drei Kirchenväterzeugnisse: Auf Augustins Weisung „Die Gnade geht voran, und der Willen begleitet sie", sowie auf Aussprüche des Johannes Chrysostomos – „Gott zieht zwar, aber er zieht den Wollenden"[37] – und Basilius – „Allein dem Entschlossenen kommt Gott auch entgegen"[38], die diese Haltung eines willentlichen Annehmens ausdrücken. Darauf wird gleich noch einmal zurückzukommen sein. Doch zunächst zur Frage der Distinktion von Momenten des Glaubensvollzugs, die hierbei zusammenlaufen.

---

37 In lateinischer Diktion „Trahit deus, sed volentem trahit." – gemäß Melanchthons deutscher Fassung der *Loci theologici* (d.i. *Heubtartikel Christlicher Lere*, 1553, 149 f.) „Gott zihet den menschen. Ehr zihet aber den, welches will mit gehet und nit widerstrebet." (Johannes Chrysostomos, Hom. I-4, in: Ac. 9:1 III 6; vgl. PG 51, 143).

38 „Tantum velis, et deus praeoccurit". bzw. in lateinischer Diktion, gemäß Melanchthons deutscher Fassung der *Loci theologici* (d.i. *Heubtartikel Christlicher Lere*, 1553, 150) „Gott gehet dir zuvor entgegen, doch soltu auch wollen, das ehr zu dir khomme". Ps.-Basilius, vgl. Eusebius von Emesa, poenit 3. – Melanchthon zitiert diese Textstelle aus Ps.-Basilius' μόνον θέλησον, καὶ ὁ θεὸς προαπαντᾷ (De Poenit. 3, Migne PG 31, 1480 f.) in Verbindung mit dem Gleichnis vom verlorenen Sohn immer wieder. Vgl. Disputationes XXIX, in: CR 12, 491. Siehe E.P. MEIJERING, Melanchthon and Patristic Thought. The Doctrines of Christ and Grace, the Trinity and the Creation, Leiden 1983, 40, wo eine Fülle von Belegen angeführt wird: Brief an Calvin vom Mai 1543 (CR 5, 109); Brief an Studierende vom Januar 1548 (CR 6, 783); Declamatio de precatione (CR 11, 988); Disputationes (CR 12, 491); Annotationes in Evangelia (CR 14, 311 in lat. Formulierung); Ethicae doctrinae elementa (CR 16, 193 u. 240); Explic. Symb. Nic. (CR 23, 436 u. B44); Postilla Melanchthoniana (CR 25, 74); Loci communes 1535 (CR 21, 376), Enarratio libri II Ethicorum Aristotelis (CR 16, 328 u. 330). Die aufgeführten Kirchenväterzitate (Clemens, Ps.-Basilius) werden im Zusammenhang mit dem 2. Artikel der Konkordienformel (verworfen wird dort die Auffassung, dass der Glaube vom freien Willen oder menschlichen Kräften erzeugt werde) in theologischen Schriften zur Dogmatik – so im ausgehenden 19. Jh. – äußerst kontrovers diskutiert. Vgl. exemplarisch für die Diskussion die Rezension zu J. KÖSTLINS Schrift, Der Glaube, sein Wesen, Grund und Gegenstand, seine Bedeutung für Erkennen, Leben und Kirche, Gotha 1859, in: Zeitschrift für die gesammte lutherische Theologie und Kirche 22 (1861) 348 ff. sowie umfassend zu den umstrittenen Kirchenväterformulierungen Wenzel LOHFF/Lewis William SPITZ, Widerspruch, Dialog und Einigung. Studien zur Konkordienformel der Lutherischen Reformation, Stuttgart 1977.

In den *Loci theologici C. secunda eorum aetas* formuliert Melanchthon, angesichts des „Agons", innerhalb dessen die Seele um die Zuversicht im Glauben ringt, ausgehend vom Pauluswort „Spiritus adiuvat infirmitatem nostram" (Röm. 8, 26) die Verbindung von drei Gründen: „Verbum, Spiritum sanctum, et voluntatem, non sane otiosam, sed repugnantem infirmitati suae". Das Wort, der durch das Hören des Wortes wirksam werdende Heilige Geist und der Wille, der insofern nicht müßig, d. h. nicht rein passivisch empfangend ist, sofern er die eigene Schwäche zurückweist, stehen hier als drei konstituierende Momente in einem Bedingungsverhältnis[39]. Untermauert wird das wiederum durch die Weisungen der Kirchenväter: „Has causas hoc modo Ecclesiastici scriptores coniungere solent. Basilius inquit: μόνον θέλησον, καὶ ὁ θεὸς προαπαντᾷ Deus antevertit nos, vocat, movet, adiuvat, sed nos viderimus, ne repugnemus." Entscheidend wird dies, wie Melanchthon an anderen Stellen argumentatorisch ausführt, um gegen die Lehre einer göttlichen Notwendigkeit, die durch die Schöpfung wirkend auch den menschlichen Willen bestimmt, die Selbsttätigkeit bzw. Wahlfreiheit des Menschen in Hinsicht auf die Annahme des Bösen zu betonen. „Constant enim peccatum oriri a nobis, non a voluntate Dei." Dass der Gläubige, während er des göttlichen Geistwirkens vermittels des Wortes teilhaftig wird, gleichwohl eine Wahl hat, d. h. das gehörte Wort auch zurückweisen könnte, ist somit ein entscheidendes Moment, um nicht zuletzt eine strikte Notwendigkeitslehre, wie sie etwa die Stoische Philosophie formuliert, zurückweisen zu können. Das Wollen dessen, was Gott durch das Wort im Glauben verheißt, bedarf schon allein vor diesem Hintergrund einer willentlichen Haltung der Annahme von Seiten des Gläubigen. „Chrysostomos inquit: ὁ δὲ ἕλκων τὸν βουλόμενον ἕλκει. Id apte dicitur auspicanti a verbo, ne adversetur, ne repugnet verbo."[40] Dass dies wesentlich gegen die Stoische Lehre einer durchgängigen Naturnotwendigkeit gerichtet ist, wird auch in den *Loci theologici D. tertia eorum aetas* entfaltet. Denn die stoische Auffassung einer notwendigen, kausalen Ordnung aller Dinge, die auf einen innerhalb des Gesamtkosmos wirkenden Logos zurückgeführt wird, birgt in Applikation auf den christlichen Gottesbegriff in zweifacher Hinsicht ein Theodizeeproblem. Mit der Aufgabe der Denkmöglichkeit einer freien, selbstbestimmten Handlungsmöglichkeit des Menschen unabhängig vom universalen Kausalgefüge der Gründe kraft der kosmischen Vernunft (dem inner-

---

39 MELANCHTHON, Loci theologici C. secunda eorum aetas, in: CR 21, 376.
40 Ebd. CR 21, 376.

kosmischen Wirken der *secundae causae*) – so zumindest nach dieser Lesart des stoischen Notwendigkeitsdenkens – wird das Fehlgehen des Menschen diesem nicht zuschreibbar, sondern führt in letzter Instanz auf Gott als den Verursacher (*prima causa*) des vom Menschen begangenen Übels. Das widerspricht aber der Bedingung, den Sündenfall als vom Menschen selbstverschuldet begründen zu können und zugleich die unbedingte Freiheit Gottes wahren zu können, ohne dass dieser gleichsam an die Natur oder den Wirkbereich der zweiten Ursachen gebunden ist[41]. Die Explikation, wie im Glauben und unter der Wirkung des Heiligen Geistes im Glaubensvollzug drei Momente zusammengehen, die eine rein passivische, gleichsam willenlose Haltung des Menschen ausschließen, steht im Kontext dieser Auseinandersetzung mit der unbedingten Willensfreiheit Gottes bei gleichzeitigem Festhalten an einer göttlichen Vorsehung. „Et in summa teneatur haec propositio: Adest Deus suo operi, non ut Stoicus Deus, sed vere ut liberum agens, sustentans et multa moderans."[42]

Was in den theologischen, dogmatisch angelegten Schriften in zusammenfassender Darlegung begründet wird, wird in den philosophischen Schriften in einer detaillierten Argumentation ausgewiesen. Schon allein darin zeigt sich, wie die Philosophie oder das Urteilsvermögen als Befestigung im und durch den Glauben wirksam wird. So wiederholt Melanchthon in den *Loci theologici D. tertia eorum aetas* abermals das Zusammenlaufen (*concurrere*) von drei Momenten[43].

---

41 MELANCHTHON, Loci theologici D. tertia eorum aetas, in: CR 21, 651. „Quod Deus adest creaturis, non ut Stoicus Deus, alligatis caussis secundis, ut moveat simpliciter, sicut movent secundae, sed ut agens liberrimum, sustenans naturam et suo consilio aliter agens in aliis."

42 Ebd., CR 21, 652.

43 Ebd., CR 21, 658: „Cumque ordimur a verbo, hic concurrunt tres causae bonae actionis, verbum Dei, Spiritus sanctus et humana voluntas assentiens, nec repugnans verbo Dei. Posset enim excutere, ut excutit Saul sua sponte; Sed cum mens audiens ac se sustentans non repugnat, non indulget dissidentiae, sed adiuvante etiam Spiritu sancto conatur assentiri, in hoc certamine voluntas non est otiosa. Veteres dixerunt: Praecedente gratia, comitante voluntate, bona opera fieri. Sic et Basilius inquit: μόνον θέλησον, καὶ ὁ θεὸς προαπαντᾷ, Tantum velis, et Deus praeoccurit. Deus antevertit nos, vocat, movet, adiuvat, sed nos viderimus, ne repugnemus. [...] Chrysostomos inquit: ὁ δὲ ἕλκων τὸν βουλόμενον ἕλκει. Sicut et in illo ipso loco Ioannis dicitur: Omnis, qui audit a Patre et discit, veniet ad me. Discere iubet, id est, audire verbum, non repugnare, sed assentiri verbo Dei, non indulgere dissidentiae."

Das Wort des Evangeliums als Bedingung des Wirkens des Spiritus Sanctus will nicht nur gehört werden, sondern es gilt es auch anzunehmen, d. h. erkennend aufzunehmen („Sciendum est autem, Spiritum sanctum efficacem esse per vocem Evangelii auditam, seu cogitatam, ut Gal. 3 [vs. 14] dicitur: Ut promissionem Spiritus accipiamus per fidem. Ac saepe dictum est, cogitantes de Deo oportere ordiri a verbo Dei, non quaerere Deum sine suo verbo.")[44]. Die Heilswirksamkeit des Evangeliums als Voraussetzung für diese Haltung der Annahme oder Zustimmung (*assensio*) ist damit grundlegend bestimmt. Gleichwohl ist es Melanchthon darum zu tun, die Hinwendung im Hören und Verstehen des Wortes als einen voluntativen Akt zu begreifen. Das Beispiel, an dem dies an verschiedenen Stellen verdeutlicht wird, ist der Vergleich mit einer Statue[45]. Damit opponiert Melanchthon nicht zuletzt gegen Enthusiasten und Schwärmer (Schwenckfeldianer), also gegen die Repräsentanten einer *raptus*-Theorie göttlicher Geistwirkung[46].

Um deterministischen Interpretationen wie enthusiastischen Ansätzen gleichermaßen zu entgehen, die in je spezifischer Begründungsweise eine passivische Haltung bzw. ein ‚Nicht-anders-Können' implizieren, betont Melanchthon daher unter Heranziehung einer Fülle von biblischen Belegstellen eine gewisse Wahlfreiheit des menschlichen Willens, die sich in der Annahmefähigkeit, dem Ringen der Seele des Gläubigen, der Nicht-Zurückweisung des Evangeliums bekundet. Die Hinwendung zur göttlichen Gnade wie das Abweichenkönnen vom göttlichen Gnadengeschenk sind Ausdrucksformen eines gewissen freien Willens im Menschen und nicht etwa eines doppelten Willens in Gott. Hier geht es auch darum, einen theologischen Prinzipiendualismus manichäischer Provenienz vollends zu entkräften. „Liberum arbitrium in homine facultatem esse applicandi se ad gratiam, id est, audit promissionem et assentiri conatur et abiicit peccata contra conscientiam. […] Cum promissio sit universalis, nec sint in Deo contradictoriae voluntates, necesse est in nobis esse aliquem discriminis caussam […]. Haec dextre intellecta vera sunt, et usus in exercitiis fidei et in vera consolatione, cum acquiescunt

---

44 Ebd.
45 Ebd.
46 „Si tantum expectanda esset illa infusio qualitatum sine ulla nostra actione, sicut Enthusiastae et Manichaei finxerunt, nihil opus esset ministerio Evangelico, nulla etiam lucta in animis esset. Sed instituit Deus ministerium, ut vox accipiatur, ut promissionem mens cogitet et amplectatur, et dum repugnamus dissidentiae, Spiritus Sanctus simul in nobis sit efficax." Ebd. 659. Vgl. MELANCHTHON, Explicatio Symboli Niceni, CR 23, 436.

animi in filio Dei monstrato in promissione, illustrabit hanc copulationem caussarum, verbi Dei, Spiritus sancti et voluntatis."[47]

In Melanchthons *Heubtartikel[n] christlicher Lere*[48] wird die Frage der Willensfreiheit in Hinsicht auf die innere Handlung abermals differenziert dargelegt. Unter der Betonung, dass erst der Heilige Geist den menschlichen Willen, den Verstand und das Herz (die drei Konstituenten des freien Willens) anzündet und damit überhaupt erst dazu verhelfen kann, den rechten Glauben, Gottesliebe, Gottvertrauen sowie Gottesfurcht in der verödeten, von Zweifel und Ungewissheit zerfressenen Seele zu entfachen, wird auch hier dieser von Gott geschenkte Trost im Vollzug des Zusammengehens der genannten drei Momente entwickelt. Melanchthon akzentuiert, unter der Voraussetzung des Wirkens des Heiligen Geistes über das Hören des Wortes, eine gleichzeitige Hinwendung zum Glauben, einen Akt der Zustimmung. Das Hören des Wortes ist kein Selbstläufer, das Evangelium vollzieht sich nicht als ein notwendig wirkendes Gnadengeschehen für den passiv Trost Erwartenden, sondern es bedarf der Zugewandtheit der entscheidungsfähigen Seele des Einzelnen. „Und sind dise zusagung von gottlicher wirkung in unß nicht darumb geschriben, das wir sollen wuest und wild werden, wie etlich tichten, so sie zu gott nit khomen khonnen, sie werden denn zu yhm durch den heiligen geist gezogen, so wöllen sie warten biß sie bei den haren zu gott gerissen werden, und mittler zeit yhre lust suchen."[49]

Die bereits an anderen Stellen immer wieder herangezogenen Kirchenvätersprüche werden auch hier in Verbindung mit biblischen Zeugnissen bemüht, um das Mitwirken des menschlichen Willens im Akt der Geisteinwirkung zu betonen. Die Deutung, „des menschen will wirke gantz nichts", ist für Melanchthon „viel zu grobe."[50] Melanchthons Bemühen, dieses Verhältnis von drei Gründen und damit das aktivische Moment des Glaubensvollzugs sensibel auszubalancieren, lässt ‚synergistische' Implikationen zu. Wogegen richtet sich diese Drei-Momente-Lehre, die eine Reihe von theologisch-philosophischen Schwierigkeiten aufwirft? Melanchthon betont daher hier wie an anderen Stellen die Simultaneität oder das Zusammenlaufen (*concurrere*) der handelnden

---

47 MELANCHTHON, Loci theologici D. Tertia eorum aetas, in: CR 21, 659 f.
48 Philipp MELANCHTHON: *Heubtartikel Christlicher Lere*. Melanchthons deutsche Fassung seiner Loci Theologici, nach dem Autograph und dem Originaldruck von 1553 hg. v. Ralf JENETT und Johannes SCHILLING, Leipzig 2002.
49 Ebd., 149.
50 Ebd., 151.

Ursachen[51], um über dieses instantane Bedingungsverhältnis einer deterministischen bzw. fatalistischen Deutung der protestantischen Theologie zu entgehen.

Melanchthon schaltet sich mit seiner spezifischen Akzentuierung des Moments der *assensio*, einer Zustimmung, die erst Kraft der Wirkung des Heiligen Geistes, im Hören des Evangeliums möglich ist, aber zugleich nicht als notwendige Wirkung eintritt, sondern eine gewisse Aktivität des Empfangenden, eine Annahme des Glaubens impliziert, in eine philosophisch-theologische Auseinandersetzung um die Frage der Willensfreiheit ein, die nicht erst in Bezug auf die Kontroversen zwischen Luther und Erasmus labyrinthische Dimensionen angenommen hat[52]. Er positioniert sich in dieser Frage, angesichts der weit zurückreichenden Wurzeln der Problematik, über eine argumentative Auseinandersetzung mit philosophisch-theologischen Schulen und deren Begründungsansätzen – Pelagianer, Manichäer, Epikureer, Stoiker – und trägt auf diesen philosophischen Schauplätzen der antiken Traditionen aktuelle Streitfragen aus. Gerichtet ist sein Ansatz sowohl gegen eine pelagianische Selbstüberschätzung menschlicher Kräfte[53] wie gegen die Unterlegung eines rein passivischen Empfangs der Heilswirkung im Sinne der vielfach kritisierten Enthusiasten. Melanchthon opponiert gegen die deterministische Auffassung etwa der Manichaer und die Implikationen einer gottbestimmten *massa corrupta*, wonach die vom bösen Prinzip bestimmten Menschen sich gar nicht zum Guten wenden können. Ein solcher, gleichsam negativer Determinismus auf der Basis eines dualistischen Gottesverständnisses, wonach der Willen Gottes die *massa corrupta* zu verantworten habe, suggeriere, dass vom Wollen des Einzelnen ohnehin nichts abhängt[54]. Angelpunkt, um deterministischen Konsequenzen zu entgehen und Indikator der theologischen Virulenz, die diese Problematik besitzt, ist immer wieder die Auseinandersetzung mit der stoischen Notwendigkeitslehre: „Deum non esse Stoicum"[55].

Die argumentatorische Widerlegung der stoischen Notwendigkeitslehre ist damit zugleich der Ansatz, dem Vorwurf eines theologischen Determinismus den Boden zu entziehen.

---

51 „concurrent agentes causae". MELANCHTHON, Ethicae Doctrinae Elementa I, (s. o. Anm.3) 68.
52 Vgl. CR 23, 431.
53 Vgl. CR 23, 434 ff.
54 Vgl. CR 23 438.
55 MELANCHTHON, Ethicae doctrinae elemenata I, (s. o. Anm. 3) 77.

So sehr Melanchthon den freien Willen auf der einen Seite einschränkt, um darauf hinzuweisen, dass der postlapsarische Mensch auf die Gnade Gottes, die Hilfe des Heiligen Geistes angewiesen ist und aus eigener Kraft keinerlei Möglichkeit hat, sich aufzurichten, so sehr opponiert Melanchthon auf der anderen Seite gegen den Kurzschluss, die Paulinische Gnadenlehre könne im Sinne eines stoischen Fatalismus bzw. einer Notwendigkeitsbehauptung interpretiert werden. Die philosophische Rechtfertigung Gottes wird damit zugleich zu einer Apologie der Kontingenz menschlichen Handelns in Hinsicht auf die Möglichkeit sittlichen Handelns in der menschlichen Lebenswelt wie in Bezug auf die Hinwendung zu Gott im Glauben.

Kontingenz setzt Freiheit voraus (die Freiheit des göttlichen Willens, der vernünftigen Geschöpfe, die irreguläre Bewegung im Bereich körperlicher Dinge). Hier artikuliert sich ein Ansatz, das Theodizeeproblem zu lösen. Gott kann und darf nicht als Grund der Übel in der Welt oder des moralisch Bösen angesehen werden. Wie aber lässt sich das mit der göttlichen Vorsehung vereinbaren? Melanchthon führt in diesem Zusammenhang eine Unterscheidung von naturkausal bestimmter Notwendigkeit und einer Notwendigkeit der Folgerichtigkeit („necessitas consequentiae")[56] ein, um zwischen der *electio*, der Wahlfreiheit des Menschen, und dem *eventus*, dem Ausgang eines menschlich gewählten Handelns, differenzieren zu können. Hier wird die Frage der Zustimmung (*assensio*) abermals virulent.

Wenn man den Paulinischen Satz „Gott ist es, der in euch beides bewirkt, das Wollen und das Vollbringen, nach seinem Wohlgefallen" (Phil 2,13) so liest, dass Gottes Wirken alle menschlichen Geistregungen bestimmt, dann kann von Freiheit des Willens keine Rede sein. Für Melanchthon drückt sich daher hierin vielmehr eine Beziehung aus, sofern, wenngleich Gott uns hilft, dennoch „diejenigen, die willens sind, die Lehre anzunehmen, in ihrem Willen unterstützt werden (tamen voluntates, quae accipiunt doctrinam, volentes adiuvantur)."[57]

Die Wahlfreiheit bezieht sich hier auf den Vorsatz, die willentliche Entscheidung zu äußeren Handlungen. Der Ausgang des handelnd eingeschlagenen Weges obliegt allein Gottes Ratschluss. „Also redet hier Salomon und sunst offt: Des menschen hertz hat ein furnemen. Aber gott fuhret den gang. Hiermit erinner ehr dich zu gottes forcht, demut und anrufung, alß spreche ehr: Sihe, liber frund, wie viel grosser sachen ne-

---

56 Ebd., 81; vgl. MELANCHTHON, Heubtartikel (s. o. Anm. 48), 152.
57 MELANCHTHON, Ethicae doctrinae elemenata I, (s. o. Anm. 3), 85.

men die Menschen fur, die seer ubel geradten. [...] Darumb sey nicht stoltz und khun. Bedenk, was man thun soll und wie gott seine gnad und hulff mit geben wil, nemlich so man gebottene werk furnimet und dabey ihn anruffet und arbeit und leidet in vertrauen uff yhn. Also ist klar, das Salomon kein Stoicus ist und nicht saget, das der menschliche will kheine wirkung habe, sondern redet von unterschied der wahl und außfuhrung."[58] Die Aristotelische Differenzierung zwischen dem freiwilligen Wählenkönnen der Mittel zu einem gesetzten Ziel und der Unabsehbarkeit, dieses Ziel auch zu erreichen, wird hier gewissermaßen in die theologisch-philosophische Distinktion von *electio voluntatis* und *eventus* eingezogen.

Über die Bestimmung einer auf die Gnadenwirkung des Geistes vermittels des Evangeliums gegründeten Wahlfreiheit, die sich als *assensio*, als Zustimmungsfähigkeit zeigt, wird die gesamte praktische Philosophie theologisch fundiert. Der Glaube, sofern hiermit das Moment der Annahme gekennzeichnet ist, birgt eine intellektuale Komponente bzw. diese zeigt sich gerade in der Erfahrung des inneren Widerstreits, dem verzweifelten Ringen. „Concurrit et voluntas nostra luctans, ut assentiatur verbo Dei, et non repugnet."[59] Dass diese Zustimmung vermittels des Glaubens als Vollzug des Glaubens, der ein aktives Begreifen, ein bewusstes Annehmen impliziert, aber strikt abzugrenzen ist von scholastischen Präparationstheorien, betont Melanchthon mit aller Entschiedenheit. So etwa gegen die Auslegung von Paulus Röm. 4 bei Thomas, wonach die Annahme des Glaubens gleichsam die Möglichkeit einer Werkgerechtigkeit begründen könne[60].

Gleichwohl hängt an der Glaubensdefinition im Sinne eines simultanen Zusammengehens von drei Momenten auch der Status der praktischen Philosophie bzw. des äußeren Handelnkönnens. Die Ethik erhält ihr festes Fundament erst aus der Glaubenslehre. Innerhalb dieser aber werden die Bedingungen des *liberum arbitrium* im Zustand der *natura lapsa* definiert.

Heißt das, dass diese unbedingte Gebundenheit an den Vollzug des Glaubens die Menschen zu Untätigkeit verdammt, sofern alle äußeren

---

58 MELANCHTHON, Heubtartikel, (s. o. Anm. 48), 153.
59 CR 23, 435.
60 „et multi alii depravarunt Pauli sententiam qui finxerunt Synecdochen, Fide iustificamur, id est, praeparamur, ut poestea simus iusti aliis virtutibus [...]. Thomas hanc Synecdochen his verbis expressit: Fide scilicet formata aliis virtutibus sumus iusti, quod nihil aliud est, quam dicere homines iustos esse suis operibus." CR 23, 457.

Handlungen letztendlich auf keiner reinen moralischen Haltung beruhen können bzw. ohnehin nicht heilssuffizient sind? „Etliche schreyen, mann mach die leut faul, Item mann fuhre sie in verzweiflung, wenn mann also redet von unserm unvermögen. Aber diese klag ist unwarheit. Denn erstlich bleibet dies fur und fur: Eusserliche zucht khonnen und sollen fur und fur alle menschen halden und wird den widergebornen leichter denn den andern. Denn die widergebornen haben hulff von Christo und schutz wider den teuffel. In denen auch, die zu gott bekeret sind, ist die widergeburt darumb angefangen, das ernach dein will und herzt auch wirken. Denn der heilig geist ist nicht ein faul wesen, sondern zundet an liecht und flammen in der seel und im hertzen, das nu die seel und das hertz auch ein besser erkanntnus gottes und ein angefangne lieb und sehnen zu gott haben."[61] Die philosophische Lehre, d. h. die Moralphilosophie zu verachten, das ist daher eine Missachtung der göttlichen Gaben bzw. eine Verkennung der Existenz, der Kraft und der Wirkung Gottes, sofern er sich in der Gottebenbildlichkeit auch in seiner Freiheit zeigt. Es widerspricht geradezu dem göttlichen Willen, die disziplinierende Moralphilosophie gering zu schätzen, die eine Erziehung zu Christus (*paedagogia in Christum*) ist. Auch die bloß äußere Freiheit in ihren Ermöglichungsspielräumen ist – wenngleich in keiner Hinsicht heilssuffizient – doch von nicht unbeträchtlicher Relevanz. So betont Melanchthon im Zusammenhang mit der allein durch das Wirken des Spiritus Sanctus gewährten Bewegkraft des Willens, dass all diejenigen Handlungen in unserer Macht liegen, „die dem Antrieb befehlen (*imperant locomotivae*), nämlich zu befehlen, dass wir lesen, hören und über die Lehre nachdenken"[62]. Dies ist nicht nur auf den Wortlaut der Schrift selbst zu beziehen, also auf Aneignungsformen des Evangeliums, sondern weist insgesamt auf das philologisch-pädagogische Programm Melanchthons und dessen ethische Perspektivierung auf die Kultivierung der Urteilskraft durch die *studia humanitatis*.

Das Ziel der Moralphilosophie ist schöpfungstheologisch begründet: Da Gott selbst dem Menschen die Ebenbildlichkeit verliehen hat, um das Urbild in der Menschheit leuchten zu lassen, um Gott zu erkennen und gottähnliche Tugenden zu besitzen, ist es ein Verstoß gegen den göttlichen Auftrag, die Gewöhnung als Hinführung auf das tugendhafte Handeln gering zu schätzen oder gar zu negieren. Entscheidend ist dabei

---

61 MELANCHTHON, Heubtartikel, (s. o. Anm. 48) 151.
62 MELANCHTHON, Ethicae Doctrinae Elementa I, (s. o. Anm. 3) 68/69.

die Einsicht, dass nicht die Tugend selbst das Ziel ist, sondern die Ruhe in Gott.

Wenn wir Menschen als Urheber ihrer Handlungen begreifen und, Aristoteles folgend, dabei eine freie Wahlmöglichkeit von Mitteln und Wegen zur Erreichung eines erstrebten Ziels voraussetzen, ist die so bestimmte Freiwilligkeit von Handlungsentscheiden die moralphilosophische Bedingung einer Zuschreibung von Verantwortlichkeit für das je eigene Handeln. Oder anders gewendet: Wenn wir Menschen *nicht* als Urheber ihrer Handlungen verstehen und wir davon ausgehen, dass sie gleichsam durch externe Ursachen in ihrem Wollen, Entscheiden und damit Handeln notwendig bestimmt sind, wenn ihnen also keine Wahl bleibt, sondern sie *so und nicht anders* handeln können und müssen, dann stellt sich hier sogleich die komplementäre Frage: Wer ist dann für die Konsequenzen von Handlungen überhaupt zur Rechenschaft zu ziehen? Die Brisanz dieser Frage zeigt sich insbesondere in Hinsicht auf die moralisch schlechten Handlungen. Sie wirft das Problem einer Rechtfertigung des moralisch Bösen in der Welt auf und führt im theologischen Kontext unmittelbar auf ein Theodizeeproblem.

Wenn in aktuellen philosophischen Debatten, eingedenk der Infragestellung von philosophischen Konzepten einer unbedingten Willensfreiheit, eine Auseinandersetzung zwischen deterministischen und kompatibilistischen Ansätzen geführt wird, so weist dies, so fern dies auch auf den ersten Blick der Problemkonstellation zu sein scheint, die bei Melanchthon relevant wird, systematisch doch auf ein Kernproblem der Diskussion um die Denkmöglichkeit und die Konsequenzen einer philosophischen Grundlegung von Willensfreiheit. Nicht nur lässt sich diese Grundlegungsdebatte bis auf die antike Auseinandersetzung zurückverfolgen, an die Melanchthon in seinen ethischen Schriften anknüpft, um sie im theologischen Rahmen zu problematisieren. Auch Melanchthons Versuch, ein humanistisches Verständnis menschlicher Selbsttätigkeit, Vernunftfähigkeit und moralischer Selbstbestimmungsfähigkeit mit der reformatorischen Rechtfertigungslehre in ein Verhältnis zu setzen, lässt sich vor dieser Folie als ein Versuch lesen, eine deterministische oder, theologisch ausgedrückt, fatalistische Notwendigkeitslehre zu Gunsten der Begründungsmöglichkeit einer sittlichen Selbstverantwortung des Menschen zurückzuweisen, ohne damit aber die Heilsinsuffizienz einer sittlichen Entscheidungs- und Handlungsfähigkeit des gefallenen Menschen in Frage zu stellen. Damit kommen nicht nur die Möglichkeit sittlicher Wahlfreiheit, deren verantwortungsethische Reichweite und die Zuschreibbarkeit menschlichen Handelns in den Blick, sondern ebenso die Frage nach der Bestimmung des göttlichen Willens und, kurz gesagt, nach der Vereinbarkeit göttlicher Vorsehungslehre und menschlicher Zurechnungsfähigkeit bzw. Freiwilligkeit von Handlungsentscheiden bzw. -vollzügen.

Es scheint zunächst eindeutig, dass Melanchthon die Geltung freier menschlicher Willensakte und Handlungen auf das Gebiet der Moralphilosophie bzw. genauer: externe menschliche Handlungsräume eingegrenzt. Ebenso unbestreitbar scheint die Auffassung, dass dieser moralische Handlungsspielraum, innerhalb dessen sich der Mensch als selbstverantwortlicher Urheber seiner guten wie schlechten Taten ausweisen kann, keinerlei Suffizienz für sein Seelenheil hat. Dennoch lässt sich aber konstatieren, dass Melanchthon indirekt eine Mit-Bedingung der letztendlich allein durch den Glauben zu erlangenden Rechtfertigung formuliert, so dass man diesen spezifisch theologischen Ansatz, ein tätiges Moment im Glaubensvollzug vonseiten des Menschen zu akzentuieren, das aber weit über den Bereich des Glaubens auf das lebensweltliche Handeln ausgreift, als einen Typus von theologischem Kompatibilismus bezeichnen könnte.

Eine Scharnierstelle, die sich in der Dichotomie von Lex und Evangelium zeigt, ließe sich möglicherweise so fassen:

Allein der Glaube, die Annahme des Evangeliums, ist Voraussetzung dafür, der göttlichen Gnade teilhaftig zu werden. Dies impliziert stets die Einsicht in die Unfähigkeit des Menschen, aus eigenen Kräften das Seelenheil zu erlangen. Der Mensch ist also aufgefordert, dem Glauben zuzustimmen, sich ganz dem Glauben an die Verheißung anheimzugeben.

Was aber leistet diese Zustimmungsfähigkeit? Was führt dazu, den Glauben anzunehmen und damit die Voraussetzung dafür, der göttlichen Gnade teilhaftig zu werden? Einerseits lässt sich konstatieren, dass Melanchthons Bemühen um einen Glaubensbegriff, der den geschilderten Konsequenzen deterministischer Implikationen entgeht, rein immanent bestimmt wird durch den Konkursus von Momenten. Das Wirken des Geistes ist stets zugleich Stärkung von Einsicht, Wollen und Begehren in Hinsicht auf Gott. Doch in Verbindung hiermit lässt sich zumindest eine vermittelte, sekundäre Mithilfe-Funktion der äußeren Tugend andeuten, aus der Melanchthon seinen humanistischen Ansatz, sein Plädoyer für eine Ausbildung des Menschen in allen Wissensgebieten, begründen kann. Allerdings wird diese unterstützende Funktion der menschlichen Bildung als Voraussetzung einer Kultivierung der moralischen Urteilsfähigkeit nur indirekt wirksam.

Denn, wie Melanchthon vielfach betont: Die sittliche Lebensführung gemäß der Tugend und die Einrichtung einer entsprechenden politischen Ordnung etc. auf der Basis eines umfassenden humanistischen Bildungskonzeptes ist nicht nur schöpfungstheologisch legitimiert, sie stärkt zugleich die Empfänglichkeit für den Glauben im Sinne des Erwerbs von Verstehenstechniken über die Schulung in Dialektik, Rhetorik, Hermeneutik etc.

In diesem Sinne ist auch die Kultivierung der Moralphilosophie nicht heilsrelevant, schon gar nicht hinreichend zur Erlangung des Seelenheils, aber doch bedeutsam als unterstützende Ursache in Hinsicht auf äußere Bedingungen.

Umgekehrt wirkt sich aber auch das Evangelium, die Annahme des Glaubens, auf die Seelenhaltung des Menschen, d. h. auf das Verhältnis von Verstand und Willen aus. So kann Melanchthon betonen, dass die im Glauben neu gestiftete Handlungsmotivation durch die Verstandeskräfte unterstützt und begleitet wird.

Das heißt: 1. die philosophische Moralphilosophie steht nicht im Widerspruch zum Evangelium; 2. sie ist Beweis der Gottebenbildlichkeit; 3. sie manifestiert die Würdigkeit und Erhabenheit Gottes in besonderer Weise, denn die Tugenden sind gleichsam Ausweis der göttlichen Herrlichkeit; 4. sie verhilft auf diesem Wege dazu, die Ehrfurcht vor den natürlichen Gottesgaben und damit vor Gott zu stärken; 5. sie sorgt über stabile, gerechte politische Verhältnisse dafür, dass überhaupt eine äußere Bereitschaft oder Empfänglichkeit für Hinwendung zum Glaube gegeben ist und manifestiert darin zugleich Gottes Wirken in den Gläubigen; 6. indirekt lässt sich von einer mithelfenden, pädagogisch-kultivatorischen Funktion der Philosophie im Sinne der Disziplinierung, Moderierung, belehrenden Festigung der Seelenkräfte sprechen. Je nach der Gewichtung, die man der Rolle der Moralphilosophie wie der wissenschaftlichen Ausbildung des Menschen damit zuschreibt, wird das von Melanchthon ausbalancierte Verhältnis von natürlichem Gesetz und Evangelium problematisch.

Die Spannung lässt sich wohl kaum aufheben, will man Melanchthons humanistische Bildungsanstrengung nicht zu niedrig bewerten.

Grundsätzlich aber behauptet Melanchthon eine theologische Kompatibilität der Rechtfertigungslehre und einer menschlicher Willensfreiheit in den Grenzen des Wirksamwerdens des Heiligen Geistes durch das Evangelium.

Denn in „der Kirche müssen die himmlische und die philosophische Lehre zusammen gesehen werden; durch diese Zusammenschau werden beide Arten der Lehre einleuchtender und angenehmer."⁶³

---

63 MELANCHTHON, Ethicae doctrinae elementa I, (s. o. Anm. 3) 13.

Melanchthon – der „Ethiker der Reformation"

Günter Frank

I.

Die Feststellung, Melanchthon sei der „Ethiker der Reformation" gewesen, hatte Wilhelm Dilthey in seiner 1892/93 fertiggestellten Studie „Melanchthon und die erste Ausbildung des natürlichen Systems in Deutschland"[1] getroffen. In diesem Beitrag galt Diltheys Aufmerksamkeit vor allem jener Transformation des antiken Ideengutes im Humanismus und in der Reformation, in der sich die moderne Vorstellung einer sittlichen Autonomie durch Rückbezug auf die antiken Quellen grundzulegen schien. In ihr (dieser Transformation) ist nach Dilthey „Melanchthon [...] für Deutschland das Mittelglied, welches die alten Philosophen und deren Tradition in den mittelalterlichen Schriftstellern verbindet mit dem natürlichen System des 17. Jahrhunderts", wobei Melanchthons besondere Leistung darin bestanden habe, dass „er dasselbe (natürliche System) zu der protestantischen Theologie in Verhältnis setzte"[2]. Die autonome Sittlichkeit, wie sie nach Dilthey Melanchthon begründet habe, werde vor allem über „den Zusammenhang der Wissenschaften, den geschichtlichen Verlauf der Offenbarung in der Menschheit und die Aneignung dieser Offenbarung im Glauben" hervorgerufen, sofern diese „auf *gemeinsame Voraussetzungen in der Menschennatur*" (kursiv im Original) zurückgeführt werden, deren „*fundamentale philosophische Lehre* im Gedankenzusammenhang Melanchthons [...] *die Lehre vom lumen naturale*"[3] sei, die gleichermaßen das philosophische Fundament seiner wissenschaftlichen Lehrbücher wie auch seiner Glaubenslehre darstellten. Für die philosophische Ethik bedeutete dies,

---

1 Diese Studie ist abgedruckt in der Ausgabe: Wilhelm DILTHEY, Aufsätze zur Philosophie, hg. von Marion MARQUARDT, Berlin/O. 1986, 226–275.
2 Ebd. 226 f.
3 Ebd. 237.

dass sich das Bewusstsein der Freiheit, das Sittengesetz, das heißt die angeborenen praktischen Prinzipien, im Menschen befinden[4].

Diltheys Feststellung von Melanchthon als „Ethiker der Reformation" und seine Rolle in der Grundlegung einer sittlichen Autonomie erstaunen und zwar nicht wegen der tatsächliche Bedeutung, die Melanchthon in der Grundlegung einer philosophischen Ethik in der Wittenberger Reformation zukam. Der Umfang seiner Schriften zur Ethik und Politik war spätestens seit der Jahrhundertausgabe des „Corpus Reformatorum" bekannt, dessen 16. Band, in dem die Schriften zur Ethik und Politik in wenn auch heute kritischen Ansprüchen nicht genügender Weise vorlagen, im Jahr 1850 erschienen war. Erstaunen erweckt Diltheys Interpretation, weil seine Vorstellung von der Grundlegung der modernen sittlichen Autonomie zwar Berechtigung beanspruchen könnte, sofern diese Sittlichkeit nicht mehr kirchlich-hierarchisch vermittelt scheint, aber dennoch einen grundlegenden Aspekt der reformatorischen Theologie verkennt. Dieser grundlegende Aspekt wird schon an der historischen Beobachtung sichtbar, dass sich Martin Luthers theologische Kritik bekanntlich ausgerechnet an der aristotelischen Ethik entzündet hatte, die er auch auf die anderen aristotelischen Disziplinen ausgeweitet wissen wollte[5]. Im Jahr 1517 hatte er in seiner berühmten „Disputatio contra scholasticam theologiam" die ganze aristotelische Ethik als den „schlimmsten Feind der Gnade"[6] verurteilt. Zwar war Luther selbst im Jahr 1508 von seinem Orden an die junge Universität nach Wittenberg berufen worden, um dort in der Nachfolge von Wolfgang Ostermayr Ethik zu lesen[7]. Da wir jedoch über keine Quellen aus dieser Zeit verfügen, sind wir über die Textgrundlagen und den Inhalt seiner Vorlesungen in Moralphilosophie nicht informiert. Dennoch kann an seiner umfangreichen Verurteilung der Ethik des Aristoteles kein Zweifel bestehen. Es gibt gute Gründe für die Annahme,

---

4 Ebd. 249–251.
5 Ausführlich hierzu die jüngste Studie von Theo DIETER, Der junge Luther und Aristoteles. Eine historisch-systematische Untersuchung zum Verhältnis von Theologie und Philosophie, Berlin / New York 2001 (Theologische Bibliothek Töpelmann 105), besonders 39–106; 149–256; und die Studie des Verfassers, Die Vernunft des Gottesgedankens. Religionsphilosophische Studien zur frühen Neuzeit, Stuttgart – Bad Cannstatt 2003 (Quaestiones 13), Kapitel I.
6 WA 1, 226. So heißt es in der These 41: Denn „fast die ganze Ethik des Aristoteles ist höchst schlecht und eine Feindin der Gnade."
7 Otto SCHEEL, Martin Luther: Vom Katholizismus zur Reformation, Bd. 2, Tübingen 1930, 360.

dass sich Luthers Verwerfung der aristotelischen Ethik vor allem an der Moraltheologie Gabriel Biels entzündet hatte. In dessen „Collectorium circa quattuor Sententiarum libros", einem aus der Tübinger Vorlesungszeit in den Jahren zwischen 1486 und 1489 hervorgegangenen Sentenzenkommentar[8], den Luther übrigens auswendig kannte, hatte Biel vor dem Hintergrund der scholastischen Tradition nicht nur eine ausführliche Lehre vom „liberum arbitrium", sondern auch eine Theorie meritorischer Akte entfaltet[9]. Es ist klar, dass eine solche moraltheologische Perspektive in schroffem Gegensatz zu Luthers Verständnis der Rechtfertigung des Menschen vor Gott stand. Umso stärker drängt sich dann aber die Frage auf, in welcher Hinsicht Melanchthon zum „Ethiker der Reformationszeit" werden konnte, und dies umso mehr wenn man berücksichtigt, dass von Luther selbst keine Kritik an Melanchthons umfangreichen Bearbeitungen der aristotelischen Moralphilosophie überliefert ist.

II.

Das Konzept einer praktischen Philosophie, wie es Aristoteles vorgelegt hatte, kann man als eine philosophische Theorie bezeichnen, und zwar eine Wissenschaft vom Sein des Guten, welche er als teleologische Lehre

---

8   Kritisch ediert wurde Biels Sentenzenkommentar von Wilfried WERBECK und Udo HOFMANN, Tübingen 1975.
9   Ausführlich hierzu Wilhelm ERNST, Gott und Mensch am Vorabend der Reformation. Eine Untersuchung zur Moralphilosophie und -theologie bei Gabriel Biel, Leipzig 1972 (EThSt 28), zur Theorie meritorischer Akte ebd. 394–409. In dieser Diskussion geht es nicht zuletzt um die Frage, in welcher Hinsicht die spätmittelalterliche Moraltheologie, wie sie Luther hier in der Person von Gabriel Biel vor Augen stand, Voraussetzung für die Reformation wurde, in der Ernsts Studie zu dem klaren Ergebnis gelangt, „daß Luthers Radikalisierung des Gottesverständnisses, seine total andere theologische Anthropologie und seine Auffassung von der Rechtfertigung und von der Gnade und caritas keine Harmonisierung mit der Theologie seiner Zeit zuließen und deshalb schließlich auch zum reformatorischen Bruch nicht nur mit der Theologie des Ockhamismus, sondern mit der gesamten Theologie der Scholastik geführt haben." (ebd. 414). Eine jüngere Würdigung Gabriel Biels findet sich bei: Ulrich KÖPF, Sönke LORENZ (Hg.), Gabriel Biel und die Brüder vom gemeinsamen Leben, Stuttgart 1998 (Contubernium, Bd. 47), mit dem Beitrag von Wilfried WERBECK, Gabriel Biel als spätmittelalterlicher Theologe (ebd. 25–35), der allerdings auf diese Fragestellung nicht eingeht.

von der Praxis, vom rechten Handeln, entwickelt hatte[10]. „Ethik" und „Politik" waren danach faktisch zwei verschiedene Zweige derselben, πολιτική genannten Wissenschaft, die Aristoteles auch „die sich auf die menschlichen Dinge beziehende Philosophie"[11] nannte, wobei die „Politik" als sachliche Ergänzung zur „Ethik" verstanden worden war[12]. Nach ihm hatten „Ethik", „Ökonomik" und „Politik" eine Einheit gebildet, weil sie sozusagen die Möglichkeitsbereiche des guten Lebens darstellen. So war dann auch die „Ethik" Teil der „Ökonomik" und der „Politik"[13], weil erst in der Hausgemeinschaft und dann vor allem in der Polis das isolierte Glücksstreben des Einzelnen an sein Ziel gelangt[14]. In der „Nikomachischen Ethik" hatte Aristoteles bekanntlich eine systematische Theorie des individuellen Glückes vorgelegt. Ausgehend von der Frage nach dem höchsten, vom Menschen zu erreichenden Guten wird dieses als εὐδαιμονία bestimmt (Buch I), das durch beständiges tugendhaftes Handeln erreicht werden kann (Buch II-IV). Schon in den mittelalterlichen Diskussionen wurden lebhaft die für die Theologie wichtigen Fragen diskutiert, in welcher Hinsicht das Glück als Ziel der Ethik auf das Ziel der Theologie bezogen werden kann und in welcher Hinsicht der Mensch tatsächlich dieses Ziel von sich aus erreichen kann[15]. In diesem Kontext eröffneten sich dann die weitergehenden Fragen nach dem Verhältnis der Folgen des Sündenfalls für die menschliche Willensfreiheit oder das Verhältnis von göttlichem Gnadenhandeln und einer Mitwirkung des Menschen im Rechtfertigungsgeschehen. Ich werde im Folgenden ein wenig auf die Textgeschichte der ethischen Schriften Melanchthons im Kontext der humanistischen Aristoteles-Rezeption eingehen und mich darauf seinem Verständnis der aristotelischen Philosophie widmen, das vor allem mit der Topik zu tun hat, um schließlich

---

10 Vgl. hierzu auch die Hinweise bei Hans MAIER, Die Lehre von der Politik an den deutschen Universitäten vornehmlich vom 16.–18. Jahrhundert, in: Wissenschaftliche Politik (hg. v. Dieter OBERNDÖRFER),Freiburg im Breisgau 1962, 59–116, hier: 65 f.
11 EN X 9, 1181b 15.
12 Vgl. zu diesem systematischen Konzept der praktischen Philosophie des Aristoteles grundlegend: Helmut FLASHAR (Hg.), Die Philosophie der Antike 3: Ältere Akademie. Aristoteles. Peripatos, Basel / Stuttgart 1983 (Grundriss der Geschichte der Philosophie 3), 336–358.
13 EN I 1094b 10 f; VII 1152b 1.
14 Pol. I 1252b 29 f; III 1280b 33–35.
15 Vgl. hierzu die Beiträge in dem Sammelband von Maria BETTETINI, Francesco D. PAPARELLA (Hg.), Le Felicità nel Medioevo, Louvain-La-Neuve 2005 (Textes et Études du Moyen Âge 31).

in einem abschließenden Teil die systematischen Konturen der aristotelischen Ethik Melanchthons zu skizzieren.

III.

Schriften zur Ethik, auf die ich mich hier beschränken werde[16], gehören zweifellos zu den erfolgreichsten Bearbeitungen der aristotelischen Tradition, wie sie im umfangreichen philosophischen Œuvre Melanchthons überliefert sind. Zwar hatte Luthers theologische Aristoteleskritik ihre Wirkung auch auf den jungen Melanchthon in Wittenberg nicht verfehlt. Gelegentlich – so in seiner Verteidigungsschrift für Luther aus dem Jahr 1521[17] oder auch in seiner ersten theologischen Schrift „loci communes" von 1521[18] – polemisierte auch Melanchthon gegen Aristoteles, vornehmlich jedoch gegen dessen Metaphysik und die mittelalterliche Metaphysiktradition sowie gegen dessen Naturphilosophie[19]. Immerhin: trotz dieser für das gesamte Wirken Melanchthons nicht überzubewertenden, gelegentlichen Aristoteleskritik lassen sich keine kritischen Stimmen zu den ethischen und politischen Schriften finden.

Die Traditionsgeschichte der unterschiedlichen Auflagen der ethischen und politischen Schriften Melanchthons lässt sich nicht in allen Details klären. Dies hängt zunächst damit zusammen, dass keine Informationen darüber vorliegen, welche lateinischen oder griechischen Vorlagen Melanchthon für seine eigenen Schriften zur Ethik zur Verfügung standen. Andererseits wird eine Rekonstruktion zusätzlich durch

---

16 Vgl. zum Folgenden ausführlich: Günter FRANK, Die praktische Philosophie Philipp Melanchthons und die Tradition des frühneuzeitlichen Aristotelismus, in: Philipp Melanchthon, Ethicae Doctrinae Elementa. hg. von Günter FRANK, Stuttgart – Bad Cannstatt 2008 (EFN 1), XIX-XLII; zu den Schriften zur aristotelischen Politik vgl. DERS. ‚Politica Aristotelis'. Zur Überlieferungsgeschichte der aristotelischen ‚Politica' im Humanismus und in der frühen Neuzeit, in: Der Aristotelismus in der Frühen Neuzeit – Kontinuität oder Wiederaneignung? hg. von Günter FRANK, Andreas SPEER, Wiesbaden 2007, 325–352.
17 Didymi Faventini adversus Thomam Placentinum pro Martino Luthero theologo oratio, 1521, in: MSA 1, 57–140, besonders 72; 74–78.
18 Loci communes rerum theologicarum seu hypotyposes theologiae, 1521, in: MSA 2/1, 15–185, bes. 19, 7–11; 22, 4–9; 14–19; 24–30.
19 Zur Bewertung und Gewichtung dieser Aristoteleskritik des jungen Melanchthon vgl. die Untersuchungen von Dieter (wie Anm. 21) und Günter FRANK, Die theologische Philosophie Philipp Melanchthons (1497–1560), Leipzig 1995 (EThSt 67), besonders 52–60.

den Umstand erschwert, dass den vielfältigen Auflagen der Ethik nur wenige Mitteilungen aus Melanchthons umfangreicher Korrespondenz zur Seite stehen. Seit 1526 jedenfalls tauchte der Name des Aristoteles – nunmehr ohne pejorativen Tonfall – in Briefen Melanchthons auf [20]. So schrieb er in einem Brief vom 2. Juni 1526 an seinen Freund und späteren Biographen Joachim Camerarius, er habe ein Beispiel in der „Nikomachischen Ethik" gefunden, das ihm sehr gefalle und über das er mit ihm reden wolle, weil er in Wittenberg keinen Gleichgesinnten finde [21]. In den Jahren 1527/1528 überlegte er, ob er nicht selbst Vorlesungen über die aristotelische Ethik aufnehmen sollte [22]. Am 15. Juni 1528 schrieb Melanchthon an Camerarius in Nürnberg, dass in Wittenberg unter großem Arbeitsaufwand eine Neuedition der „Nikomachischen Ethik" des Aristoteles erstellt werde. „Und hier wird Aristoteles' Ethik gedruckt, die nicht ohne große Mühe bei derartigem Desinteresse der Drucker veröffentlicht werden kann. Und ich habe Anmerkungen hinzugefügt, die dem Leser ein wenig in einem derart schwierigen und komplexen Thema helfen können."[23] Ungewiss ist, ob Melanchthon in dieser Zeit Vorlesungen über die Ethik hielt. Seine privaten Studien führten schließlich zur ersten Ausgabe „In Ethica Aristotelis commentarius Philipp. Melanchtho.", die 1529 in Wittenberg von Joseph Klug verlegt wurde. Im August dieses Jahres schickte er schließlich eine Ausgabe dieser Ethik an Joachim Camerarius nach Nürnberg [24].

Im Jahr 1531 erschien ein – in der Forschung bislang übersehener – Kommentar zum fünften Buch der Ethik [25]. Die Entstehungshintergründe dieser Ausgabe liegen weitgehend im Dunkel. Bei dieser Ausgabe handelt es sich lediglich um 14 Seiten ohne Widmung und Vorrede, wobei sich

---

20   Zur Traditionsgeschichte der ethischen und politischen Schriften Melanchthons zwischen 1526 und 1532 vgl. die Studie von Nicole KUROPKA, Philipp Melanchthon: Wissenschaft und Gesellschaft, Tübingen 2002 (Spätmittelalter und Reformation, N.R. 21), besonders 29–31; 176–181; 242–244; 275–283.
21   MBW.T 2, 473, 25–28.
22   Melanchthon an Justus Jonas in Nordhausen, Jena 28. 8. 1527: „Ego enarro sententias Salomonis et τὸν λόγον περὶ στεφάνου. Quo absoluto, decrevi interpretari Aristotelis Ἠθικά." (MBW.T 3, 580, 60–62).
23   „Et hic excuduntur τὰ Ἠθικὰ Aristotelis, quae non sine magno labore in tanta neglegentia chalcographum emendari possunt. Et addo scholia, quae adiuvent nonnihil lectorem in tam obscura et perplexa disputatione." (MBW.T 3, 693, 15–17).
24   „Mitto tibi enarrationem duorum librorum Ἠθικῶν Aristotelis." (MBW.T 3, 816, 22)
25   KUROPKA (wie Anm. 20) 239–242.

die begründete Vermutung nahelegt, dass es sich mit dieser nicht um eine von Melanchthon selbst beabsichtigte Veröffentlichung handelt, sondern um eine Fremdveröffentlichung. 1532 schickte Melanchthon jedenfalls seine neue Textausgabe an Freunde zur kritischen Revision, ohne von diesem kleinen Kommentar zu berichten[26]. Möglicherweise hatte es sich hierbei um Vorarbeiten zu seinem großen Kommentar von 1532 gehandelt, die Johann Setzer unautorisiert 1531 in Hagenau publiziert haben könnte. Inhaltlich handelt es sich in dieser kleinen Schrift um eine knappe Zusammenfassung der aristotelischen Ausführungen über die Gerechtigkeit als der wichtigsten Tugend, ohne dabei – wie es charakteristisch für alle Schriften Melanchthons war – zwischen dieser als einer philosophisch begriffenen Tugend der Gerechtigkeit und der Gerechtigkeit vor Gott zu unterscheiden – ein weiteres Indiz für die Annahme, dass diese kleine Schrift von Melanchthon selbst nicht zum Druck vorgesehen war.

1532 erschien in Wittenberg Melanchthons großer Kommentar zu den Büchern I-III und V der Ethik des Aristoteles[27]. Im Mittelpunkt des neu hinzugekommenen dritten Buches zur „Nikomachischen Ethik" stand dabei die Frage nach dem willentlichen Handeln (*electio*) und damit die Unterscheidung zwischen der philosophischen Lehre vom freien Willen und der christlichen Lehre über die Willensfreiheit. Im April 1532 hatte Melanchthon seine Widmung zu dieser Ethikausgabe geschrieben, die bei Joseph Klug in Wittenberg erschienen war. Mit diesen vier Büchern hatte er sich gleichzeitig einen Kanon zusammengestellt, an dem er auch bei künftigen Editionen festhielt, das heißt Melanchthon hatte nie mehr als diese vier Bücher, und zwar Bücher I-III und V der Ethik des Aristoteles bearbeitet.

Noch 1532 hatte Melanchthon an der Wittenberger Universität Vorlesungen zur aristotelischen Ethik angeboten[28]. Die Vorlesungsmitschrift zirkulierte zunächst nur in handschriftlichen Abschriften[29], ehe sie

---

26 So in seinem Schreiben an Johannes Brenz in Schwäbisch Hall vom 19.5.1532 (MBW 1243) und in seinen beiden Schreiben an Joachim Camerarius vom 22.5.1532 (MBW 1244) und vom 5.6.1532 (MBW 1253).
27 In primum, secundum, tertium et quintum Ethicorum commentarii, Wittenberg 1532 (vgl. hierzu: CR 16, 3 f.; KUROPKA [wie Anm. 20] 242–244; die Ausgabe findet sich dann im CR 16, 277–416).
28 CR 2, 579 f.
29 Diese Abschrift wurde erstmals im Jahr 1893 durch die Publikation von Hermann Heineck zugänglich: Hermann HEINECK, Die aelteste Fassung von Melanchthons Ethik, Berlin 1893.

1538 als „Philosophiae moralis epitome" in Straßburg publiziert wurde[30]. In seiner Vorrede zu dieser Edition von Mitte April 1537 an Christian Brück in Wittenberg[31], gedruckt von dem Straßburger Drucker Krafft Müller, hebt Melanchthon die Bedeutung der systematischen Ethik nicht nur für die sittliche Bildung hervor, sondern auch für die Gottes- und Prädestinationslehre. Ein Jahr später kann Melanchthon an Johannes Schwebel in Zweibrücken berichten, dass seine Moralphilosophie nunmehr auf der Frankfurter Messe zu erhalten ist[32].

Im Jahr 1550 erschien Melanchthons letzte große Ausgabe seiner Bearbeitungen zu den Büchern I-III und V der aristotelischen Ethik, die unter dem Titel „Ethicae doctrinae elementa et enarratio libri quinti Ethicorum" bei Johannes Crato in Wittenberg gedruckt worden war[33]. Melanchthons Vorrede zu dieser Edition an Arnold Burenius in Rostock stammt vom Oktober 1550[34]. In ihr hebt er die Bedeutung der Definition der Gerechtigkeit im Unterschied zur Rechtfertigungslehre insbesondere auch für die Theologie hervor[35]. Im Mittelpunkt seiner Kommentierung zum fünften Buch der aristotelischen Ethik stehen dann ausführlich die Bestimmung und Einteilung der Gerechtigkeit sowie Fragen zum Naturrecht und zum positiven Recht[36]. Noch zu Melanchthons Lebzeiten hatte diese Ethik zwei Neuauflagen in den Jahren 1553–1554 und 1560 erfahren.

Melanchthons letzte Schriften zu ethischen Fragen erschienen 1552 unter dem Titel „Quaestiones aliquot Ethicae, de Iuramentis, excommunicatione et aliis casibus obscuris, explicata in lectione Ethica."[37] Diese kleine Schrift, die aus Vorlesungen hervorgegangen war und von Johannes Crato in Wittenberg gedruckt wurde[38], ist ethischen Einzelfragen gewidmet wie dem Schwur, der Unterscheidung von geistlicher und weltlicher Gewalt und der Exkommunikation. Spätestens seit 1557

---

30 Vgl. hierzu die Hinweise im CR 16, 10 f. Wiedergegeben ist diese Edition dann im CR 16, 21–164.
31 MBW 1890.
32 MBW 2024.
33 CR 16, 13 f., III. Der Text findet sich dann im CR 16, 165–276; 363–416.
34 MBW 5934; CR 7, 684–688.
35 CR 7, 686: „In Ecclesia et in Sermone divino quoties haec nomina repetuntur, Iustitia, iniustitia, peccatum? Hic nescire, quas res haec vocabula monstrent, non solum turpe, sed etiam perniciosum est."
36 CR 16, 363–416.
37 CR 16, 15 f.
38 Abgedruckt in CR 16, 453–494.

wurde diese letzte Schrift zu ethischen Einzelfragen häufig im Anhang an die Ethik von 1550 gedruckt[39]. Gerade diese Komposition der „Ethicae doctrinae elementa" und der „Quaestiones aliquot Ethicae" erlebte schon im 16. Jahrhundert eine Vielzahl von Neuauflagen[40]. Vermutlich war diese überhaupt die erfolgreichste der ethischen Schriften Melanchthons, die schon zu dessen Lebzeiten Anlass zu weiteren Paraphrasen zur aristotelischen Ethik wurde[41].

Melanchthon war jedoch nicht der einzige humanistische Gelehrte, der in seiner Zeit Schriften zur aristotelischen Ethik herausgegeben hatte. Vielmehr war er Teil jener Bewegung, die insbesondere nach dem Fall von Konstantinopel und dann verstärkt durch den Buchdruck in immer neuen Ausgaben die Schriften des Aristoteles, teilweise vor dem Hintergrund von dem Mittelalter unbekannten Handschriften, der lateinischen Welt überliefert hatte[42]. Die erste lateinische Übersetzung hatte, gefördert durch das Mäzenatentum der Medici und durch den Humanistenpapst Nikolaus V., bereits Leonardo Bruni Aretino (1399–1444)

---

39 So der Druck von Johannes Crato in Wittenberg (vgl. VD 16, M 4084)
40 Die Belege finden sich im VD 16, M 4082–4109.
41 So bereits der Kommentar von Matthaeus Pfeil von Kappel (gest. 1564 in Marburg) „In librum II Ethicorum Philippi Melanchthonis dictata", Marburg 1541, der allerdings nur als Manuskript vorliegt; einflussreich wurden dann auch die Paraphrasen seines Schülers Viktorin Strigel (1524–1569) „In Epitomen Philosophiae Moralis Philippi Melanchthonis, ΥΠΟΜΝΗΜΑΤΑ Victorini Strigelij. Excepta de ore ipsius in praelectionibus publicis: Quibus in Academia Lipsensi ante annos quindecim, ratione docendi ad captum iuventutis scholasticae accomodata, illustravit initia doctrinae Ethicae", 1580, die aus Vorlesungen an der Leipziger Universität in den 60er Jahren des 16. Jahrhunderts hervorgegangen waren. Vgl. hierzu ausführlich Günter FRANK, Fragmentierung und topische Neuordnung der aristotelischen Ethik in der frühen Neuzeit: Ethik bei Viktorin Strigel und Abraham Scultetus, in: Philosophie, Jurisprudenz und Theologie in Heidelberg an der Wende vom 16. zum 17. Jahrhundert. hg. von Christoph STROHM, Tübingen 2006.
42 Über die mittelalterliche Überlieferung der aristotelischen Ethik vgl.: David A. LINES, Aristotle's Ethics in the Italian Renaissance (ca. 1300–1650). The Universities and the Problem of Moral Education, Leiden / Boston / Köln 2002 (Education and Society in the Middle Ages and Renaissance 13). Vgl. hierzu auch insgesamt: René A. GAUTHIER, L'Éthique à Nicomaque. Introduction, traduction et commentaire, Bd. 1, Louvain ²1970; Henri Paul Florent MERCKEN, The Greek Commentators on Aristotle's Ethics, in: Aristotle Transformed: The Ancient Commentators and Their Influence. hg. von Richard SORABJI, Ithaca/NY 1990, 438–441. Die griechische Edition findet sich in: Aspasii in Ethica Nicomachea quae supersunt commentaria. hg. von Gustav Heylbut, Berlin 1889 (Commentaria in Aristotelem Graeca 19, 1).

im Jahr 1417 besorgt. 1474 erschien in Padua eine lateinische Epitome von Ermolao Barbaro (1454–1493), die eine wichtige Quelle für die Ethikdiskussionen in der Mitte des 16. Jahrhunderts bilden sollte[43]. Eine besondere Rolle spielten die griechischen Emigranten wie Johannes Argyropulos (1410–1490), Theodorus Gaza (1400–1476) und Kardinal Bessarion (1403–1476). Durch die Übersetzungstätigkeit dieser Gelehrten wurde das gesamte „Corpus Aristotelicum" – unter diesen Schriften also auch die Ethik – im lateinischen Westen neu erschlossen und führte – wie die Untersuchung von David A. Lines belegt – bereits im Italien des 15. Jahrhunderts zu einer breiten Diskussion. Auf diese Weise wurden 25 Werke des Aristoteles um die Wende zum 16. Jahrhundert in Gesamtausgaben zugänglich. Die ersten Ausgaben der *Opera omnia* des Aristoteles erschienen in Venedig 1496[44], 1507[45] und 1560[46], in Basel 1538[47] und 1563[48], in Frankfurt 1587[49] und in Lyon 1590[50].

Seit der Wende zum 16. Jahrhundert erreichte diese mit der neuen Kommentartätigkeit der ethischen Schriften des Aristoteles verbundene Diskussion auch die nordalpinen Länder. Eine Schlüsselfigur in dieser Transformation bildete der französische Gelehrte Faber Stapulensis (Jacques Lefèvre d'Étaples, 1460–1536). Bereits 1502 erschien in Paris

---

43 Diese Zusammenfassung findet sich dann etwa bei dem einflussreichen Pariser Benediktiner Joachim Perion (um 1499–1559), der diese Schrift einleiten lässt mit einem Widmungsschreiben eines Neffen Ermolaos, Daniel Barbaro, an Kardinal Alessandro Farnese mit dem Hinweis, sein Onkel habe ein lateinisches Compendium der aristotelischen Ethik verfasst. Der Titel von Perionius' eigener Aristotelesübersetzung, die mehrfach neu aufgelegt wurde, lautet: Aristotelis Ad Nicomachum Filium de Moribus, quae Ethica nominantur, Libri decem, Ioachimo Perionio Cormoeriaceno interprete, Eorundem Aristotelis Librorum Compendium per Hermolaum Barbarum. Cum locuplete rerum & verborum memorabilium Indice, Basel 1540 (weitere Ausgaben: Paris 1540; Basel 1545; 1555; Heidelberg 1562).
44 Aristotelis Opera omnia, Latine, impensis Benedicti Fontanae, per Gregorium de Gregoriis, 2 Voll.
45 Opera, quae a Ioanne Argyropulo, Hermolao Barbaro, Leonardo Aretino et Georgio Valla e Graeco traducta sunt […] Impressa sumtibus heredum Octaviani Scoti […] Maxima diligentia Bartholomaei de Zanis de Portesio.
46 Opera, latine, cum commentariis Averrois Cordubensis, 11 Voll.
47 Opera omnia. Latine, 2 Bde.
48 Aristotelis Stagiritae tripartitae philosophiae Opera omnia, cum praefatione C. Prosperi Cyriaci, de dignitate, utilitate, partibus atque ordine philosophiae, 4 Bde.
49 Aristotelis Opera quae exstant, Graece, ed. Friedrich Slyburg, 5 Bde.
50 Operum Aristotelis Stagiritae philosophorum omnium longe principis nova edition, Graece et Latine, ed. Isaac Casaubonus, 2 Bde.

die „Artificialis Introductio Iacobi Fabri Stapulensis, in decem Ethicorum libros Aristotelis, adiuncto Familiari Commentario Iudoci Clichtovei declarata"[51]. Aber auch andere nordalpine Humanisten nahmen durch ihre Editionstätigkeit an diesen Diskussionen teil. 1503 erschien in Paris die Ethik des im brabant'schen Gent oder Asche um 1461 geborenen Jodocus Badius Ascensius, einem Schüler der Brüder vom gemeinsamen Leben, einem Humanisten und Buchdrucker, der im Briefwechsel mit Erasmus und Faber Stapulensis stand[52]. Bereits 1488 hatte Aegidius Delphus (van Delft, gest. 1524) das „Opus Aristotelis de moribus a Johanne Argyropylo traductum" in Paris herausgegeben, ein Jahr später auch Johannes Buridanus' „Quaestiones in X libros Ethicorum Aristotelis". 1540 erschien die „Nikomachische Ethik" von dem Straßburger Gelehrten Johann Sturm (1507–1589), der neben einem Widmungsschreiben von Sturm selbst auch eines von dem spanischen Humanisten Juan Luis Vives (1492–1540) vorangestellt ist[53].

Innerhalb dieser intensiven Welle der Wiederaneignung der ethischen Schriften des Aristoteles in der frühen Neuzeit durch die humanistische Bewegung in Europa stehen nun auch Melanchthons Bearbeitungen der ethischen Schriften. Was aber ist das für eine Kommentartradition und vor allen Dingen: was für ein Verständnis der aristotelischen Philosophie verbirgt sich hinter dessen Bearbeitungen der Ethik?

---

51 Artificialis introductio Iacobi Fabri Stapulensis, in decem Ethicorum libros Aristotelis, adiuncto Familiari Commentario Iudoci Clichtovei declarata. Ad haec Leonardi Aretini Dialogus de Moribus ad Galeotum Amicum, Dialogo Parvorum Moralium Aristotelis ad Eudemium respondens. Iacobi Fabri Stapulensis introductio in Politicam. Xenophontis Dialogus de Economia, Paris 1502; Freiburg 1542. 1504 erschien in Paris sein Liber ethicorum Aristotelis Johanne Argyropilo Byzantio traductore, adiecto familiari Jacobi Fabri Stapulensis commentario.
52 Aethica seu moralia Aristotelis ex traductione Joannis Argyropyli ab Egidio Delpho singulorum capitum argumentis praenotata et ab Ascensio indice et annotatiunculis illustrata, Paris 1503, 1506, 1510. Vgl. hierzu: Charles H. Lohr, Latin Aristotle Commentaries II: Renaissance Authors, Florenz 1988, 27 f.; Johan Heinrich Zedler (Hg.), Großes vollständiges Universallexikon, Bd. 2, Leipzig / Halle 1733 (ND: Graz 1963), 96 f.
53 ΑΡΙΣΤΟΤΕΛΟΥΣ ΗΘΙΚΩΝ ΝΙΚΟΜΑΧΕΙΩΝ ΒΙΒΛΙΑ ΔΕΚΑ. Aristotelis de Moribus ad Nicomachum libri decem, Straßburg 1540. Zu dieser frühneuzeitlichen Tradition der praktischen Philosophie des Aristoteles vgl. Wilhelm RISSE, Bibliographia philosophica vetus, Pars 4: Ethica et Politica, Hildesheim 1998 (Studien und Materialien zur Geschichte der Philosophie, Bd. 45); Jill KRAYE, Risto SAARINEN (Hg.), Moral Philosophy on the Threshold of Modernity, Dordrecht 2005 (The New Synthese Historical Library, Vol. 57).

Diese Frage führt mitten hinein in eine in der Forschung umstrittene Frage nach Melanchthons Tübinger Plänen einer neuen Aristoteles-Ausgabe. Seinem Nachwort zur griechischen Grammatik zufolge, das auf April/Mai 1518 datiert wird, gab Melanchthon den Hinweis, dass er sich mit anderen anschicke, mit aller Energie die aristotelische Lehre wiederherzustellen – „instauranda Aristotelica"[54]. Als Mitarbeiter an diesem Projekt nennt Melanchthon seinen Pforzheimer Verwandten Johannes Reuchlin, Willibald Pirckheimer, Georg Simler, Wolfgang Fabricius Capito aus Hagenau, Johannes Ökolampad sowie „den alle an Ingenium übertreffenden" Franciscus Stadianus. Was aber soll man unter diesem Tübinger Projekt einer neuen Aristoteles-Ausgabe verstehen?

Der württembergische Landeshistoriker und evangelische Pfarrer Ludwig Friedrich Heyd (1792–1842)[55] verstand in seiner kleinen Tübinger Schrift aus dem Jahr 1839 „Melanchthon und Tübingen" dessen Andeutungen so, dass es ihm um eine „Heraugabe und Uebersetzung des Aristoteles", also seiner Werke, gegangen sei[56]. Die Melanchthonforschung im 20. Jahrhundert ging noch einen Schritt weiter und stellte sich unter diesen Hinweisen vor, Melanchthon habe einen „gereinigten Aristoteles" herausgeben wollen[57]. Am weitesten ging Heiko Augustinus

---

54 Melanchthons Briefwechsel, Bd. T 1, bearbeitet von Richard Wetzel, Stuttgart-Bad Cannstatt 1991 (fortan: MBW.T), 17, 4 f.: „Accingimur enim non vano conatu ad instauranda Aristotelica, quo vel tandem nostri homines hac laudum parte cum aliarum gentium philosophis comparari recte queant." Vgl. auch Supplementa Melanchthoniana. Werke Philipp Melanchthons, die im Corpus Reformatorum vermisst werden, hg. vom Verein für Reformationsgeschichte, Bd. 6/1, Leipzig 1926 (fortan: Suppl. 6/1), S. 30 f., Nr. 26.

55 Stefan BENNING, Ludwig Heyd (1792–1842). Pfarrer, Historiker, Ehrenbürger, in: Blätter zur Stadtgeschichte, hg. vom Archiv der Stadt Bietigheim-Bissingen 11 (1994) 202–228.

56 Ludwig Friedrich HEYD, Melanchthon und Tübingen. 1512–18. Ein Beitrag zu der Gelehrten- und Reformations-Geschichte des sechzehnten Jahrhunderts, Tübingen 1839, 40 f.

57 So etwa schon Otto Clemen, in: Suppl. 6/1, 30 f., Nr. 26. Ähnlich auch Wilhelm MAURER, Melanchthons Loci communes von 1521 als wissenschaftliche Programmschrift. Ein Beitrag zur Hermeneutik der Reformationszeit, in: Luther-Jahrbuch 27 (1960) 38. Reinhold RAU, Philipp Melanchthons Tübinger Jahre, in: Tübinger Blätter 47 (1960), 16–24; auf S. 17 sprach er von Melanchthons Plan, „den Aristoteles im Urtext herauszubringen, um von den späteren Kommentaren ganz freizukommen". Heinz SCHEIBLE, Melanchthon. Eine Biographie, München 1997, 25; DERS., Philipp Melanchthon (1497–1560). Melanchthons Werdegang, in: Humanismus im deutschen Südwesten. Biographische Profile, hg. von Paul Gerhard SCHMIDT, Stuttgart 2000, 231, sprach

Oberman. In seiner aus Anlass des 500. Jubiläums der Tübinger Universität herausgegebenen und äußerst einflussreichen Studie „Werden und Wertung der Reformation. Vom Wegestreit zum Glaubenskampf" verband er Melanchthons Andeutungen der Aristoteles-Ausgabe mit einer weitreichenden geistesgeschichtlichen Wertung. Denn das Bemühen um den „gereinigten Aristoteles", wie der Abschnitt bezeichnenderweise überschrieben ist, zeugt Oberman zufolge wiederum vom Nominalismus Melanchthons. „Aristoteles für sich selbst sprechen zu lassen", sei ein originäres „Anliegen der Nominalisten." Melanchthon habe nur sein „humanistisches Anliegen [...] mit seiner Zugehörigkeit zur Tübinger *via moderna*" verbunden[58].

Unabhängig davon, dass von einem „gereinigten Aristoteles" – *Aristoteles purgandus* – in den Texten Melanchthons nirgends die Rede ist – was soll es bedeuten, dass originäres Anliegen des Nominalismus sei, den Aristoteles für sich selbst sprechen zu lassen? Aristoteles spricht – anders kann es gar nicht sein – allein durch seine Texte, wie sie als griechische Handschriften und in lateinischen Übersetzungen überliefert sind. Dass

---

wiederum einerseits von einer „gereinigten Aristotelesausgabe", andererseits jedoch von dessen Plan einer „Gesamtausgabe" des Aristoteles. Vgl. DERS., Art. Melanchthon, in: TRE 22 (1992) 371. Ähnlich auch Hans-Rüdiger SCHWAB, Philipp Melanchthon. Der Lehrer Deutschlands. Ein biographisches Lesebuch, München ²1997, 19. Über Melanchthons Tübinger Zeit vgl. auch Uwe Jens WANDEL u. a., „[...] helfen zu graben den Brunnen des Lebens". Historische Jubiläumsausstellung des Universitätsarchivs Tübingen, Tübingen 1977, 41–44; Sönke LORENZ, Von Johannes Reuchlin und Jakob Locher zu Philipp Melanchthon. Eine Skizze zum Tübinger Frühhumanismus, in: Blätter für deutsche Landesgeschichte 135 (1999) 37–58; Heinz SCHEIBLE, Melanchthon und die oberrheinischen Humanisten. Vortrag zur Eröffnung der Melanchthon-Ausstellung in der „Bibliothèque humaniste de Sélestat" am 12. März 1999, in: Zeitschrift für die Geschichte des Oberrheins 149 (= N.F. 110) (2001) 111–129.

58 Heiko A. OBERMAN, Werden und Wertung der Reformation. Vom Wegestreit zum Glaubenskampf (= Spätscholastik und Reformation 2), Tübingen ²1989, 75. Oberman behauptet, im Anschluss an die Wittenberger Antrittsvorlesung komme Melanchthon auf seine geplante Aristotelesausgabe zu sprechen, nunmehr mit einer „deutlichen anti-skotistischen Spitze" (ebd. 75, Anm. 11). Ungeachtet dessen, dass unklar bleibt, was eine Aristotelesausgabe mit einer deutlich anti-skotistischen Spitze sein könnte, findet sich bei Melanchthon selbst im Hinweis Obermans auf das „Corpus Reformatorum", (CR 11,25), kein Beleg. Eine ausführliche Auseinandersetzung mit Obermans Bewertung des Tübinger Humanismus bei Dieter MERTENS, Heiko A. Oberman und der „Mythos des Tübinger Humanismus", in: Sönke LORENZ u. a. (Hg.), Tübingen in Lehre und Forschung um 1500. Zur Geschichte der Eberhard Karls Universität Tübingen (Festschrift für Ulrich Köpf), Stuttgart 2008, 241–254.

diese jedoch, nicht zuletzt aufgrund sowohl der Komplexität der Texte selbst als auch ihrer mitunter skizzenhaften Niederschrift, gerade vielfach nicht „aus sich selbst sprechen", ist Grund der etwa 2500-jährigen und bis heute nicht abgeschlossenen Aristoteles-Exegese. Dies kann deshalb auch gar nicht als originäres Anliegen des Nominalismus angesehen werden, wie dies Oberman nahelegen will. Der sog. Nominalismus wiederum hat zunächst mit der Frage eines vermeintlich „gereinigten Aristoteles" überhaupt nichts zu tun. Er betrifft mit dem Universalienproblem die Frage, ob es Allgemeinbegriffe wirklich gibt, die ihren Grund in der Wirklichkeit besitzen, oder ob sie lediglich Konstruktionen der menschlichen Vernunft sind. Diese Fragestellung gehört aber in die Ontologie, einer Disziplin, der sich Melanchthon in seinem umfangreichen wissenschaftlichen, auch aristotelischen Werk gerade niemals zuwandte. Trotz dieser sachlich nicht in Übereinstimmung zu bringenden unterschiedlichen Traditionen war es nicht zuletzt Obermans Deutung, die Melanchthon – sozusagen als Erbe seiner Tübinger Studienzeit – das Etikett eines nominalistischen Aristotelikers eingebracht hat[59].

---

59 Der Hinweis, dass Melanchthon mit seiner Zugehörigkeit zur Tübinger „via moderna" Anhänger des Nominalismus gewesen sei, geht bereits auf eine Notiz seines Freundes und ersten Biographen zurück. Joachim Camerarius: De vita Philippi Melanchthonis Narratio, recensuit, Notas, Documenta, Bibliothecam Librorum Melanchthonis Aliaque Addidit Ge. Theodor Strobelius, Halle 1777, 22 f. Camerarius bezeichnete hier die platonische Lehre von den Ideen, aus denen die einzelnen Dinge konstituiert sind, als die Lehre der „Reales", bzw. als „via antiqua", während die Lehre der „Nominales", bzw. der „moderni" dadurch ausgezeichnet sei, dass diese in der Erkenntnis aus den Einzeldingen gebildete Universalbegriffe lehre. „Quarum una veluti Platonicam de Ideis seu formis abstractis separatisque ab iis, quorum moles corporum sensibus subiiceretur, sententiam tuebatur. Haec de eo quod generalis cogitatio comprehendit, ut Hominem, Animantem, pulchritudinem, etiam spondam atque mensulam, quia natura et res singularis constituitur, Reales isti sunt nominati. Altera pars Aristotelem magis sequens, speciem istam de iis, quae suam naturam ipsa haberent, universis colligi docens, et concipi intelligendo notionem hanc ex singulis quibusdam existentem atque contractam, neque naturas esse has per se ipsas priores singulis, neque re, sed nomine tantum consistere: Nominales appellati fuere et moderni." (Ebd. 22). Es muss hier nicht weiter untersucht werden, ob Camerarius' Charakterisierung sowohl den sogenannten „Tübinger Nominalismus" als auch den melanchthonischen gerecht wiedergibt. Melanchthons sog. „nominalistischer Aristotelismus" wurde jedoch ein Leitbegriff der Melanchthonforschung des 20. Jahrhunderts. Belege und Diskussion bei Siegfried WIEDENHOFER, Formalstrukturen humanistischer und reformatorischer Theologie bei Philipp

Wichtig in dieser Fragestellung sind jedoch zwei Hinweise, die Melanchthon später in seinem akademischen Leben selbst auf die Frage nach seinem Aristoteles-Verständnis gegeben hatte. 1531 erschien in Basel eine griechische, philologische Ausgabe der „Opera omnia" des Aristoteles, die von Erasmus von Rotterdam und dem früheren Mitschüler in Pforzheim und Freund Melanchthons Simon Grynäus besorgt wurde[60]. Auf diese philologische Aristoteles-Ausgabe nahm Melanchthon in seiner Vorrede zum kosmologischen Handbuch des Johannes de Sacrobosco „Liber de sphaera" im August 1531 Bezug und betonte, dass es ihm selbst nicht darum gehe, mit dessen (philologischer) Aristoteles-Ausgabe zu konkurrieren, sondern darum, diese Wissenschaft in Weisheit dar- und auszulegen mit dem Ziele ihrer praktischen Anwendbarkeit[61]. Neben diesem Hinweis auf das sapientiale Verständnis von Philosophie mit dem Ziel ihrer Lebensdienlichkeit äußerte sich Melanchthon schon knapp zwei Jahre zuvor – und das ist der zweite Hinweis – in seiner Vorrede zu den „Commentarii in aliquot politicos libros Aristotelis" an Ulrich Schilling in Wittenberg, datiert um die Jahreswende 1529/1530, also etwas mehr als ein Jahrzehnt nach seinen Hinweisen auf die geplante Aristoteles-Ausgabe in Tübingen, näher über sein methodisches Vorgehen, das seinen Umgang mit der aristotelischen Philosophie bestimme[62]. Ähnlich wie in seiner ein Jahr zuvor herausgegebenen Schrift zur Nikomachischen Ethik[63] ist die Methode auch der Politik, bestimmte, charakteristische Grundbegriffe (*insignes*, *praecipui loci*) in seinen Vorlesungen auszulegen und aufzuzeigen, um die Hauptpunkte der Erörterungen des Aristoteles in einer allgemeinverständlichen Redeweise zu behandeln und somit auf die allgemeinen Lebensgewohnheiten und

---

Melanchthon, 2 Bde., Berlin/Frankfurt am Main 1976, 102–106, sowie in der Studie von FRANK (wie Anm. 19) besonders 33–37.

60   Aristotelis [...] Opera quaecunque impressa hactenus extiterunt omnia, summa cum uigilantia excusa, Basel 1531.
61   MBW 1176, 235–240: „Accipio enim te libros aliquot longe foelicius enarasse, quam solebant isti, qui paulo ante hanc aetatem non nativam Aristotelis faciem, sed vix exiguam umbram nobis ostendebant, nec tradebant philosophiam, hoc est *sapienter* dicendi et iudicandi scientiam, sed hanc oppresserant ociosis et inanibus argutiis, quae nihil ad iudicandum de civilibus aut aliis magis rebus proderant." Wilhelm Maurer hatte die richtige Intuition im Blick auf Melanchthons Aristotelesausgabe, ohne dies aber weiter zu verfolgen. Vgl. Wilhelm MAURER, Der junge Melanchthon zwischen Humanismus und Reformation, Bd. 1, Göttingen 1967, 76 f., besonders Anm. 44 und 46.
62   MBW 855.
63   In Ethica Aristotelis [lib. 1–21] commentarius, Wittenberg 1529.

Sitten anzuwenden[64]. Neben Melanchthons Hinweis, dass seinen Zuhörern keine griechischen Handschriften vorlägen, über die er seine Vorlesungen hätte halten können, und der Bemerkung, dass auch die lateinischen Übersetzungen fehlerhaft seien[65], wird klar als seine methodische Absicht deutlich, die aristotelische Philosophie anhand ihrer Hauptpunkte (*Loci praecipui*) zu explizieren, und zwar unter einer pragmatischen Perspektive, also ihrer Anwendbarkeit auf das Leben. Dies wird noch deutlicher in der Druckgeschichte der Ethik von 1529. In den Ausgaben von 1530, 1532 und 1535 ist ein Kapitel mit der Überschrift „Qua ratione Aristoteles sit tractandus" eingefügt. Auch hier verweist er auf seine Methode, die aristotelische Philosophie (hier die Ethik) anhand eigentlicher „Loci" zu explizieren mit dem Ziel ihrer Anwendbarkeit im Leben[66]. D.h., dass es Melanchthon nie darum ging, weder eine neue, philologische Aristoteles-Ausgabe zu edieren, noch die aristotelische Philosophie zu kommentieren. Der Hinweis auf die hier in der Ethik

---

64 MBW 855, 3–6; 23–27: „Quemadmodum antea in aliquot Ethicis libris Aristotelis insignes locos interpretati sumus et ostendimus, quomodo philosophiam de moribus approbet evangelium et quomodo eam ad communem vitam transferre possimus, ita praecipuos locos in Politicis libris illustrare cepimus. [...] Deinde cum et Latini libri nulli nisi mendosissimis haberentur, decurrimus eo, ut iudicaremus maxime profuturum, si praecipuos locos excerperem et illustrarem, ut summam disputationum Aristotelis populari genere oracionis tractatam et ad communem vitae consuetudinem ac nostros mores accomodatam scholastici tenerent."

65 MBW 855, S. 21–23.

66 Auch in der Druckgeschichte der „Nikomachischen Ethik" verdeutlichte Melanchthon seine Methode, die Lehre des Aristoteles anhand eigentlicher „Loci" zu explizieren mit dem Ziel ihrer Anwendbarkeit im Leben: „Qua ratione Aristoteles sit tractandus. [...] Saepe, quanquam sententiam assequuti sunt, tamen quia non enarrant populari genere orationis, nec referunt haec praecepta ad communem sensum, et ad civilem vitae consuetudinem, e procul tantum ostendunt rem, nec satis explicatam tradunt, et plerisque locis vincere subtilitate Aristotelem certant, et sententias quamtumvis subtiliter propositas, magis etiam limare student, et quum id agere debebant, ne viderentur a communibus opinionibus prudentium abhorrere haec praecepta, isti ambitione quadam quam longissime student discedere a captu aliorum hominum. [...] Nos vero pro viribus dabimus operam, et ut populari genere sermonis, et velut pingui Minerva, ea quae sunt ab Aristoele subtilius tradita explicemus, efficiamusque, ut non longissime a vulgi intellectu posita videantur. Sit autem facilius intelligentur haec, si saepe communem sensum consulent aditores, et cogitabunt ad quem usum haec praecepta inventa sint, quomodo a natura orta, et a prudentibus animadversa sint ad formanda iudicia hominum de moribus." (CR 16, 283 f.).

angewandte Loci-Theorie verweist vielmehr auf sein Wissenschaftsverständnis, und zwar das der Topik.

IV.

Es ist hier an dieser Stelle weder möglich noch notwendig, die Komplexität der Topik als eines wissenschaftlichen Verfahrens in ihrer Überlieferungsgeschichte darzulegen. Ich will mich beschränken auf einige wesentliche Aspekte, wie sie mir hier im Blick auf Melanchthons Bearbeitungen der aristotelischen Ethik von Bedeutung scheinen. Man kann die Topik als ein alternatives, wissenschaftliches Verfahren verstehen, das auf lebensweltliches Wissen zielt, das im Sinne des apodeiktischen Beweises der aristotelischen Analytik weder begründbar ist, noch begründet werden muss. Als Verdeutlichung dieser lebensweltlichen Perspektive der Topik als eines wissenschaftlichen Verfahrens hatte Lothar Bornscheuer treffend Karl Popper zitiert: „Man sollte nie exakter oder genauer sein wollen, als das vorliegende Problem verlangt."[67] Die Perspektive der Topik reicht jedoch noch weiter als diese popper'sche Bescheidenheit, denn es gibt durchaus ein Wissen, das gar nicht im Sinne der Analytik begründbar ist, und dies ist insbesondere – und deshalb spielt hier die Topik in der Geschichte eine herausragende Rolle – in der Jurisprudenz und in der Theologie der Fall. Denn in einer Gerichtsrede geht es der Anklage wie der Verteidigung darum, glaubhafte, d.h. auf Überzeugung zielende Argumente vorzutragen, die einen Beschuldigten entweder be- oder entlasten. Ein sicheres Wissen im Sinne der aristotelischen Analytik ist hier in den seltensten Fällen möglich. Deshalb ist die Gerichtsrede auch für Cicero der vorzügliche Ort der Topik als eines wissenschaftlichen Beweisverfahrens. In der Theologie ist es wiederum ihr Gegenstand, der sich einem wissenschaftlichen Beweisverfahren im Sinne der Analytik zu verschließen scheint, sofern sich dieser allererst aus der Offenbarung erschließt. Deshalb verwundert es nicht, dass die Topik auch in der Theologie zumindest im 12. und 13., dann erneut seit dem 15. Jhdt. von so großer Bedeutung werden sollte.

Gebildet wird dieses Wissen der Topik auf der Basis vorherrschender Meinung (ἔνδοξον). Aristoteles hatte dies schon in einer programmatischen Eröffnung der Topik hervorgehoben: „Das Ziel dieser Abhandlung

---

67 Karl POPPER, Topik. Zur Struktur der gesellschaftlichen Einbildungskraft, Frankfurt am Main 1976, 7.

ist, ein Verfahren zu finden, mit dessen Hilfe wir fähig sein werden, auf der Grundlage der herrschenden Meinungen über jede vorgelegte Zweifelsfrage zu einem Urteil zu kommen, und durch das wir uns in keine Widersprüche verwickeln werden, wenn wir selbst einer Argumentation standhalten wollen."[68] Die Topik beschreibt mithin ein Verfahren der Wissensfindung, das darin besteht, sich vor dem Hintergrund allgemein herrschender Meinungen ein konsensfähiges Urteil bilden zu können. Gegenüber dem Eindruck, bei einem dialektischen Syllogismus der Topik könnte es sich um einen defizienten Modus eines wissenschaftlichen Beweisverfahrens handeln, sofern dessen zentraler Begriff die vorherrschende Meinung ist (ἔνδοξον), ist zunächst zu betonen, dass – worauf Peter von Moos hingewiesen hatte – das ursprüngliche Äquivalent von „probabile" nicht „wahrscheinlich", sondern „ehrenwert", „anerkannt" ist[69]. Darüber hinaus muss man den epistemischen Status des ἔνδοξον beachten: Ein Verständnis des ἔνδοξον als probables, das heißt als „bloß" wahrscheinliches Wissen ist insofern irreführend, als es eher den Grad als den Grund ihrer Geltung bezeichnet. Demgegenüber ging es Aristoteles jedoch um Aussagen, deren Anspruch durch die Verbürgung geltend gemacht werden kann, wobei keineswegs auszuschließen ist, dass sich bei einer zunehmenden Sacheinsicht eine notwendige Geltung herausstellt. Bei der vorherrschenden Meinung des dialektischen Syllogismus der Topik handelt es sich mithin um ein *aufgrund der Verbürgung anerkanntes, bzw. glaubhaftes Wissen*. Zu berücksichtigen sind schließlich der Ausgangspunkt und das Ziel des dialektischen Verfahrens der aristotelischen Topik. Ihr Ausgangspunkt besteht in der Diskussionspraxis, in der zu einer gegebenen Auffassung die geeigneten Prämissen gefunden werden müssen, welche die vorgegebene Auffassung glaubhaft machen können, die selbst also in hohem Maße konsensfähig sein müssen. Anders als im apodeiktischen Beweis, bei dem es um Einsicht in die ersten Prinzipien geht, ist Ziel des dialektischen

---

68 ARISTOTELES: Topik I, 1. Vgl. Zum Folgenden ausführlich Bornscheuer (wie Anm. 67) 26–60.
69 Peter VON MOOS, „Was allen oder den meisten oder den Sachkundigen richtig scheint". Über das Fortleben des ἔνδοξον im Mittelalter, in: Historia philosophiae medii aevi. hg. von Burkhard MOJSISCH, Amsterdam 1991, 711–744, hier: 712. Von Moos schlug deshalb vor dem Hintergrund der Studie von Wilhelm A. DE PATER, Les topiques d'Aristote et la dialectique platonicienne, Fribourg 1965 (Etudes Thomistiques 10), 75 f., vor, das Endoxon mit „mehr als wahrscheinlich", „so gut wie wahr", „annähernd wahr" oder auch „allgemein für wahr gehalten" wiederzugeben.

Beweises die Überzeugung, die durch Rückgriff auf glaubwürdig anerkannte Prämissen gewonnen wird, das heißt durch einen Verbürgungszusammenhang erreicht werden soll. Gesucht werden also glaubwürdige Voraussetzungen, denen der Gesprächspartner in der Diskussion zustimmen kann. Die Perspektive des dialektischen Syllogismus der Topik ist also – und dies ist der erste wesentliche Aspekt der Topik als lebensweltliches Wissen – eine *pragmatisch-persuasive*. Eine topische Argumentation heißt dann zunächst, ein starkes Argument zu finden und dieses dann in der Argumentation auch anzuwenden[70]. In dieser Hinsicht stellen dann die „topoi", die in einer solchen Gesprächssituation gefunden werden müssen, allgemeine Geschichtspunkte für die Diskussion zur Verfügung[71].

Diese pragmatisch-persuasive Perspektive der Topik verdeutlicht – und das ist der zweite Aspekt – schon im Ansatz die *Nähe der Dialektik zur Rhetorik*[72]. Denn – wie Aristoteles in seiner Rhetorik ausführt – sind es „die dialektischen und rhetorischen Schlüsse [...], die unser Verständnis

---

70 Vgl. hierzu auch Wilhelm SCHMIDT-BIGGEMANN, Was ist eine probable Argumentation? Beobachtungen über die Topik, in: Rationalitätstypen. hg. von Karen GLOY, Freiburg / München 1999, 149–165. Die Bedeutung der Topik als universaler Gesprächsmethode wird auch in der gegenwärtigen, durch Curtius initiierten Topikforschung verschiedentlich betont: Ernst Robert CURTIUS, Europäische Literatur und lateinisches Mittelalter, Bern 1947; Rüdiger BUBNER, Dialektik als Topik: Bausteine zu einer lebensweltlichen Theorie der Rationalität, Frankfurt am Main 1990; Konrad WIEDEMANN, Topik als Vorschule der Interpretation. Überlegungen zur Funktion von Topos-Katalogen, in: Topik. Beiträge zur interdisziplinären Diskussion. hg. von Dieter BREUER, München 1981, 233–255; Wilhelm SCHMIDT-BIGGEMANN, Sinnwelten, Weltensinn. Eine philosophische Topik, Frankfurt am Main 1992.
71 VON MOOS (wie Anm. 69) 713, charakterisierte die Perspektive des apodeiktischen und des dialektischen Beweises des Aristoteles folgendermaßen: „Das Übergreifende bleibt der Gedanke von der Basis aller Argumentation in einem weiter nicht zu hinterfragenden Ausgangskonsens. Das Endoxon betrifft den (keineswegs pejorativ verstandenen) Bereich des Meinens, in dem sich der Dialektiker einem Gesprächspartner, der Redner einem Publikum vernünftig zuwenden, um Zustimmung zu erlangen. Im Gegensatz zum wissenschaftlichen ‚apodeiktischen' Beweis, der unabänderlich wahr bleibt, auch wenn er keine Zustimmung fände, ist die Wahrheit oder Unwahrheit dieses an subjektive Meinung appellierenden Endoxon nicht ausschlaggebend, auch wenn es objektiv wahr sein könnte."
72 Vgl. hierzu auch: Paul SLOMKOWSKI, Aristotle's Topic, Leiden u. a. 1977; Oliver PRIMAVESI, Die aristotelische Topik. Ein Interpretationsmodell und seine Erprobung am Beispiel von Topik b, München 1996; DERS., Art. Topik, in: HWPh 10 (1998) 1264.

der Topoi bestimmten"⁷³, so dass die „Rhetorik [als] Pendant zur Dialektik [gelten kann]; beide richten sich auf solche allgemeinen Gegenstände (*koina*), deren Erkenntnis in gewisser Weise allen [gebildeten Menschen] möglich und keiner Einzelwissenschaft vorbehalten ist"⁷⁴.

Gegenüber dieser grundlegenden pragmatisch-persuasiven Perspektive der Topik ist das spezielle wissenschaftliche Verfahren von untergeordneter Bedeutung. Für Aristoteles waren die „topoi" aufzusuchende Begriffe oder Sätze, die für eine bestimmte Diskussion hilfreich und weiterführend sind. Dies entspricht seiner dialektischen Syllogistik als einer „Technik des Argumentations- und Problemdenkens"⁷⁵. Syllogistische Urteile im Sinne der Topik stehen mithin nicht am Ausgangspunkt einer Argumentation, sondern am Ende eines inventiven und ingeniösen Problemdenkens. Aristoteles gab selbst lediglich vier sog. „Organa" an, die als Hilfsmittel zur Bildung dieser Sätze dienen: die Ermittlung solcher Sätze, die Unterscheidung der Wortbedeutungen, die Unterscheidung der Dinge und das Aufsuchen ihrer Übereinstimmung⁷⁶. Bei Cicero hingegen – und dann auch bei Boethius – sind „loci" gerade *nicht zu findende*, sondern *vorauszusetzende* Begriffe. Nicht „topoi" müssen aufgesucht werden im Sinne der aristotelischen Technik des Problemdenkens, sondern aufgrund bekannter „topoi" die entsprechenden „argumenta", deren Ziel jedoch – wie auch Cicero betonte – die Herstellung von Glaubwürdigkeit ist (*faciat fidem*)⁷⁷. Deshalb definiert Cicero hier

---

73 ARISTOTELES, Rhetorik I, 2 1358a 10–12.
74 Ebd. I, 1 1354a 1–3. BORNSCHEUER (wie Anm. 67) sah das Charakteristische der Topik-Schrift in dem „paradoxen Versuch" […], „ das Unsystematisierbare, die Komplexität natürlichen Sprechens und Verhaltens trotz allem abstrakt-analytisch zu durchdringen und ‚methodisch' in den Griff zu bekommen (42). Bornscheuers Interpretation der antiken Topik muss in seinem Bemühen gesehen werden, „die Entfaltung der antiken Dialektik und Rhetorik zu einem über zweitausend Jahre hin lebendigen Bildungssystem mit einem tiefen humanen Problembewusstsein, einer agilen wissenschaftlichen Rationalität, einem ideenreichen Alternativdenken und einer unerschöpflichen sprachlich-literarischen Ausdrucksfülle" zu würdigen, die „sich rein struktursoziologisch (im Sinne eines bloßen Herrschaftswissens, G.F.) nicht erklären" lässt, sondern die „durch eine innere Struktur- und Funktionsbeschreibung" ergänzt werden müsse, in der „die durch diese Topik selbst bedingten Strukturen menschlichen Wissens und gesellschaftlichen Meinens aufzuklären" sind (51 f.).
75 FLASHAR (wie Anm. 12) 327.
76 ARISTOTELES, Topik I, 13, 105a.
77 CICERO, Topica 2, 6 f.: „Cum omnis ratio diligens disserendi duas habeat partis, unam inveniendi alteram iudicandi, utriusque princeps, ut mihi quidem videtur, Aristoteles fuit. Stoici autem in altera elaboraverunt; iudicandi enim vias dili-

auch genau, was „loci" sind: gewissermaßen Fundorte, aus denen Argumente gewonnen werden. „Loci" sind „sedes argumenti" oder – wie er in „De oratore" definiert – „sedes et quasi domicilia omnium argumentorum"[78]. Dies war dann auch der Ort, wo Cicero von „loci communes" sprach[79].

Der dritte Aspekt einer als lebensweltliches Wissen verstandenen Topik besteht in ihrer *Adressatenbezogenheit*, wie sie schon bei Cicero deutlich wird. Denn seine „loci communes" stellen nicht die aufzufindenden Anfangsgründe einer theoretischen Problemdiskussion im Sinne des aristotelischen Argumentations- und Problemdenkens dar, sondern sie haben an erster Stelle die am Adressaten orientierte, d.h. eine wirkungspsychologische Absicherung einer bereits fortgeschrittenen oder abgeschlossenen Argumentation im Blick[80]. Im Vordergrund steht bei Cicero nicht mehr eine Problemdiskussion vor dem Hintergrund allgemein anerkannten Wissens, sondern dessen Topik zielt auf eine Einflussnahme auf die sittliche oder auch politische Willensbildung des Publikums und will gerade insofern lebenspraktisch werden. Der Sinn der

---

genter persecuti sunt ea scientia quam διαλεκτικήν appellant, inveniendi artem quae τοπική dicitur, quae et ad usum potior erat et ordine naturae certe prior, totam reliquerunt. Nos autem, quoniam in utraque summa utilitas est et utramque, si erit otium, persequi cogitamus, ab ea quae prior est ordiemur. Ut igitur earum rerum quae absconditae sunt demonstrato et notato loco facilis inventio est, sic, cum pervestigare argumentum aliquod volumus, locos nosse debemus; sic enim appellatae ab Aristotele sunt eae quasi sedes, e quibus argumenta promuntur. Itaque licet definire locum esse argumenti sedem, argumentum autem rationem quae rei dubiae faciat fidem."

78 CICERO, De oratore II, 39, 162.
79 CICERO, De oratore III, 27, 106: „Consequentur etiam illi loci, qui, quamquam proprii causarum et inhaerentes in earum nervis esse debent, tamen, quia de universa re tractari solent, communes a veteribus nominati sunt." Vgl. zur ciceronianischen Topik auch die Hinweise bei Wilhelm SCHMIDT-BIGGEMANN, Sinnfülle, Einsicht, System. Bemerkungen zur topischen Arbeitsweise im Humanismus, in: Entwicklung der Methodenlehre in Rechtswissenschaft und Philosophie vom 16. bis zum 18. Jahrhundert. Beiträge zu einem interdisziplinären Symposion in Tübingen, 18.–20. April 1996, hg.v. Jan SCHRÖDER, Stuttgart 1998, 27–46, hier: 36–38.
80 De oratore, 1, 122: „Hier drückten alle ihren Beifall aus, indem sie sich zunickten und miteinander redeten. Denn Crassus besaß eine wunderbare Schüchternheit, die jedoch seinem Vortrag nicht nachteilig, sondern vielmehr dadurch, dass sie seine innere Gediegenheit empfahl, vorteilhaft war. Hierauf sagte Antonius: ‚Oft habe ich, wie du sagst, die Bemerkung gemacht, Crassus, dass du und andere ausgezeichnete Redner, wiewohl dir meines Erachtens nie einer gleich kam, euch beim Beginn der Rede beunruhigt fühltet.'"

Allgemeinheit der „Loci communes" besteht dabei nicht in einer möglichst abstrakten Einsicht, sondern in der auf Wirkung abzielenden unmittelbaren Lebensbedeutung der Topoi, die lediglich auf den konkreten Streitfall in einer elocutionalen Rede appliziert werden muss[81]. Boethius hatte diesem Adressatenbezug der Topik vor dem Hintergrund des vorherrschenden Meinungswissens noch einen weiteren performativen Aspekt hinzugefügt: „Glaubwürdig ist, was spontan und unmittelbar Zustimmung erlangt, so dass man, sobald es gehört wird, zustimmt."[82] Dieser Aspekt des „probabile" aufgrund spontaner Zustimmung wird dann im 2. Buch wiederaufgegriffen und umdefiniert zum Topos der „maxima propositio". Dabei ist eine „maxima propositio" das Bekannteste und zugleich das Abstrakteste und Glaubwürdigste, „das, was aus sich so bekannt ist, dass es keines Beweises bedarf", das heißt „der oberste" oder „größte" Satz, der „Sitz", der das Argument wie der Ort einen Körper in sich enthält„[83]. Die „maximae propositiones" würden deshalb –

---

[81] Zu dieser Umdeutung der aristotelischen Topik durch Cicero ausführlich BORNSCHEUER (wie Anm. 67) 78–90, der das Neuartige der ciceronianischen Rhetorik in der Nobilitierung der Redekunst als einer integralen Kulturkraft im Gegensatz zur aristotelischen Argumentationsrhetorik sah, die der Dialektik lediglich hilfreich zur Seite stand. „In einem noch viel konkreteren Sinne als die aristotelische Topik, die trotz ihres Gehalts an sittlich-praktischer Einstellung überwiegend ein Instrumentarium der theoretischen Vernunft darstellt und im Mittelalter nicht zufällig streng logifizierend rezipiert worden ist, erweist sich die ciceronische Topik als Werkzeug der praktischen Vernunft, als eine politisch-psychagogische Verhaltenstopik […], die ein Nachlassen der spekulativen Einbildungskraft, des schöpferischen Problem- und Alternativdenkens, und damit die Gefahr einer rein exegetisch-propagandistischen Parteihaltung mit sich brachte." (89 f.) Ähnlich auch Peter VON MOOS (wie Anm. 69), 733: „Cicero handelt von einer reinen Überzeugungstechnik nach dem psychologischen Gesichtspunkt der Wirkung auf den Adressaten."

[82] BOETHIUS, De differentiis topicis I, 1181 B: „Ea sunt enim probabilia, quibus sponte atque ultro consensus adiungitur, scilicet ut mox ac audita sunt, approbentur."

[83] Ebd. 1185 A – 1186 A: „Nam cum sint aliae propositiones quae cum per se notae sint, tum nihil ulterius habeant quo demonstrentur, atque hae maximae et principales vocentur, sintque aliae quarum fidem primae ac maximae suppleant propositiones, necesse est ut omnium quae dubitantur, illae antiquissimam teneant probationem, quae ita aliis facere fidem possunt, ut ipsis nihil notius quaeat inveniri. […] ita per se nota sunt, ut aliena probatione non egeant. […] Ideo et universales et maximae propositiones loci sunt dictae, quoniam ipsae sunt quae continent caeteras propositiones, et per eas sit consequens et rata conclusio. Ac sicut locus in se corporis continet quantitatem, ita hae propositiones quae sunt maximae, intra se omnem vim posteriorum atque ispius conclusionis conse-

wie Boethius in seinem Kommentar zur Topik des Cicero erläutert – die höchsten genannt, die sowohl die allgemeinsten wie auch so bekannt und offenkundig seien, dass sie keines Beweises bedürfen und in vorzüglicher Weise dasjenige beweisen, was in Zweifel stehe[84].

V.

Melanchthon kam schon früh in Berührung mit dieser Tradition der Topik, bzw. der Dialektik, wie sie bei den Humanisten hieß, und den in ihr behandelten „loci". Bereits als 19-jähriger, also 1516 während seiner Tübinger Studienzeit und zwei Jahre vor seiner Ankündigung einer neuen Aristotelesausgabe, erhielt er von Ökolampad ein Exemplar von Agricolas „De inventione dialectica" geschenkt[85]. Über den Gebrauch der „loci" selbst äußerte sich Melanchthon erstmals in seiner Rhetorik von 1519. Hier beruft er sich auf Agricolas „Epistola de ratione studii"[86], eine „programmatische[n] Erziehungsschrift des Humanismus", die Agricola am 26.5., bzw. 7.6.1484[87] an den Antwerpener Iacobus Barbirianus (1455–1491) verfasst hatte[88], und auf Erasmus' „Copia"[89]. Von

---

quentiam tenent, et uno quidem modo locus, id ist argumenti sedes dicitur maxima, principalisque propositio fidem caeteris subministrans."

84 BOETHIUS, In Topica Ciceronis I 1051 CD: „[...] Supremas igitur ac maximas propositiones vocamus, quae et universales sunt, et ita notae atque manifestae, ut probatione non egeant, eaque potius quae in dubitatione sunt probent."

85 Ernst STAEHELIN, Das theologische Lebenswerk Johann Ökolampads, Leipzig 1939, 70; vgl. hierzu auch die Hinweise bei MAURER (wie Anm. 57) 24 f.

86 Es handelt sich dabei um die im Stil humanistischer Briefe verfasste Schrift Rodolphi Agricolae Phrysij, de formando studio, Epistola elegantissima, Daventriae 1527, die auch enthalten ist in: Philippi Melanchthonis De Arte dicendi Declamatio. Eiusdem de corrigendis studijs sermo. Rodolphi Agricolae de Formandis studijs Epistola doctissima [...], Haganoa 1528 (Signatur der Bibliothek des Melanchthonhauses M3).

87 Das Datum variiert je nach Quelle, vgl. Philip S. ALLEN, The letters of Rudolph Agricola, in: The English Historical Review 21 (1906) 302–317, hier: 314, Nr. 38.

88 Vgl. hierzu Peter MACK, Agricola Rodolphus, in: Die Deutsche Literatur. Biographisches und bibliographisches Lexikon. Reihe II. Die Deutsche Literatur zwischen 1450 und 1620. Abteilung A. Autorenlexikon. Lieferung 7–9. hg. von Hans-Gert ROLOFF, Bern u.a. 1991, 591–626, hier: 597; Jürgen BLUSCH, Agricola als Pädagoge und seine Empfehlungen „De formando Studio", in: KÜHLMANN (wie Anm. 89) 355–385.

hier aus wurden die „Loci" dann auch ein zentrales Lehrstück in den drei
Fassungen der Dialektik, den „Compendiaria dialectices ratio" von 1520,
den „Dialectices libri quatuor" von 1528 und seiner dialektischen
Hauptschrift „Erotemata dialectices" von 1547[90], an deren Anfang des

---

89 CR 20, 693–698; der Verweis auf Agricola und Erasmus findet sich auf Seite 696. Eine Definition der „loci communes" findet sich auf Seite 695. Dass dieses 1531 in einer Sammlung gedruckte Stück aus Melanchthons Rhetorik von 1519 stammt, hatte erstmals Adolf Sperl, Melanchthon zwischen Humanismus und Reformation, München 1959, 33, Anm. 34, erkannt. Auf Seite 697 findet sich auch ein Hinweis auf den Nutzen der loci für die Jurisprudenz; Zu Melanchthons Verständnis der „Loci" vgl. insgesamt: Quirinius Breen, The Terms „Loci communes" and „Loci" in Melanchthon, in: Church history: studies in christianity & culture 16/4 (1947) 197–209. Aus der älteren Literatur bieten darüber hinaus noch immer wertvolle Hinweise: Paul Joachimsen, Loci communes. Eine Untersuchung zur Geistesgeschichte des Humanismus und der Reformation, in: LJb 8 (1926) 27–97; Wilhelm Maurer, Melanchthons Loci communes von 1521 als wissenschaftliche Programmschrift. Ein Beitrag zur Hermeneutik der Reformationszeit, in: LJb 27 (1960) 1–50; für ein Verständnis der verschiedenen Loci-Begriffe Melanchthons unerlässlich sind darüber hinaus die Studien von Edgar Mertner, Topos und Commonplace, in: Strena Anglica (FS Otto Ritter), Halle/S. 1956, 178–224, sowie Siegfried Wiedenhofer: Formalstrukturen humanistischer und reformatorischer Theologie bei Philipp Melanchthon, Bd. 1, Frankfurt am Main / München 1975 (Regensburger Studien zur Theologie 2), 373–376. Aus der neueren Literatur verdienen Beachtung: Peter Mack, Renaissance Argument. Valla and Agricola in the Traditions of Rhetoric and Dialectic, Leiden / New York / Köln 1993, besonders 320–333 (Erasmus und Melanchthon); Heinz Scheible, Melanchthon zwischen Luther und Erasmus, in: Renaissance-Reformation. Gegensätze und Gemeinsamkeiten. hg. von August Buck, Wiesbaden 1983, 155–180; Lothar Mundt, Rudolf Agricolas „De inventione dialectica" – Konzeption, historische Bedeutung und Wirkung, in: Rudolf Agricola: 1444–1485. Protagonist des nordeuropäischen Humanismus zum 550. Geburtstag. hg. von Wilhelm Kühlmann, Bern u.a. 1994, 83–149 (96–100: die verschiedenen Fassungen der Dialektik Melanchthons).

90 Compendiaria dialectices ratio, Leipzig 1520: in der als Buch IV am Schluss des Werkes stehenden Lehre von den loci unterscheidet Melanchthon zwischen den eigentlichen dialektischen loci, die dadurch charakterisiert sind, dass sie auf einer zwingenden Beweisführung (necessariae probationes) basieren, zu ihnen zählen: finitio, genus, species, partes, causae eventa. (CR 20, 750: „Dialecticus paucis locis utitur, finitione, genere, specie, partibus, causis, eventis, nempe a quibus necessariae probationes petuntur.") In der Rhetorik hingegen würden nur wahrscheinliche Schlüsse behandelt. (Ebd.: „[...] rhetorum est, quam maxime probabilia dicere, quare et probabilium locis utitur.") Melanchthon nimmt hier also den probabilen Status der dialektischen Schlüsse aus der Dialektik heraus und weist ihn der Rhetorik zu, im Unterschied zu Agricola. Allerdings findet an

vierten Buches „de locis argumentorum" er die aus der aristotelischen Topik grundgelegte Unterscheidung zwischen dem demonstrativen, dialektischen und sophistischen Syllogismus stellte[91].

Changierte die Bedeutung der „loci" schon in der Überlieferungsgeschichte der Topik, so nicht minder bei Melanchthon. Insgesamt finden wir in seinem Œuvre drei verschiedene Definitionen von „loci". Einerseits finden wir die Bedeutung der „loci" als „sedes argumentorum", d. h. als Fundorte für Argumente. So definiert Melanchthon ganz im Sinne Ciceros in seiner dialektischen Hauptschrift „Erotemata dialectices" aus dem Jahr 1547: „Ein dialektischer Topos ist der Sitz eines Arguments, oder ein Index, der zeigt, aus welcher Quelle ein Argument zu beziehen ist, durch welches" – wie er bezeichnenderweise ergänzt – „eine Proposition", also ein allgemeines Urteil im Sinne des Boethius, „be-

---

diesem zentralen Punkt keine Auseinandersetzung mit Agricola statt. Diese Auseinandersetzung erfolgte erst in der zweiten Fassung der Dialektik im Jahr 1528. Dialectices libri quatuor, 1528 (diese Fassung ist im CR nicht enthalten): Schon in der Widmung wird ausdrücklich neben Aristoteles Caesarius und Agricola als Autor empfohlen (Bl. A2^v-A3^r). Aber auch hier zeigt sich im Gegensatz zu Agricola der Unterschied zwischen dialektischen loci als rerum loci (ebd. Bl. H^r-H5^r: definitio, definitum, causae, effectus, totum/partes, similitudo, opposita) und rhetorischen als loci personarum (ebd. Bl. G8^v-H^r: patria, parentes, educatio, mores, res gestae, usw.). Genau diese Einteilung liegt auch der letzten Fassung Melanchthon, den „Erotemata dialectices" von 1547 zugrunde. Hier werden die dialektischen loci in loci rerum und loci personarum unterschieden, in der ciceronischen Definition der sedes argumenti (CR 13, 659). Eine ausführliche Auslegung der Loci-Theorie in diesen drei dialektischen Schriften findet sich bei Lothar MUNDT, Rudolf Agricolas „De inventione dialectica" – Konzeption, historische Bedeutung und Wirkung, in: KÜHLMANN (wie Anm. 89) 83–149 (96–100: die verschiedenen Fassungen der Dialektik Melanchthons). Vgl. zu dieser Tradition der Dialektik auch den Beitrag des Vf., Melanchthons Dialektik und die Geschichte der Logik, in: Melanchthon und das Lehrbuch des 16. Jahrhunderts. hrsg. von Jürgen LEONHARDT, Rostock 1997 (Rostocker Studien zur Kulturwissenschaft 1), 125–145.

91 CR 13, 641: „Vetus divisio haec est: Alia pars Dialectices est iudicatrix, alia inventrix. [...] Altera pars vocatur Inventrix, quae monet, quomodo res investigandae sint, aut proposito rerum cumulo, dicet eligere ea, quae praesentem materiam illustrant. Haec ars vocatur τοπική, id est, doctrina locorum, qui sunt velut indices rerum, vel investigandarum, vel eligendarum, [...]." Ebd. 643 f.: „Cum dicitur tria esse genera syllogismorum, de materia dicitur. Nam alia est materia necessaria, alia probabilis, alia falsa, seu palam, seu speciem veri habens. [...] Dialecticus syllogismus est, qui constat ex materia probabili [...]."

kräftigt werden muss"[92]. Daneben sind für Melanchthon „loci" auch generelle Überschriften für allgemeine Erwägungen, d. h. Prinzipien der verschiedenen Wissenschaften. „Loci" – so Melanchthon in seiner „Compendiaria dialectices ratio" aus dem Jahr 1520, einem Vorläufer der dialektischen Hauptschrift – stellen dem Redner Zeichen (*signa*) zur Verfügung, aus denen sich dann die allgemeinen Erwägungen oder Überschriften (*capita*) gewinnen lassen. Schließlich sind nach Melanchthon die „loci" auch – und das ist hier im Blick auf sein wissenschaftliches Verfahren insgesamt von Bedeutung – sachbezogene Grundbegriffe aller Wissenschaften. Auch auf dieser Bedeutungsebene wird erneut deutlich, dass – wie Melanchthon in seiner Rhetorik von 1531 betont[93] – „loci" nicht beliebige Lehrbegriffe oder Zitate sind, sondern allgemeine Sätze oder Urteile (*propositiones*), bzw. – wie Joachim Knape modern formuliert hat – semantische Substrate darstellen, die auf dem Weg der Abstraktion aus einem Text (etwa aus der Historie oder der Bibel) gewonnen werden[94]. „Es geht also um ein semantikanalytisches Verfahren, bei dem Propositionen aus Texten gewonnen und kategorial verdichtet werden."[95] „Loci communes" sind in diesem semantischen Feld dann keine durch Invention gefundenen Begriffe – deshalb kehrt sich in der Darstellung der Dialektik auch das Verhältnis von *iudicium* und *inventio* um –, sondern inhaltliche und sachbezogenen Leitbegriffe jeder Wissenschaft. Als solche sind „loci communes" die herausragenden Bestandteile (*praecipua capita*) einer jeden Wissenschaft[96]. Was folgt aus dieser Deutung der „loci" für Melanchthons Verständnis der aristotelischen Ethik?

---

92 CR 16, 659: „Locus dialecticus est sedes argumenti, seu index, monstrans ex quo fonte sumendum sit argumentum, quo confirmanda est propositio, de qua dubitas, ut, si huius propositionis confirmationem quaeras: […]."
93 CR 13, 451–454.
94 Joachim KNAPE, Melanchthon als Begründer der neueren Hermeneutik und theologischen Topik, in: Werk und Rezeption Philipp Melanchthons in Universität und Schule bis ins 18. Jahrhundert. Tagung anlässlich seines 500. Geburtstages an der Universität Leipzig. hg. v. Günther WARTENBERG, Leipzig 1999, 123–131.
95 Ebd. 130.
96 CR 13, 452: „Ac voco locos communes, non tantum virtutes et vicia, sed in omni doctrinae genere praecipua capita, quae fontes et summam artis continent."

VI.

Zunächst wird in einem grundlegenden Sinn deutlich, dass die Systematik der aristotelischen Ethik preisgegeben ist. Dies gilt schon insgesamt für den systematischen Zusammenhang von Ethik, Ökonomik und Politik. Dies gilt aber auch innerhalb der Ethik selbst. Denn nicht der Duktus der Argumentation des Aristoteles ist für Melanchthon von Interesse, wie man etwa bei einer Kommentierung oder Paraphrasierung voraussetzen würde. Vielmehr strukturieren die Leitbegriffe der Ethik selbst die Argumentation und den Begründungszusammenhang der Ethik. Um zwei Beispiele zu nennen: in der ersten Ausgabe der ersten beiden Bücher der aristotelischen Ethik aus dem Jahr 1529 sind es folgende „Loci" oder Grundbegriffe: Das ganze 1. Buch behandelt die Frage des „finis hominis" in 13 Kapiteln mit dem Ziel aufzuweisen, dass die Philosophie das höchste Gut, die „beatitudo" nicht in ausreichendem Maße aufweisen kann[97]. Das 2. Buch behandelt in 6 Kapiteln die Tugendlehre. In den späteren Bearbeitungen der Ethik werden diese „capita" inhaltlich und sachbezogen dargestellt. Hier sind die Leitbegriffe:

– Was ist Moralphilosophie?
– Der Unterschied zur Lehre der Kirche
– Das Ziel des Menschen
– Tugendlehre
– Willensfreiheit
– Affektenlehre[98].

Das 2. Buch steht insgesamt unter dem Leitbegriff der Gerechtigkeit in ihren vielfältigen Bedeutungen und Anwendungen im Leben. In beiden Darstellungen ist jedoch das Ziel der Ethik nicht eine theoretische Erörterung, sondern ihr Nutzen für die Lebenswirklichkeit. Diese Frage firmiert geradezu in der 1. Ausgabe der Ethik (1529) in der einleitenden Fragestellung nach dem Nutzen der Moralphilosophie, die Melanchthon in 10 Punkten expliziert. Neben dem theologischen (Unterscheidung Ethik und Evangelium, Gottebenbildlichkeit) und naturrechtlichen (Erkenntnis des Naturrechts als Ausdruck der Gottebenbildlichkeit) Nutzen der Ethik ist es hier vor allem die Grundlegung für die öffentliche Moral (*civiles mores*), die auch für die Disputationen in der Kirche von

---

97 CR 16, 302: „Non satis explicari a philosophia potest doctrina de summo bono, aut beatitudine."
98 Vgl. hierzu die Ausgabe: Ethicae Doctrinae Elementa (wie Anm. 33).

Bedeutung ist[99]. Und auch in der Ausgabe von 1550 wird neben den vielfältigen theologischen Bedeutungen der Nutzen für die Sittlichkeit betont[100].

Die Ethik dient der Ausbildung der Sittlichkeit des Menschen. Damit folgt seine Darstellung genau der pragmatisch-persuasiven Perspektive der Topik, wie sie kennzeichnend ist für diese Tradition seit den ersten Reflexionen durch Aristoteles. Diese Beobachtungen führen mich abschließend zur Ausgangsüberlegung nach Melanchthons Verständnis der aristotelischen Ethik zurück. Dieses würde grundlegend verfehlt, würde man die Ethik nicht im Kontext der Theologie sehen. Denn Melanchthons topisches Verfahren in der Ethik führt zu einer Neuordnung der Ethik unter „Topoi" bzw. Leitbegriffen reformatorischer Theologie. Unter der grundsätzlichen reformatorischen Dialektik von Gesetz und Evangelium und theologisch bestimmter Leitbegriffe wie „finis hominis", „virtus" und „iustitia" wird die aristotelische Tradition der Ethik neu geordnet.

In einer grundlegenden Weise ist es die Theologie, welche die Konturen dieser Ethik bestimmte. Hier handelt es sich zunächst um die lutherische Gesetz-Evangelium-Dialektik, die Melanchthon auf alle wissenschaftlichen Disziplinen als eine fundamentaltheologische Voraussetzung angewandt hatte[101]. In seiner Ethik von 1550 lautet dieses theologische Prinzip: „Das Moralgesetz ist die ewige und unverrückbare Weisheit und Regel der Gerechtigkeit in Gott [...]. Das Evangelium aber ist, indem es die Sünden offenlegt, die Offenbarmachung der Strafe und die Verheißung der Vergebung der Sünden und der Versöhnung, der Gerechtigkeit und des ewigen Lebens, die umsonst aufgrund des Sohnes Gottes gegeben ist, deren Kenntnis niemals dem Menschen angeboren ist,

---

99 CR 16, 279: „Tertia. Cum velit Deus legibus magistratuum regi civiles mores, etiam hanc doctrinam approbat, quae legum fons est. [...] Sexta. Etiam in Ecclesia in disputationibus de civilibus officiis et moribus, multa sumuntur ex hac doctrina [...]."

100 Ethicae Doctrinae Elementa (wie Anm. 33) 12: „Deinde addamus caeteras. Cum Deus omnes homines frenari disciplina velit, et haec doctrina pars sit disciplinae, et quidem peculiariter flectat animos ad moderationem, non dubium est eam et moribus prodesse."

101 Dies hat zu Recht Heinz SCHEIBLE immer wieder betont. Im Blick auf Melanchthons praktische Philosophie vgl. seinen Beitrag: Die Bedeutung der Unterscheidung von Gesetz und Evangelium für die theologische Ethik und Praktische Theologie am Beispiel Melanchthons, in: Christentum und Spätmoderne. Ein internationaler Diskurs über Praktische Theologie und Ethik. hg. von Wilhelm GRÄB u.a., Stuttgart u.a. 2000, 93–100.

sondern die aus dem verborgenen Sitz des ewigen Vaters bekannt gemacht wurde und die oberhalb und außerhalb des Gesichtskreises aller Kreaturen ist."[102] Dieses aus der reformatorischen Gesetz-Evangelium-Dialektik gewonnene theologische Strukturprinzip läuft hinsichtlich der Ethik (und dies gilt insgesamt für die praktischen Philosophie) in einer prinzipiellen Weise auf die Folgerung hinaus, dass, was immer der Mensch ethisch und politisch wollen und tun kann, soteriologisch völlig irrelevant und hinfällig, für seine Rechtfertigung vor Gott mithin unbedeutend ist. Unverkennbar hatte Melanchthon mit dieser Deutung einen konsequent reformatorischen Entwurf der Ethik des Aristoteles vorgelegt, der folglich auch – systematisch gesehen – der theologischen Aristoteleskritik Luthers entgeht.

Diese theologische Perspektive der Ethik bestimmt dann auch die eigentliche Definition des Zieles des menschlichen Lebens, also die Frage der aristotelischen εὐδαιμονία. Hier geht es um die wichtige Frage nach der eigentlichen Bestimmung und dem Ziel des menschlichen Lebens, wie es ethisch und politisch zu realisieren ist, in welcher Hinsicht also – wie Aristoteles bekanntlich im 5. Kapitel seines 1. Buches der „Nikomachischen Ethik" ausgeführt hatte – das Glück (εὐδαιμονία) das Endziel des menschlichen Handelns darstellt. Entsprechend seiner grundlegend theologischen Deutung der Ethik führte Melanchthon schon in seinem ersten Entwurf von 1529 zu dieser Frage aus: „Der menschliche Geist zeige, welches das Ziel ist, Gott zu gehorchen und ihn zu verehren [...]"[103] Und in dieser Frage könne – wie Melanchthon durchaus einräumt – die Ethik in Konflikt mit der Theologie geraten; die Theologie jedoch lege die Gründe offen, weshalb die Philosophie diese Fragen nicht hinreichend explizieren könne und weshalb der Geist des Menschen über sein Ziel im Zweifel ist[104].

In dem Kapitel „Quis est finis hominis?" seiner Moralphilosophie aus dem Jahr 1538, das bekanntlich auch für die Theologen im Mittelalter –

---

102 CR 16, 168: „Lex moralis est aeterna et immota sapientia et regula iustitiae in Deo, [...] Evangelium vero est praedicatio poenitentiae, arguens peccata, et promissio remissionis peccatorum, et reconciliationis, iustitiae, et vitae aeternae, gratuita propter Filium Dei, cuius promissionis notitia nequaquam nobiscum nascitur, sed ex arcano sinu aeterni patris prolata est, supra et extra conspectum omnium creaturarum."

103 CR 16, 288: „Mens enim monstrat finem esse, Deo obedire, et eum celebrare, [...]."

104 Ebd.: „In his materiis animadverti potest prodesse collationem ethices et doctrinae christianae. Monstrat enim doctrina christiana causas, cur hos locos philosophia non satis explicet, seu cur humanae mentes de fine dubitent."

neben der Frage einer individuellen Unsterblichkeit als Teilhabe am ewigen Leben Gottes – immer zur strittigsten Problematik gehörte, wird diese durchgängig theologische Struktur der Ethik unmissverständlich deutlich. Zur Bestimmung des Zieles des menschlichen Lebens führt Melanchthon hierzu aus: „Weil die Moralphilosophie Teil des Gesetzes Gottes ist – wie oben gesagt wurde –, ist es geradezu das Ziel des Menschen, in Entsprechung zum göttlichen Gesetz und zur wahrhaften Philosophie zu sein, nämlich Gott zu erkennen, ihm zu gehorchen und sowohl seine Herrlichkeit kundig zu machen und zu beleuchten wie auch die menschliche Gemeinschaft Gottes wegen zu halten."[105] Ziel des Menschen und Gegenstand der praktischen Philosophie sind mithin nicht die Bestimmung eines innerweltlich zu erlangenden Glückes (εὐδαιμονία), sondern Gotteserkenntnis und Gottesgehorsam, die in der Befolgung des göttlichen Gesetzes in seinen Auslegungen einzelner Naturgesetze in der menschlichen Gemeinschaft bestehen. Diese grundsätzlich theologische Argumentation führt bei Melanchthon dazu, dass der Mensch in seinem eigentlichen Wesen letztlich nur theologisch zu bestimmen und zu verstehen ist. Und diese theologische Struktur hält er auch in der anschließenden Diskussion der aristotelischen Diktion durch. Da nämlich – wie Melanchthon weiter ausführt – in der verdorbenen Natur des Menschen als Folge des Sündenfalls die Gotteskenntnis nicht genügend leuchte, spreche auch Aristoteles ein wenig anders über das Ziel des Menschen und bestimme dieses generell als richtige Handlung (*recta actio*) der höchsten (Seelen-)Potenz im Menschen, d. h. der Tätigkeit der Tugend oder der Tugenden[106]. Aristoteles habe diese Bestimmung aus der Ordnung und der Würde der Seelenpotenzen entwickelt. „Wenn er den Grad der Tätigkeiten aufgesucht hätte, hätte er als höchste Tätigkeit entdeckt, Gott zu erkennen und Gott zu gehorchen, und er hätte gesehen, dass die Tugend auf dieses Ziel zu beziehen ist, nämlich auf die Gotteserkenntnis."[107]

Zur Unterstreichung der grundsätzlich theologischen Struktur seiner Ethik spricht Melanchthon in diesem Zusammenhang von dem „finis

---

105 Ebd. 28: „Cum philosophia moralis sit pars legis Dei, ut supra dictum est, prorsus idem finis est hominis secundum legem divinam, et secundum veram philosophiam, videlicet agnoscere Deum, eique obedire, et eius gloriam patefacere et illustrare, et tueri societatem humanam propter Deum."
106 Ebd. 30.
107 Ebd.: „[...] sed si quaesisset actionum gradus, invenisset summam actionem esse agnoscere Deum et obedire Deo, et vidisset virtutem referendam esse ad illum finem, videlicet, ad agnitionem Dei."

principalis", der Gotteserkenntnis und dem Gottesgehorsam, während alle anderen Ziele des Menschen wie die Tugendakte lediglich „fines minus principales" seien[108]. Innerhalb dieser theologischen Struktur wird nun jedoch auch die eigentliche aristotelische Definition der Bestimmung und des Zieles des menschlichen Lebens expliziert. In dem Kapitel „Quae est ratio sententiae Aristotelicae?", in dem Melanchthon die Meinung des Stagiriten darzulegen versucht, wird zwar auf die aristotelische Definition hingewiesen, die eigentümliche Tätigkeit jeglicher Natur bestimme auch sein Ziel, die Tätigkeit der Tugend sei jedoch die eigentümliche Tätigkeit des Menschen, so dass die Tätigkeit der Tugend auch das Ziel des Menschen sei[109] – wie dies tatsächlich Aristoteles auch gelehrt hatte. Obwohl diese Beweisführung – wie Melanchthon einräumt – aus naturphilosophischen Prinzipien gewonnen sei, müsse die Argumentation vielmehr aus jenen wahren und festen naturphilosophischen Prinzipien gewonnen werden, welche durch göttliche Anordnung in der Natur eingerichtet sind: das Gesetz Gottes. Und dieses ist nichts anderes als die Naturgesetze (*leges naturae*) als göttliche Gesetze (*leges divinae*), also die praktischen Prinzipien, die auf göttliche Anordnung in der Natur eingerichtet sind[110].

Gerade diese grundlegenden theologischen Begründungszusammenhänge zeigen jedoch, dass man von einer sittlichen Autonomie im Blick auf Melanchthon nicht sprechen kann, wie dies Dilthey angenommen hatte. Zwar sind die Naturgesetze oder die praktischen Prinzipien dem menschlichen Geist angeboren, aber sie sind selbst Resultat der Theologie: Sie sind in der Schöpfung dem Menschen eingestiftet und zugleich Ausdruck einer strukturellen Gottebenbildlichkeit des Menschen. Was Melanchthon vorgelegt hatte, war eine theologische Ethik. Aber gerade so konnte er der Ethiker des Reformationszeitalters werden, der über die Konfessionsgrenzen hinaus wirksam wurde[111].

---

108 Ebd. 30 f.
109 Ebd. 31.
110 Ebd.: „Ideo enim leges naturae sunt leges divinae, quia divinitus in natura ordinatae sunt." Ausführlich zu Melanchthons Naturrechtslehre FRANK (wie Anm. 19) 140–158. Vgl. darüber hinaus Christoph STROHM, Zugänge zum Naturrecht bei Melanchthon, in: Der Theologe Melanchthon. hg. von Günter FRANK, Stuttgart 2000 (Melanchthon-Schriften der Stadt Bretten 5), 339–358.
111 Vgl. exemplarisch die Ethiken des Melanchthon-Schülers Victorin Strigel sowie des reformierten Gelehrten Abraham Scultetus in der Studie des Vf. (wie Anm. 41).

Topik und *Loci Communes*: Melanchthons Traditionen

Wilhelm Schmidt-Biggemann

Die Lehre von den *loci communes* resp. die Topik (ich nehme beide Begriffe weitgehend synonym, wie sie in der Frühen Neuzeit wohl generell genommen wurden) ist in der Frühen Neuzeit vor allem ciceronianisch; sie ist als Lehre von den Örtern der Argumentation definiert worden – was diese Formel aber im Einzelnen bedeutet, ist durchaus unterschiedlich interpretierbar.

1. Die Topikkonzepte von Aristoteles, Cicero und der Rhetorik *Ad Herennium*

Die aristotelische Topik[1] kann durchaus unterschiedlich interpretiert werden, als Inventionsanleitung, als Rhetorik und als Schlusslehre. Je nach Interpretation wird sie eher der logischen oder der rhetorisch-literarischen Tradition zugeordnet, das führt zu ganz verschiedenen Deutungen[2]. Mit erscheint die These, dass die Topik als Übungsbuch im

---

1 Ausgaben: Aristote. Topique. Tome I, Livres I-IV; Tome II, Livres V-VII. Hg., übers. und kommentiert von J. BRUNSCHWIG, Paris 1967, 2007. Übers: Aristoteles' Topik, übers. und komm. von Tim WAGNER und Christof RAPP, Stuttgart 2004.
2 Vgl. Christof RAPP, Topos und Syllogismos in Aristoteles' Topik, in: Thomas SCHIRREN und Gert UEDING (Hg.) Topik und Rhetorik. Ein interdisziplinäres Symposion, Tübingen 2000, 15–35, 15. Rapp führt auf: Topik als „lebensweltliche Rationalität", „weiches, nicht deduktives Schlussverfahren", „Fundorte von Argumenten", „Heuristik", „Syllogismos im Sinne der aristotelischen Syllogistik". Rapp selbst interpretiert die Topik in dem Sinne, dass sie eine Schlussbildung vertrete, die noch nicht, wie in der späteren Syllogistik der Analytica priora, formal festgelegt ist. „Die Topoi der Aristotelischen Schrift *Topik* haben die Aufgabe, zur Bildung gültiger Deduktionen anzuleiten, durch welche die Gegner im dialektischen Streitgespräch gezwungen werden, die Konklusionen einer solchen Deduktion [*syllogismós*] anzuerkennen."

Unterricht konzipiert worden sei, sehr plausibel[3]. Die „Topica" stellen dann eine Technik vor, aus „Endoxa (Sätzen, die in gutem Ruf stehen und die zunächst in Entscheidungsfragen einzubringen sind)"[4] dialektisch zu deduzieren. Sie ist allerdings „Propädeutik für die außerdialektische Praxis des Argumentierens, sei es im Umgang mit den undialektischen Vielen, sei es beim Philosophieren"[5] und hat einen dreifachen Nutzen (Topik I 2): Für die Übung, für die Begegnungen (d.i. für den Umgang mit den Vielen), für die philosophischen Wissenschaften. Für den Umgang mit den Vielen ist die Kenntnis und die Sammlung von Endoxa nützlich, wie sie Aristoteles in Topik I 14 skizziert. Sie reichen von universalen Sätzen überallgemein anerkannter Wahrheiten bis zu Sprüchen der Weisen, und sie sollen nach Themen geordnet und aufgelistet werden[6]. Für die strikt philosophische Argumentation ist schließlich der Ausgang bei anerkannten ersten Prinzipien wichtig (Endoxa), aus denen die Argumente der einzelnen Wissenschaften gewonnen werden können. Allerdings ist die Klassifikation der Endoxa deshalb paradox, weil sie an ihrer Wirkung – sei es bei den Philosophen, sei es bei den Laien – gemessen werden. Solange die Argumentation nicht nach Begriffsumfängen bestimmt ist wie in der strikten formalen Syllogistik, ist eine klare Unterscheidung der Endoxa nicht möglich. Aber diese Formalisierung, die Aristoteles in der Ersten Analytik vornimmt, liegt in der Topik noch nicht vor.

In der aristotelischen Topik bedeutet Topos Argumentationsschema. Ein solches ist dadurch bestimmt, dass aus einer Prämisse ein Schluss mit Notwendigkeit folgt und der Gegner diesem Schluss zustimmen muss[7]. Er kann freilich, wenn ihm der Schluss inakzeptabel erscheint, die Prämisse

---

[3] Vgl. Oliver PRIMAVESI, Dialektik und Gespräch bei Aristoteles, in: Klaus W. HEMPFER/Anita TRANINGER (Hg.), Der Dialog im Diskursfeld seiner Zeit. Von der Antike bis zur Aufklärung, Stuttgart 2010, 47–73.

[4] Ebd. 49.

[5] Ebd. 67.

[6] Topik I, 14, 105 b 12–18: „Man muss seine Sätze auch aus geschriebenen Ausführungen nehmen und die Angaben so machen, dass man sie gesondert über jede Gattung anbringt, z.B. über das Gute oder über das Lebendige, und zwar über alles Gute, angefangen mit seinem Was. Auch muss man die Meinungen der jeweiligen Gewährsmänner als solche bezeichnen, muss z.B. anmerken, dass Empedokles vier körperliche Elemente gelehrt hat. Denn was ein angesehener Mann gelehrt hat, wird man bereitwillig als haltbare These gelten lassen" (Übers. ROLFES).

[7] RAPP (s. o. Anm. 2, 23) formuliert dieses Prinzip so: „Wenn der Gegner so-und-so zugesteht, dann kann daraus so-und-so hergeleitet werden."

erneut in Frage stellen[8]. In der aristotelischen Rhetorik ist der Begriff des Topos offensichtlich weiter gefasst. Es gibt die Fassung von Topoi als Argumentationsschemata[9], aber auch als Einschätzungsanleitung bei juristischen Topoi: Gesetze, Zeugen, Verträge, durch Folter erlangte Aussagen, Eide[10] sowie Spruchweisheiten, die als fertiges rhetorisches Versatzstück für eine Rede[11] dienen können. In diesem Fall handelt es sich nicht um Argumentationsschemata, sondern um *dicta probantia* und Überzeugungshilfen. Allerdings ist auch hier die Trennung zur Topik nicht so scharf, dass nicht auch „weiche" Endoxa, wie sie in Topik I, 14 vorgeschlagen werden, als Ausgangspunkt oder Unterstützung einer Rede dienen könnten.

Für die aristotelische Topik scheint deutlich, dass die Argumentation selbst, nicht die Invention von Endoxa das Ziel dieses Übungsbuchs ist. Das ist bei Cicero anders. Es geht in seiner Topik darum, die Fülle der begrifflichen Semantik, das heißt die möglichen Prädikate einer Sache, zu erfassen und im rhetorischen Fall argumentativ einzusetzen. Das geschieht mit den beiden Vermögen – oder besser: Prozeduren der Argumentationsfindung: *inventio* und *iudicium*. Cicero verwendet zwar wohl auch die aristotelische Topik, aber er rückt sie nahe an die Rhetorik und interpretiert ihre Argumentationslehren als juristische Inventions-Rhetorik.

Inventio ist für Cicero die Kunst, die semantische Fülle von Begriffen herauszufinden, und dazu braucht man Loci, Findelisten für Argumente[12]. Die Findörter bieten die Hinsichten, unter denen ein Begriff möglichst umfassend prädiziert wird. Es geht nicht, wie in Aristoteles' Zweiter Analytik, um eine Definition nach *genus proximum* und *differentia specifica*, sondern um die möglichst vollständige Bestimmung eines Sachverhalts. Das Iudicium ist dann die Beurteilung, ob ein solches Argument zum Argumentationsziel passt, und die gezielte Einsetzung dieses Arguments in einem rhetorischen Kontext.

---

8 Vgl. Oliver PRIMAVESI, Die aristotelische Topik. Ein Interpretationsmodell und seine Erprobung an Topik B. München 1996 (Zetemata 94) 83 ff.
9 Aristoteles Rhetorik II, 19 und II, 23–24; hier wird 1398a die Topik zitiert.
10 Aristoteles Rhetorik I, 15.
11 II, 2–1 und III, 15. Vgl. RAPP (s. o. Anm. 2) 23.
12 Cic. top. 7: „Ut igitur earum rerum, quae abscondita sunt, demonstrato et notato loco facilis inventio est, sic, cum pervestigare argumentum aliquod volumus, locos nosse debemus; sic enim appellatae ab Aristotele sunt eae quasi sedes, e quibus argumenta promuntur."

Cicero definiert: „locum esse argumenti sedem, argumentum autem orationem, quae rei dubiae faciat fidem"[13]. Ein Argument ist also eine Rede, die eine zweifelhafte Angelegenheit glaubwürdig darstellt. Cicero hat folgende topischen Glaubwürdigkeitsträger: Coniugata, ex genere, ex forma, ex similitudine, ex differentia, ex contrario, ex adiunctis, ex antecedentibus, ex consequentibus, ex repugnantibus, ex causis, ex effectis, ex comparatione maiorum aut parium aut minimorum.[14]

Die Frage der Invention, das heißt des Findens möglicher Fälle, ist bei Cicero am Beispiel des Erbrechts dargestellt. Der Begriff ‚Erbrecht' wird in verschiedenen Varianten durchgespielt. Dabei wird klar, dass in der Anwendung von Begriffen auf imaginierte Fälle die Leistungsfähigkeit des Begriffs Erbschaft (*haereditas* und Verwandtes) entfaltet wird. Zunächst können anhand der Begriffe verschiedene Möglichkeiten argumentativ durchgespielt werden, und dann können sie rhetorisch angewendet werden. Er arbeitet seine Liste wie folgt durch:

Argumenta coniugata (von der Wortverwandtschaft): Auf einer ‚Gemeinschaftsweide' darf man gemeinschaftlich weiden.

A genere: Wenn jemandem „alles Silber" vererbt worden ist, so fallen darunter auch Silbermünzen.

A forma. Im Erbrecht kann unterschieden werden zwischen einer *materfamilias* und einer Ehefrau in sog. manusfreier Ehe.

Ex similitudine: Wenn ein Besitz verfallen ist, dann sind die Erben, die den *usus fructus*, den Nießnutz, haben, nicht verpflichtet, das Anwesen zu restaurieren; der Vergleich ist ein Sklave, der verstirbt.

Das Argument *ex contrario*: Wenn der Mann seiner Frau den Nießbrauch seiner Güter hinterlassen hat, dann hat die Frau nicht das Recht, etwa Wein und Kellervorräte vollständig aufzubrauchen, weil das dem Begriff Nießbrauch nicht entspricht.

Ein Argument ist also die Entfaltung der semantischen Leistungsfähigkeit, d. i. der sinnvollen Prädikation, eines Begriffs für verschiedene vorstellbare Kontexte. Ciceros Topik ist das Auffinden und die Anwendung von logisch nicht weiter formalisierten Argumenten und ihre rhetorische Anwendung. Diese Anwendung heißt Iudicium, und das ist der zweite Schritt der Topik.

---

13 Cic. top. 8.
14 Cic. top. 11. Agricola nimmt diese Topoi später weitgehend auf.

In der *Rhetorica ad Herennium* geht es schon gar nicht mehr um das philosophische Urteil selbst, sondern um die Ausformulierung und Verknüpfung der Argumente (die *argumentatio*). Entscheidend ist, ob das Argument zum Argumentationsziel passt und wie es in seinen rhetorischen Kontext eingefügt werden kann. Das ist eine gegenüber dem aristotelischen Begriff des Urteils, das ein Subjekt mit einem passenden Prädikat versieht – *ti kata tinos* – und das so zur Bedingung einer überzeugenden topischen Argumentation wird, durchaus ein Verlust an Präzision. Die juristisch-rhetorische Argumentation ist in der *Rhetorica ad Herennium* (die Cicero zugeschrieben wurde) in fünf Schritten gefasst: Die *propositio* stellt kurz dar, was bewiesen werden soll. Die *ratio* legt kurz den Grund dar, warum es wahr ist, was wir zu beweisen vorhaben. Die *confirmatio rationis* verstärkt mit weiteren Argumenten die kurz dargelegte Begründung. Die *exornatio* wird gebraucht, um einem Einzelargument Ansehen zu verleihen und es anzureichern, nachdem die Argumentation steht. Die *conplexio* schließt kurz und fasst die Teile der Argumentation zusammen[15].

Das ist eine unprätentiöse, aber sehr wirkungsvolle Elementarrhetorik – sie zielt allein auf die Schritte der Darstellung; aber sie stellt damit auch die Argumentationsklassen vor, die für eine überzeugende Rede nötig sind.

2. Boethius' maximae propositiones

Die Vieldeutigkeit des Topos-Konzepts zwischen Argumentations- und Inventionsmethodik, zwischen Dialektik und Rhetorik, ist ins Mittelalter hineingetragen worden[16]. Sie ist sogar noch vermehrt worden: Die

---

15 Rhet. Her. 2, 28: „Ergo absolutissima et perfectissima est argumentatio ea, quae in quinque partes est distributa: propositionem, rationem, rationis confirmationem, exornationem, conplexionem. Propositio est per quam ostendimus summatim, quid sit quod probari volumus. Ratio est quae causam demonstrat, verum esse id, quod intendimus, brevi subiectione. Rationis confirmatio est ea, quae pluribus argumentis corroborat breviter expositam rationem. Exornatio est, qua utimur rei honestandae et conlocupletandae causa, confirmata argumentatione. Conplexio est, quae concludit breviter, conligens partes argumentationis."
16 Vgl. Günter FRANK, Topik und Theologik. Topik und die Entstehung von Theologie als Wissenschaft im 12. Jahrhundert. Ms. wird im Band „Kritik der Topik – Topik als Kritik" erscheinen. Ich beziehe mich im Folgenden auf diesen Aufsatz, in dem ausführlich die boethianische Überlieferung der Topik im 12. Jhdt. untersucht wird.

Anregung, die Aristoteles in Topik I 14 gegeben hatte[17], es sei sinnvoll, Kollektaneenhefte anzulegen und diese nach Leitbegriffen zu ordnen, machte Schule; je länger, desto mehr. Es gibt eine Sammlung von Florilegien von Ps. Maximus Confessor, die unter dem Titel „Loci communes" überliefert sind[18]; und in diese Tradition gehören auch die „Sententiae" des Petrus Lombardus[19], des einflussreichsten Lehrbuchs des Mittelalters. Der Sinn dieser Sammlungen besteht darin, die *dicta probantia* zusammenzustellen, die als verlässliche Sätze von anerkannten Autoritäten die aristotelischen Kriterien für anerkannte Sätze erfüllen, von denen aus überzeugend argumentiert werden kann. So verstand auch Boethius, der die Tradition der Topik am wirkungsvollsten ins Mittelalter überführte[20], die Propositiones. Sie changierten zwischen *probabilis* (wahrscheinlich)[21] – das übersetzt das aristotelische *endoxon* – und *maximae propositiones*, d.i. Sätze, die von selbst einleuchten, eines Beweises

---

17 S. o. Anm. 6.
18 Ed. von Sibylle IHM: Ps.-Maximus Confessor. Erste Kritische Edition einer Redaktion des sacro-profanen Florilegiums *Loci communes,* Stuttgart 2001 (Palingenesia 73). Vgl. FRANK (wie Anm. 17).
19 Zur Komposition der Sentenzen s. Magistri Petri Lombardi Sententiae in IV Libris Distinctae, ed. tertia, Grottaferrata 1971, Prolegomena S. 117*-144*.
20 Commentaria in Topica Ciceronis: PL 64, 1040–1173, De differentiis topicis: PL 64, 1173–1217. Interpretatio Topicorum Aristotelis: PL 64, 909–1007. Zur mittelalterlichen Überlieferung der boethianischen Tradition der aristotelischen Topik vgl. Eleonore STUMP, Boethius's *De differentiis topicis,* Ithaca/London 1978; DIES., Boethius' Theory of Topics and its Place in Early Scholastic Logic, in: Congresso internazionale di studi Boeziani, Atti, Rom 1981, 249–262; DIES., Topics: their development and absorption into consequences, in: The Cambridge History of Later Medieval Philosophy 1000–1600, Cambridge 1982, 273–299; Niels J. GREEN-PEDERSEN, The Tradition of the Topics in the Middle Ages, The Commentaries on Aristotle's and Boethius' *Topics,* München/Wien 1984; Otto BIRD, The Tradition of the Logical Topics: From Aristotle to Ockham, in: JHI 23 (1963) 307–323; Michael C. LEFF, The Topics of Argumentative Invention in Latin Rhetorical Theory from Cicero to Boethius, in: Journal of the History of Rhetoric (1983) 23–44.
21 PL 64; 1180C-D: „Probabile vero est quod videtur vel omnibus, vel pluribus, vel sapientibus, et his vel omnibus, vel pluribus, vel maxime notis atque praecipuis, vel quod unicuique artifici secundum propriam facultatem, ut de medicina medico, gubernatori de navibus gubernandis, id praeterea quod videtur ei cum quo sermo conseritur, vel ipsi qui iudicat, in quo nihil attinet verum falsumve sit argumentum, si tantum verisimilituidinem teneat." Vgl. Peter VON MOOS, „Was allen oder den meisten oder den Sachkundigen richtig scheint". Über das Fortleben des ἔνδοξον im Mittelalter, in: Burkhard MOJSISCH (Hg.), Historia philosophiae medii aevi, Amsterdam 1991, 711–744, hier: 737–739.

unbedürftig sind und aus denen wissenschaftliche Konsequenzen gezogen werden können[22].

Bei Boethius geht es vor allem um Loci, die als Propositiones aus sich einleuchtend sind; in den theologischen Kollektaneen und Sentenzensammlungen ist der Anspruch, akzeptiert werden zu müssen, durch Autoritäten weiter gesteigert. Welche Schlüsse aus diesen Propositiones gezogen werden können, hängt erneut vom Publikum ab: für eine breitere Öffentlichkeit sind die Schlussfolgerungen lockerer – rhetorische Enthymeme reichen aus – für ein Wissenschaftspublikum sind strengere Anforderungen an die Syllogistik zu stellen.

Soweit kann man das Konzept der Topik auch bei Boethius noch aristotelisch nennen – es geht nicht um die Invention von Argumenten, sondern um deren Akzeptanz. Sobald sich die ciceronianische Frage nach der Invention stellt, verändert sich die Situation: Jetzt geht es nicht um die Beurteilung der Argumentationskraft, sondern um das Auffinden von Argumenten. Zu diesem Zweck hatte Cicero Inventionslisten erstellt. Diese Inventionslisten sind Hinblicke, durch die ein enzyklopädischer Wissensstoff dergestalt fruchtbar gemacht werden kann, dass er Prädikate zu dem jeweiligen Findewort liefern kann. In einem solchen Sinne sind Überschriften von Sammlungen, wie sie auch Aristoteles vorgeschlagen hatte, Findewörter, unter denen mögliche Prädikate eben des Findeworts, also der Überschrift, versammelt sind. Die Überschriften sind dann passend, wenn sie Finde- und Stichwörter für Prädikate sind, die ein Urteil und ein Argument ergeben. In diesem Sinne sind die Sammlungen von Sentenzen, sofern sie nach Stichworten, das heißt nach Findeworten geordnet und überschrieben sind, selbst *Sedes argumentorum*, Örter von Argumenten, die dann, je nach Glaubwürdigkeitsstatus, für allgemeine und wissenschaftliche Ziele verwendet werden können. Das gilt für die

---

22 PL 64, 1185 A-1186 A: „Nam cum sint aliae propositiones quae cum per se notae sint, tum nihil ulterius habeant quo demonstrentur, atque hae maximae et principales vocentur, sintque aliae quarum fidem primae ac maximae suppleant propositiones, necesse est ut omnium quae dubitantur, illae antiquissimam teneant probationem, quae ita aliis facere fidem possunt, ut ipsis nihil notius quaeat inveniri. [...] ita per se nota sunt, ut aliena probatione non egeant. [...] Ideo et universales et maximae propositiones loci sunt dictae, quoniam ipsae sunt quae continent caeteras propositiones, et per eas sit consequens et rata conclusio. Ac sicut locus in se corporis continet quantitatem, ita hae propositiones quae sunt maximae, intra se omnem vim posteriorum atque ipsius conclusionis consequentiam tenent, et uno quidem modo locus, id est argumenti sedes dicitur maxima, principalisque propositio fidem caeteris subministrans."

Sentenzen des Petrus Lombardus, für die Adagia des Erasmus und die Loci theologici Melanchthons – und im 15. Jahrhundert liefert Rudolf Agricola die Theorie dazu.

3. Petrus Lombardus: Loci und didaktische Elementarlehren

Wenn man der logischen Tradition folgt, sind die Elemente der Wissenschaften die Begriffe, die in Urteilen ihre Bedeutung erhalten. Aber das ist sehr formal und sagt so noch nicht viel aus. Es kommt darauf an, in welcher Wissenschaft argumentiert wird, denn jede Wissenschaft hat einen anderen Bereich von Kernbegriffen. Die Frage etwa, ob Gott benennbar ist oder nicht, ist für Theologen wichtiger als für Juristen, die Definition von Erbschaftsangelegenheiten ist für Juristen zentraler als für Theologen. Soweit ich sehe, wird die Frage danach, was Kernbegriffe von Wissenschaften sind, dann interessant, wenn es um elementare Lehren geht; wenn also die Anfangsgründe und Zusammenfassungen gelehrt werden müssen. Diese Elementaria (Stoicheioseis) sind in allen geisteswissenschaftlichen Fächern besonders schwierig, denn das, was da gelehrt werden soll, ist im doppelten Sinne elementar, es ist propädeutisch insofern, als es Anfängerstoff ist, es ist in der Sache konstitutiv – und insofern elementar, als es das Nachdenken über die tatsächlichen Grundlagen der Wissenschaft erfordert.

Da es mittelalterlich keine ausgearbeitetere Wissenschaft gab als die Theologie, versteht es sich von selbst, dass das wichtigste Lehrbuch mittelalterlicher Theologie, die Sentenzen des Petrus Lombardus (ca. 1100–1160, die Sentenzen 1154/57), genau eine solche Elementarfunktion hat. Die Sentenzen sind, wie das für eine kontinuierlich arbeitende Wissenschaft selbstverständlich ist, nicht neu erfunden, sondern sie sind exzerpiert und zusammengefasst, damit sie nicht als irgendwie exponierte und möglicherweise exzentrische Meinungen von Minderheiten erscheinen, sondern als institutionell akzeptierte Propositionen (auch dieses sind *maximae propositiones*) vorgestellt werden. Diese Positionierung ist selbst schon ein Teil des Arguments: Grundbegriffe von Wissenschaften müssen sich sozusagen von selbst verstehen, sie müssen Evidenz haben, einleuchten.

So sind die gesammelten Sentenzen des Petrus Lombardus ein theologisches Kollektaneenbuch, in vier Bücher aufgeteilt; das erste handelt in 48 Distinktionen *De mysterio trinitatis*; das zweite *De rerum creatione et formatione corporalium et spiritualium* und über den Sündenfall

Adams (44 Distinktionen); das dritte *De incarnatione verbi et humani Generis reparatione* und über die Lehre Christi von Tugenden und Geboten (40 Distinktionen); das vierte Buch – *De doctrina signorum* – handelt von der kirchlichen Verwaltung dieser Offenbarung, also den Sakramenten und dem Kirchenrecht sowie vom Jüngsten Gericht (50 Distinktionen). Das ist eine knappe Zusammenfassung der herrschenden Lehre. Die Begriffe sind sachgemäß und sie bündeln die Lehre: sie tun genau das, was Melanchthon, der sich auf Petrus Lombardus beruft, von den Loci communes der Wissenschaften verlangt: „Normalerweise hat man in den einzelnen Wissenschaften Loci nötig, in denen die Summe einer jeden Wissenschaft zusammengefasst ist und die als Ziel dienen, auf das hin wir unsere Studien ausrichten."[23] Diese Loci sind für Melanchthon die „rerum summa" und Ziel zugleich, wissenschaftliche Orientierungspunkte, Aussichtstürme sozusagen, die das Feld des Wissens übersichtlich machen. Auch wenn Melanchthon, wie kaum anders zu erwarten, die Sentenzen des Petrus Lombardus für ungeeignet hält, folgt er ihnen in seinen 25 Loci eben doch: „Deus, unus, trinus, creatio, homo/hominis vires, peccatum, Fructus peccati/Vitia, peoneae, lex promissiones, instauratio per Christum, gratia, gratiae fructus, Fides, spes, caritas, praedestinatio, signa sacramentalia, hominum status, magistratus, episcopi, condemnatio, beatitudo."

Das ist eine Ansammlung der Kernbegriffe einer Disziplin, und dieses Programm erfüllt seine doppelte Funktion: Es ist das elementare Lehrprogramm des Theologenkursus und es begründet zugleich als Stoicheiosis, elementatio, die theologische Wissenschaft inhaltlich.

4. Agricolas Gleichschaltung philosophischer Kategorialbegriffe

Rudolf Agricolas *De inventione dialectica* hat Epoche gemacht, mindestens nördlich der Alpen. Das Buch hat die Dialektik gegenüber der scholastischen Logik, die jetzt vor allem mit Aristoteles verbunden wurde, neu definiert, indem es Rhetorik und Dialektik miteinander verknüpft hat. Cicero und Quintilian wurden damit als Dialektiker wichtiger als Ari-

---

23 „Requiri solent in singulis artibus loci quidam, quibus artis cuiusque summa comprehenditur, qui scopi vice, ad quem omnia studia dirigamus, habentur." Melanchthon, Loci communes rerum theologicarum seu hypotyposes theologiae 1521, Melanchthons Werke, MSA 2/1, Gütersloh 1952, 19; der Bezug auf Petrus Lombardus ebd.

stoteles. Agricola war nach 1443 in Friesland geboren, er las in Heidelberg, wo er schon 1485 starb. Seine Dialektik wurde erst 1515 in Löwen gedruckt. Sie blieb, sozusagen unterhalb der Reformation, das methodische Leitbuch des Humanismus. Der Schweizer Theologe und Humanist Johannes Oekolampad hatte dem 19-jährigen Melanchthon bereits 1516 ein Exemplar von Agricolas *De inventione dialectica* geschenkt, das dieser mit Begeisterung aufgenommen hatte[24].

Der Clou der Dialektik Agricolas bestand darin, die aristotelischen Kategorien und die ciceronianischen Topoi gleichrangig als Inventionsbegriffe zu verwenden. Es ging nicht um metaphysische irreduzible Prädikationen, sondern um die Möglichkeit, eine Sache oder einen Sachverhalt möglichst vollständig zu beschreiben.

Die Liste der Kernbegriffe, die Agricola anführte, war zwar der Logik entnommen – es waren im Großen und Ganzen die aristotelischen Kategorien sowie die Ante- und Postprädikamente –, aber sie dienten hier nicht zur Definition einer Sache nach Genus und Species, sondern dazu, rhetorische Argumente zu liefern. Strenge, formale Syllogismen, wie sie in den universitären Quaestiones Disputatae erfordert waren, sollten es gerade nicht sein, sondern rhetorisch-dialektische Leitbegriffe für die Wissensordnung.

Agricola teilt die Begriffe der Logik so auf:
Zur Substanz gehören: *definitio, genus, species, proprium, totum, partes, coniugata,*
Von der Substanz handeln: *adiacentia, actus, subiecta,*
Äußere Loci, die nicht zur Substanz gehören, sind:

- Grund und Zweck: *causa efficiens, finis,*
- Eventa (Ereignisse): *effecta* und *destinata,*
- Applicita: *locus, tempus, connexa,*
- Accidentia in fünf Genera: *contingentia, pronuntiata, nomen rei, comparata, similia,*
- Repugnantia: *opposita* und *differentia.*[25]

Mit diesen aristotelischen Begriffen wurde nun ciceronianische Topik betrieben: Sie galten als Inventionsbegriffe. Mit ihnen ließ sich ein Ding oder ein Sachverhalt präzise beschreiben. Das Ziel war eine möglichst

---

24 Ausführlich hierzu: Günter FRANK, Melanchthons Tübinger Plan einer neuen Aristoteles-Ausgabe, in: Sönke LORENZ u. a. (Hg.), Vom Schüler der Burse zum „Lehrer Deutschlands". Philipp Melanchthon in Tübingen, Tübingen 2010, 105–115, hier 111.
25 Wilhelm SCHMIDT-BIGGEMANN, Topica universalis, Hamburg 1983, S. 9.

vollständige Prädikation. Das Ergebnis war aber nicht aristotelisierende Definition nach Genus proprium und Differentia specifica, sondern es handelte sich um eine möglichst vollständige Prädikation nach eben diesen Inventionstopoi. Es kam jetzt darauf an, eine Fülle von Prädikaten zu einem gegebenen Leitbegriff zu finden.

5. Erasmus: rhetorische Fülle als decorum und Argument

In diesem Sinn diente die Topik dem humanistischen Ideal der rhetorischen Fülle. Die beiden wichtigsten Werke, die diesen Typus einer Verbindung von Rhetorik und Philosophie ausmachten, sind Erasmus' *Adagia* (1505) und sein Rhetoriklehrbuch *De duplici Copia Verborum* (1512)[26].

In den *Adagia* sammelte Erasmus Topoi aus Autoritäten. Von Auflage zu Auflage wurde diese Sammlung größer, so dass von der dritten, von ihm neu bearbeiteten Fassung an, also ab 1520, eine Serie alphabetischer Register vorhanden ist: nach Anfängen der Loci, nach „Loci secundum congruentium et pugnantium materiarum", nach Hauptbegriffen[27], und in 77 Spalten nach Beispielen, die zu diesen Loci passen und die nach diesen Loci geordnet sind[28]. Den Gebrauch dieser Loci erläutert er noch einmal im Proemium: Sie sind schmückend, nützlich, einsichtsvoll[29].

Bei Loci, die aus Exzerpten von Autoritäten bestehen, ist nie recht deutlich, wie weit sie nur *decorum* oder eben auch *argumentum* sind. Diese Frage hat Erasmus in *De duplici copia verborum et rerum* (1512), dem wichtigsten Schulbuch der rhetorischen Tradition des 16. Jahrhunderts,

---

26 DERS., Sinnfülle, Einsicht, System. Bemerkungen zur topischen Arbeitsweise im Humanismus, in: Jan SCHRÖDER (Hg.), Entwicklung der Methodenlehre in Rechtswissenschaft und Philosophie vom 16. bis zum 18. Jahrhundert. Beiträge zu einem interdisziplinären Symposion in Tübingen, 18.–20. April 1996, 27–46.
27 „Index locorum secundum seriem literarum quo facilius lector, id quod quaerit, inveniat" (Desiderius Erasmus, *Adagia*. Basel: Froben 1520, Register unpag.).
28 Ebd.: „Index chiliadum iuxta locos et materias, ut tum forte venerunt in mentem. In quo sciat lector rationem habitam, contrariorum, similium, et affinium. Veluti paupertas contraria est diuitiis, et iis affinis munerum corruptela. Hoc admonendum putaui, quo quis uolet iis uti prouerbiis, hanc eandem secutus rationem facilius quod quaerit, inueniet. Quando si quis sibi uolet alios locos, uel plures, uel exactiores fingere, uiam indicauimus in secunda de Copia commentario. Tum quemadmodum idem adagium ad uarios sensus accommodare possit, ostendimus in huius operis initio, cum utendi ratione explicauimus." (Register unpag.)
29 Ebd., S. 7–10.

behandelt³⁰. Erasmus ist konsequent Rhetoriker; Argumente sind nicht als sichere Erkenntnisse gefasst, sondern als *credibile* (glaubhaft), *propensius* (wahrscheinlich) und *non repugnans* (nicht widersprüchlich). Argumentationssicherheit stellt sich ein, wenn die Invention gründlich ist. Die Berücksichtigung der Umstände einer Sache (*circumstantiae*) liefert die größte Fülle von Attributen dieser Sache; deshalb bilden die *circumstantiae* für Erasmus die wichtigste Inventionskategorie. Dieser Locus ist bei der produktiven Phantasie im Prozess der Entdeckung von möglichen Attributen eines Begriffs oder Sachverhalts unentbehrlich; deshalb kommt er vor allem in juristischen Rekonstruktionen von Situationen und zur Erzeugung von Beispielen zum Tragen.

Um seinen zentralen Inventionstopos *circumstantiae* zu substantiieren, führt Erasmus zwei Listen auf: eine für Personen und eine für Sachen. Personen werden umfassend bestimmt nach „genus, natio, patria, sexus, aetas, educatio, habitus corporis, fortuna, conditio, animi natura, studia, affectatio, antefacta, antedicta, commotio, consilium, nomen." Sachen werden beschrieben nach „causa, locus, tempus, occasio, antecedentia rem, adiuncta, consequentia, facultas, instrumentum, modus."³¹

Die Erkenntnisse, die anhand dieser topischen Inventionslisten gewonnen werden können, werden in Beispiele umgesetzt, die rhetorisch eingesetzt und erzählt werden. Der Prozess ist folgender: Wie in einem rhetorischen Kollektaneenbuch, in dem man literarische und andere Muster aufgeschrieben hat, werden die Erfahrungen des Gedächtnisses durchmustert. So stehen dann Beispiele für Rede und Konversation zur Verfügung. Sie funktionieren stets aufgrund von Analogie. Wer Beispiele hat, braucht keine logischen Subsumtionen oder Deduktionen, denn diese sind nach Erasmus' Überzeugung für die Rhetorik unpassend. „Für den Beweis und auch für die Fülle nützt am meisten die Kraft der Beispiele, die die Griechen *paradeigmata* nennen. Sie sind ähnlich oder unähnlich oder entgegengesetzt nach Art und Weise, Zeit und Ort und andere Umständen, wie oben dargelegt. Diese Gruppe wird durch Geschichten, Fabeln, Sprichwörter, Urteile, Parabeln und Sammlungen, sowie durch Bilder und Analogien vervollständigt."³²

---

30 Die folgenden Erwägungen finden sich in meinem Aufsatz *Sinnfülle, Einsicht, System* (s. o. Anm. 26).

31 Desiderius Erasmus, *De copia verborum ac rerum*, hrsg. von Betty I. KNOTT (ASD I, 6), Amsterdam/New York/Oxford/Tokio 1988, 230.

32 „Plurimum autem valet ad probationem, atque adeo ad copiam, exemplorum vis, quae Graeci paradeigmata vocant. Ea adhibentur aut vt similia, aut dissimilia, aut

Es wird deutlich: Im Humanismus hat die Topik die Aufgabe, Erkenntnisse in Fülle zu liefern. Das gilt für die *copia verborum* bei Erasmus, und das gilt – wenngleich mit Abwandlungen – auch für die Jurisprudenz und die Philosophie. Die Topik dient in den *literae* nicht so sehr der Sicherung der Argumentation als vielmehr der Klärung der Sache sowie der Vermehrung von Beispielen. In der Jurisprudenz und in der Dialektik besteht ihre Aufgabe darin, durch die Vielfalt von Prädikaten eine Sache so vollständig wie möglich zu beschreiben und durch die Fülle der Erkenntnisse sichere Einsichten zu präsentieren. Diese rhetorische Topik stellt eine Fülle von Beispielen und Argumenten für analoge Situationen zur Verfügung; dieser Argumentenreichtum kann rhetorisch und philosophisch verwendet werden.

Invention und Register

Betrachtet man die Hauptverfahrensweisen des rhetorisch-topischen Geschäfts mit Cicero als *inventio* und *iudicium*, dann waren es vornehmlich Inventionsaufgaben, die die Topik zu erfüllen hatte. Die Funktionsweise der Invention in der ciceronianischen Topik und Rhetorik war mit der eines Kollektaneenbuches vergleichbar: Man schrieb das Interessante auf, ging es für seinen Zweck je neu durch und formte aus den Kollektaneen Argumente. Dieses Vorgehen war die methodische Verwaltung der gelernten und erinnerten Geschichte. Die Wissensinventarisierung in den unterschiedlichen Disziplinen erfolgte mit Hilfe eines Registers: Die Kernbegriffe wurden zusammengestellt und standen für vielfältige Benutzung zur Verfügung; nach den Kern- und Registraturbegriffen konnte die Fülle des Wissens verwaltet werden. In diesem rhetorischen Sinne war die Topik Memorialwissenschaft und Memorialverwaltung – sie war die Bedingung der eklektischen Wissenschaft, die aus der Fülle des Wissens das Zweckmäßige (für welchen Zweck auch immer) auswählte.

---

contraria; rursum aut vt maiora, aut vt minora, aut vt paria. Dissimilitudo et inaequalitas constat genere, modo, tempore, loco, caeterisque ferme circunstantiis quas supra recensuimus. Hoc autem genus complectitur et fabulam, et apologum, prouerbium, iudicia, parabolam seu collationem, imaginem, et analogiam" (ebd. 232).

6. Melanchthon

Melanchthons philologische Bildungsgeschichte

Melanchthon hat die *Loci theologici* zur theologischen Hauptgattung des Protestantismus im 16. und 17. Jahrhundert gemacht. Er bezog sich in der frühen Konzeptionsphase seines theologischen Hauptwerks, das zuerst 1521 erschien, explizit auf die rhetorische Tradition; und hier formal auf Cicero, Agricola und Erasmus; inhaltlich auf die Sentenzen des Petrus Lombardus und auf Luthers Rechtfertigungslehre.

Er hatte gar keine Chance, eine andere Form als die der Loci zu wählen, er kannte schlicht keine andere, er war schließlich als Philologe und Rhetoriker erzogen und war gerade Anfang Zwanzig, als er an den Loci Theologici arbeitete. Um sich die Situation auch biographisch zu vergegenwärtigen: Melanchthon war 1508 mit seiner Familie von Bretten, wo er 1497 geboren war, nach Pforzheim umgezogen. Dort hatte ihn Georg Simler ins Griechische eingeführt, er war im Oktober 1509 als 12-jähriger in Heidelberg immatrikuliert worden und hatte sich vornehmlich mit lateinischer Poesie beschäftigt. 1511 war er dort Baccalaureus der freien Künste geworden; von 1512–1518 hatte er sich bei seinem Studium und seiner Lehre in Tübingen als Magister Artium – er wurde 1512 zum Magister promoviert – beinahe ausschließlich mit antiker schöner Literatur befasst; sein Interesse waren das Griechische und die Etymologie; 1518 erschein seine griechische Grammatik[33], die ihn auf einen Schlag berühmt machte und ihm den Lehrstuhl für Gräzistik in Wittenberg einbrachte.

Um diese Zeit machte ihn Johannes Oekolampad mit Rudolf Agricolas „De inventione dialectica libri tres" bekannt. Diese rhetorische Dialektik öffnete dem jungen Melanchthon den Weg aus der Grammatik und Poetik in die philosophierende Rhetorik. Jetzt, schreibt er selbst[34], habe er angefangen, die Alten mit neuen Augen zu sehen; und vor allem sei ihm die rhetorische Beweisführung in den Reden Ciceros und Demosthenes' aufgegangen. Ab jetzt erweiterten sich seine Interessen auf das humanistische Ideal einer Enzyklopädie der Wissenschaften. Diese Entwicklung wird in der Rede „De artibus liberalibus" von 1517/18 deutlich, wo Melanchthon schreibt: „Die Künste sind die Werkzeuge und gleichsam Vorspiele zu der von den Göttern gezeugten Weisheit [das

---

33 Institutiones Graecae Grammaticae, Haguenau 1518.
34 CR 4, 716.

hätte er später nie mehr geschrieben!], von der belehrt der menschliche Geist das Numen Dei als vom Himmel gesandt erfahren kann".[35] Hier ist noch nicht viel von Theologie zu spüren; eher von einer weichen Konzeption einer Philosophia perennis, die Literatur, Philosophie und Glaube verbinden zu können glaubte; in diesen Zusammenhang gehört auch, dass er zu dieser Zeit eine Ausgabe des „echten Aristoteles" plante[36] – sicher in einer ähnlichen, pädagogisch-paraphrasierenden Weise wie die berühmten Aristoteles – Lehrbücher von Faber Stapulensis, der De Anima, die Physik, die Meteorologie und Ethik herausgegeben hatte. Der Metaphysik gegenüber war Melanchthon misstrauisch.

Die Konfrontation mit der Theologie

Das also war der Bildungsstand des jungen Melanchthon, der 1518, als er nach Wittenberg berufen wurde, gerade 21 Jahre alt war. Mit dieser philologisch-rhetorisch-philosophischen Vorbildung stieß er 1519 auf die Theologie; wahrscheinlich wurde er eher von Luther auf die Theologie gestoßen. Er absolvierte auf Drängen Luthers eine Baccalaureatsprüfung in den biblischen Fächern, damit er in der Theologie lehrberechtigt war. Die Thesen, die er verteidigte, entsprachen der lutherischen Rechtfertigungslehre; so lauteten die Thesen 10 und 11:

„Omnis iusticia nostra est gratuita dei imputacio." „Ergo et bona opera peccata esse non est absimile vero."[37] Er hielt als Gräzist und Theologe jetzt Vorlesungen über den Römerbrief und kündigte deren

---

35 CR 11, 5; vgl. 13: „De artibus hactenus, quae organa sunt, et quasi quaedam praeludia magnae illius Diis genitae sapientiae, quibus instructae mentes hominum Dei numen coelis demissum excipere queant". Zit. nach: Die Loci Communes Philipp Melanchthons in ihrer Urgestalt. Nach G. L. PLITT in dritter Auflage von neuem herausgegeben und erläutert von D. Th. KOLDE. Leipzig: Deicher 1900, 12, Anm. 2.
36 Vorrede zur Griechischen Grammatik CR 1, 26 = MBW 17, 4–9: „Accingimur enim non vano conatu ad instauranda Aristotelica, quo vel tandem nostri homines hac laudum parte cum aliarum gentium philosophis comparari recte queant. Nam quae in Aristotelem hactenus apud Germanos scripta sunt, a nescio quibus veluti stipem comendicata, adeo non referunt Aristotelem, ut indignum sit nobile περίπατον in hos rapsodos incidisse." S. PLITT/KOLDE (s.o. Anm. 36), 17, Anm. 4. Vgl. zu diesem Tübinger Vorhaben nunmehr den Beitrag von FRANK (wie Anm. 25).
37 Melanchthons Thesen zum theologischen Baccalaureat, in: Die Loci Communes Philipp Melanchthons in ihrer Urgestalt. Leipzig 1900 S. 250 ff.

Veröffentlichung an. Es war geradezu unausweichlich: sofern Melanchthon sich mit Theologie befasste, konnte angesichts seiner Bildungsstruktur nur eine rhetorisch-philosophische, eben topische Theologie herauskommen.

Die theologische Materie: Loci und Rechtfertigungslehre

Was die theologische Materie anbelangt, so bezog sich Melanchthon durchaus auch aus der Perspektive der Lutherischen Rechtfertigungslehre, die er in seinen Baccalaureatsthesen vertreten hatte, auf die Sentenzen des Petrus Lombardus, das theologische Hauptlehrbuch des Mittelalters. Man erwartete offensichtlich von ihm eine Kritik an der Theologie der Sentenzen; und Melanchthon arbeitete auch daran, wie aus einem Brief an Johannes Hess vom April 1520 deutlich wird:

> „Ich will in kritischen Anmerkungen (obeliscis) zu den Sentenzen zeigen, an welchen Stellen die Meisterchen dieses drei Oboloi werten Buchs über die Natur des Menschen gesponnen (hallucinari) haben."[38]

Aus dieser Briefstelle kann man zweierlei schließen: 1. Melanchthon arbeitete an einer Kritik der Sentenzen; zum anderen: Er sprach aus der Perspektive der lutherischen Erbsündenlehre und Rechtfertigungstheologie, die er sich seit den Baccalaureatsthesen zu eigen gemacht hatte: Er hielt die menschliche Natur durch die Sünde für verdorben. Ob er sich damals über die Folgen der eiligen Übernahme der Lutherischen Hauptlehren für seine eigenen humanistischen Ideale klar war, mag man bezweifeln.

Melanchthon hatte den Plan nicht verwirklicht, kritische Anmerkungen zu den Sentenzen des Petrus Lombardus zu schreiben; vielmehr hat er sich, Luthers Druck nachgebend, auf die Lektüre der paulinischen Briefe – und dort auf den Römerbrief – konzentriert. Er ließ die kritischen Annotationen an den Sentenzen, die schon fortgeschritten waren, liegen und begann, die Lehren des Römerbriefs in Loci communes zusammenzufassen. In einem Brief an Johannes Hess vom 17. April 1520 schreibt er: „Nam non ut coeperam annotationes sed locos communes scripturus sum de Legibus, de Peccato, de Gratia, de Sacramentis deque

---

38 MBW 84, 30 f.: „Ego in obeliscis sententiarum ostendam, quibus locis in natura hominis hallucinati sint magisterculi illi τριόβολοι." Insgesamt vgl. PLITT/KOLDE (s. o. Anm. 36), Einleitung 32 f.

aliis mysteriis. ***Secutus sum Rhetorum consilium qui locis communibus comprehendere artes iubent***"[39].

In einem Codex der Gymnasialbibliothek in Altona, der aus dem Besitz von Johannes Hess stammt und den Melanchthon seinem Freund geschenkt hat[40], hat sich diese erste Fassung der Loci, die sich hier noch ganz auf den Römerbrief beziehen, erhalten. Der Titel: Theologica Institutio Philip. Melachthonis in Epistolam Pauli ad Ro.

Der Text beginnt: „INTER. Locos theologicos. De Deo. Uno. Trino. Creatore. Homine. peccato. Lege. Verbi incarnatione. gratia. Sacramentis. ecclesia. clavib. Hominum potestate et conditionibus vel precipue sunt et qui nostra maxime referunt, PECCATUM, LEX, GRATIA."[41]

Melanchthon, der zugleich Gräzist und Theologe war, las im Sommerseseser 1520 und im Winter 1520/21 über den Römerbrief, die Veröffentlichung versprach er für den Sommer[42]; Freilich wurde es doch Dezember 1521, bis die erste Ausgabe der Loci erschien:

        LOCI
   COMMUNES RERVM
    THEOLOGICARVM
     SEV HYPOTY-
    POSES THEO-
      LOGICAE
   VVITTEMBERGAE:
    AN. M.D.XXI.

Von hierher nahm dann der Siegeszug der theologischen Topik in den unterschiedlichen Konfessionen seinen Fortgang.[43]

---

39 Brief an Johannes Hess, 17. April 1520 CR 1, 158 f = MBW 84, 73 f. Vgl. PLITT/ KOLDE (s. o. Anm. 36) 33.
40 PLITT/KOLDE (s. o. Anm. 36) 38.
41 Ebd. 42.
42 Ebd. 47.
43 Ausführlich hierzu: Günter FRANK, Topische Dogmatik im Zeitalter der Konfessionalisierung. Philipp Melanchthon, Wolfgang Musculus, Melchior Cano, in: Irene DINGEL/Armin KOHNLE (Hg.), Philipp Melanchthon. Lehrer Deutschlands, Reformator Europas, Leipzig 2011 (LStRLO 13), 251–270.

Krächzender Rabe oder singende Nachtigall?
Der Dichter Philipp Melanchthon und sein poetisches Werk[1]

Thorsten Fuchs

> Formicis gaudet formica, cicada cicadis.
> dulcia sic mihi sunt vestra sodalitia.
> Cur igitur me non ad coenam accersis, Erasme?
> An quia me vatem non satis esse putas?[2]

> Die Ameise freut sich an der Gesellschaft mit Ameisen, die Zikade mit Zikaden.
> Ebenso angenehm ist mir eure Gesellschaft.
> Warum lädst du, Erasmus, mich also nicht zum Essen ein?
> Etwa weil du denkst, ich sei kein richtiger Dichter?

Mit diesem Vierzeiler wandte sich Philipp Melanchthon um die Jahreswende 1540/41 während des Wormser Religionsgesprächs an den Nürnberger Gesandten Erasmus Ebner[3]. Das kleine Epigramm eröffnet den Blick auf das Thema in zweierlei Hinsicht.

---

[1] Der Aufsatz ist die leicht bearbeitete Fassung meines „Sonntagsvortrags" im Melanchthonhaus Bretten vom 20. Februar 2011. Grundlegend sei zum Thema verwiesen auf: Thorsten Fuchs, Philipp Melanchthon als neulateinischer Dichter in der Zeit der Reformation, Tübingen 2008. Weitere Literatur zum Dichter Melanchthon: Stefan Rhein, Philologie und Dichtung. Melanchthons griechische Gedichte (Edition, Übersetzung und Kommentar), Diss. Stuttgart 1987 (Mikrofiche-Ausgabe Karlsruhe 1992). Reinhold F. Glei, Multa sit in versu cura laborque meo. Melanchthon als Dichter, in: Gerhard Binder, Philipp Melanchthon. Exemplarische Aspekte seines Humanismus, Trier 1998, 143–169. Reinhold F. Glei, Sed pudenter et raro? Lateinische Dichtungen Melanchthons, in: Walther Ludwig, Die Musen im Reformationszeitalter, hg. im Auftrag der Stiftung Luthergedenkstätten in Sachsen-Anhalt, Leipzig 2001, 189–208. Abgekürzte Literaturangaben: CR = Corpus Reformatorum = Philippi Melanthonis opera quae supersunt omnia, hg. von Carl Gottfried Bretschneider, 24 Bde., Braunschweig 1834 ff. (ND New York/ London/ Frankfurt a. M. 1963). MBW = Melanchthon Briefwechsel. Kritische und kommentierte Gesamtausgabe. Im Auftrag der Heidelberger Akademie der Wissenschaften hg. von Heinz Scheible, Regesten Bde. 1–9, Stuttgart-Bad Cannstatt 1977–1998.
[2] CR 10, 564 Nr. 175 (MBW 2603) mit modifizierter Orthographie.
[3] Zu Erasmus Ebner: MBW 11, Personen A-E, bearbeitet von Heinz Scheible, Stuttgart-Bad Cannstatt 2003, 283.

Zum einen handelt es sich um ein typisches literarisches Nebenprodukt vom Gesprächstag, wie sie neben Akten und der offiziellen Korrespondenz zahlreich entstanden und einen Blick in die nicht offizielle Seite der religionspolitischen Tagungen erlauben: Gern traf man sich in humanistisch gebildeten Kreisen zum gemeinsamen Essen bei literarischem Gespräch[4].

Zum anderen stellt Melanchthon hier ironisch in zwei leicht dahingeworfenen, gleichwohl sorgfältig komponierten Distichen, in denen ein Zitat des griechischen Bukolikers Theokrit verarbeitet ist, sein eigenes poetisches Talent in Frage. Form und Inhalt widersprechen dabei ganz offensichtlich seiner Überlegung, man könne ihm die Auszeichnung *vates* nicht zukommen lassen[5]. Diese Selbststilisierung steht auch im Widerspruch zu zeitgenössischen Urteilen. Um nur ein Beispiel zu nennen: Der bedeutende neulateinische Dichter und Melanchthon-Schüler Petrus Lotichius Secundus würdigte anlässlich seines Todes die Ehre, die Melanchthon aufgrund seiner außerordentlichen Dichtung (*honore ... eximii carminis*) zuteilwurde[6].

„Krächzender Rabe oder singende Nachtigall?"[7] – unter dieser Alternative mag man angesichts ähnlich lautender Selbststilisierungen, aber auch der Tatsache, dass seine Epigramme beim Publikum Anklang fanden, zugespitzt die Frage nach dem Dichter Melanchthon stellen. Die Frage allein greift jedoch zu kurz. Vielmehr ist eine grundsätzliche Würdigung Melanchthons als Dichter und seines poetischen Werkes erforderlich, auch wenn, ja gerade weil bis in jüngste biographische Überblicke diese Seite Melanchthons (nahezu) keinen Eingang gefunden hat[8]. Melanchthon hat

---

4 Hermann SCHUBERT, Die deutschen Reichstage in der Staatslehre der Frühen Neuzeit, Göttingen 1966, 158–190; 212–242. Rosemarie AULINGER, Das Bild des Reichstages im 16. Jahrhundert. Beiträge zu einer typologischen Analyse schriftlicher und bildlicher Quellen, Göttingen 1980, 61–74; 82–85.

5 Zur poetologischen Relevanz des Gedichts: FUCHS (s.o. Anm. 1), 43 f.

6 Zitiert nach RHEIN (s.o. Anm. 1), 20. Dort auch weitere Würdigungen seiner Dichtungen von Schülern wie Gelehrten als *carmina bona, carmen facile, versus docta brevitate*.

7 „Krächzender Rabe" in Anschluss an Melanchthons Selbstcharakterisierung; CR 9, 939 (MBW 9085): „Ego videor [...] corvus inter cygnos crocitare." Zum Dichter Melanchthon als „singende Nachtigall": Anton BLASCHKA, „Wittenbergische Nachtigall". Sternstunden eines Topos, in: Wissenschaftliche Zeitschrift der Martin-Luther-Universität Halle-Wittenberg. Gesellschafts- und sprachwissenschaftliche Reihe 10, 1961, 897–908.

8 Siehe z.B.: Heinz SCHEIBLE, Melanchthon. Eine Biographie, München 1997. Martin H. JUNG, Philipp Melanchthon und seine Zeit, Göttingen 2010. Nicole KUROPKA, Melanchthon, Tübingen 2010.

aber seit der Schulzeit bis zum Tod gedichtet, mehr als 600 lateinische Epigramme sind in diversen Epigrammsammlungen und Einzelpublikationen tradiert worden, immer wieder reflektierte er – vor allem im Briefwechsel – über seine Dichtung und seine poetischen Fähigkeiten.

Eine gute Gelegenheit zu einer Würdigung Melanchthons als Dichter im Allgemeinen und seiner Dichtung im Besonderen bietet – dem vorangestellten Epigramm folgend – das Wormser Religionsgespräch[9]. Der Vorteil der hier vorgenommenen Annäherung besteht darin, dass der Wormser Konvent einen Einblick in das zeitlich wie räumlich unmittelbare Zusammentreffen des Tagesgeschäfts Melanchthons sowie seines poetischen Wirkens ermöglicht.

Am 24. Oktober des Jahres 1540 übernachtete er auf der Anreise unterwegs in Eisenach. Frühmorgens, noch im Bett – so teilt er einige Tage später in einem Brief mit – verfasste er ein Epigramm. Dieses schickte er (wie er es so häufig mit seinen literarischen Produkten tat) am selben Tag als Briefbeilage an Friedrich Myconius, ebenfalls Mitglied der kursächsischen Delegation, der tags zuvor in Gotha krank zurückgelassen worden war[10]. Der bevorstehende Konvent beschäftigte Melanchthon offensichtlich so, dass er seine Gedanken auch in gebundener Form zum Ausdruck brachte. Das kleine Epigramm richtet sich in seiner Gedankenfolge nach der formalen Vorgabe der elegischen Distichen:

> Oppressit reducem, quam rexit, Iasona navis,
>   qua tulit auricomi velleris acer opes.
> Non te, Christe, tamen, quam tu regis, opprimet Argo,
>   sed victor servas hanc etiam incolumem.
> Nos ergo in portum deducas atque gubernes,   5
>   deleri nautas nec patiare tuos.

> Erschlagen hat Jason nach seiner Rückkehr das Schiff, welches er lenkte, mit dem er mutig das kostbare Goldene Vlies zurückgebracht hatte. Doch dich,

---

9 Zum Religionsgespräch sei an dieser Stelle nur auf die beiden folgenden Titel verwiesen: Cornelis AUGUSTIJN, Melanchthon und die Religionsgespräche, in: Günther FRANK (Hg.), Der Theologe Melanchthon, Stuttgart 2000, 213–226. Wibke JANSSEN, „Wir sind zu wechselseitigem Gespräch geboren" Philipp Melanchthon und die Reichsreligionsgespräche von 1540/41, Göttingen 2009.

10 CR 3, 1125 (MBW 2535). CR 3, 1131 (MBW 2539). Vgl. auch MBW 2534 mit Anmerkungen. Zum Itinerar: MBW 10, Orte und Itinerar, bearbeitet von Heinz SCHEIBLE, Stuttgart-Bad Cannstatt 1998, 502. JANSSEN (s. o. Anm. 9), 106. Zu Myconius: Heinz SCHEIBLE, Myconius, Friedrich, in: Religion in Geschichte und Gegenwart[4] 5, 2002, 1632 f.

Christus, wird die Argo, die du lenkst, nicht erschlagen, im Gegenteil: siegreich erhältst du auch sie unversehrt. So lenke und leite uns in den Hafen und lass deine Seeleute nicht untergehen.[11]

In den ersten beiden Versen ruft der Dichter die antike Argonautensage in Erinnerung. Dabei konzentriert er sich auf einen Aspekt. Jason hatte mit seinem Schiff, der Argo, das Goldene Vlies aus Kolchis zurückgeholt und dieses dann als Weihegabe im Heratempel aufgehängt. Als er sich unter dem Schiff zum Schlafen gelegt hatte, wurde er von dem morschen Heck erschlagen. Diese Aussage erhält im nächsten Distichon eine Deutung, bei der der Übergang vom paganen Mythos zum Gebet an Christus auffällig ist. In der unmittelbaren Anrede wendet sich der Dichter jetzt nämlich gegen die Vorstellung, Christus könne dasselbe geschehen; im Gegenteil, er sei Sieger und erhalte auch seine Argo unversehrt. Allegorische Mythendeutung – auch bei den Kirchenvätern beliebt – ermöglicht dem Dichter, sein Gebet kunstvoll von dem paganen Inhalt des Argonautenmythos abhängig zu machen[12]. Melanchthon kommt dabei außerdem die seit der Antike häufig verwendete Metapher vom Kirchenschiff zu Hilfe[13]. Deshalb kann er in den letzten Versen seine Bitte anschließen, Christus möge auch seine „Seeleute", mit denen Melanchthon sich identifiziert, heil in den sicheren Hafen führen.

Signalwort für das Gedicht ist das betont an den Anfang der ersten Zeile gesetzte *Oppressit*, das am Ende des übernächsten Verses in Bezug auf Christus verneint wieder aufgenommen und dann ebenfalls hoffnungsvoll verneint in der letzten Zeile durch *deleri* (für den Untergang der Seeleute) variiert wird. Dabei drückt der Dichter seine Besorgnis wegen einer bestehenden Gefahr und Zuversicht im Vertrauen auf Christus gleichermaßen aus. Dies entspricht auch den kommentierenden Worten im

---

11 Zitiert nach: FUCHS (s. o. Anm. 1), 188 (lateinischer Text und Übersetzung mit geringer Abweichung. Vgl. CR 10, 562 f. Nr. 169. CR 3, 1241 f. [MBW 2594]). Die folgende Interpretation erfolgt im Anschluss an: DERS. 188–194.
12 Zur Allegorese: Hans-Jürgen HORN, Allegorese außerchristlicher Texte, in: Theologische Realenzyklopädie 2, 1978, 276–283. Hildegard CANCIK-LINDEMAIER/ Dorothea SIGEL, Allegorese, in: Der Neue Pauly 1, 1996, 518–523.
13 Zur Schiffsmetaphorik bei den Kirchenvätern: Hugo RAHNER, Griechische Mythen in christlicher Deutung. Gesammelte Aufsätze von Hugo RAHNER, Zürich 1945, 435 ff. Kurt GOLDAMMER, Navis Ecclesiae. Eine unbekannte altchristliche Darstellung der Schiffsallegorie, in: Zeitschrift für die Neutestamentliche Wissenschaft 40, 1941, 76–86. Erik PETERSON, Das Schiff als Symbol der Kirche. Die Tat des Messias im eschatologischen Meeressturm in der jüdischen und christlichen Überlieferung, in: Theologische Zeitschrift 6, 1950, 77–79.

Brief an Myconius, dem er mitteilt, er sei sich der Bedeutung und Last der bevorstehenden Aufgabe bewusst, gleichzeitig aber auch der Führung Christi[14].

Solch ein Gedicht spiegelt die Lebenshaltung des Dichters in zweierlei Hinsicht wider: Zum einen bewegten aktuelle Ereignisse und persönliche Aufgaben, Anlässe jeder Art, (wie eben jetzt der Weg zum Religionsgespräch) Melanchthon immer wieder zur gedanklichen Verarbeitung in Versen[15].

Zum anderen fand persönliche Frömmigkeit bei Melanchthon ihren Ausdruck im regelmäßigen Gebet. Nicht nur seine Briefe oder akademischen Reden enthalten kürzere oder längere Gebete, sondern auch seine dichterische Praxis ist von dieser Übung durchdrungen. Neben dem katechetischen Rahmen inspirierten herausgehobene Gelegenheiten im Jahresablauf, aber auch eine Vielzahl besonderer Situationen wie die Reise zum Wormser Religionsgespräch zu solchen Versen, die eine Selbstverständlichkeit dieser Dichtung erkennen lassen: Humanistische Bildung und persönliche Frömmigkeit (*eruditio* und *pietas*) fallen nicht auseinander, sondern bilden eine harmonische Einheit[16]. So ist aus diesen Tagen ein weiteres versifiziertes Gebet überliefert, in dem er um eine wohlbehaltene Heimkehr bittet und darum, Christus möge „Herz und Zunge" zum Lobe Gottes zubereiten[17].

In Worms angekommen bereiteten Protestanten und Altgläubige zunächst die Gespräche getrennt vor[18], weil der Vorsitzende, der kaiserliche Orator Granvella, mit Verspätung eintraf. Sieben Sitzungen der evangelischen Theologen fanden vom 8. bis zum 18. November statt, wobei der Tagungsraum zwischendurch von den politischen und juristischen Räten genutzt wurde. Melanchthon, der in dieser Phase offenkundig als Führer der protestantischen Theologen und Leiter der Gespräche handelte, wählte u. a. Epigramme, um die anderen Theologen zu diesen Gesprächen einzuladen bzw. erzwungene Gesprächspausen mitzuteilen. So informierte er in einem Gedicht am 15. November 1540 den

---

14 CR 3, 1125 (MBW 2535).
15 FUCHS (s. o. Anm. 1), 69 ff.
16 FUCHS (s. o. Anm. 1), 100–103. Martin H. JUNG, Frömmigkeit und Theologie bei Philipp Melanchthon. Das Gebet im Leben und in der Lehre des Reformators, Tübingen 1998, 61–71 und passim.
17 CR 10, 563 Nr. 170.
18 Hierzu und zur Gedichtinterpretation: JANSSEN (s. o. Anm. 9), 124–131. FUCHS (s. o. Anm. 1), 196–200.

Nürnberger Gesandten Andreas Osiander, morgen könne kein Gespräch stattfinden[19].

Am übernächsten Tag ergab sich jedoch wieder die Möglichkeit für Gespräche der Theologen, wozu Melanchthon mit einem Epigramm die Nürnberger Vertreter einlud. Das Gedicht enthält den Tagesordnungspunkt: Es geht um die Mönchsgelübde (V. 1–4); dann folgt die konkrete Einladung (V. 5 f.) sowie abschließend der Wunsch nach einträchtiger Verehrung Gottes durch die Kirche – so wie die protestantischen Theologen in diesen Tagen einmütig waren.

> Corda fide laudat Christus lucentia vera,
>   quaeque Deum fuci nescia rite colunt,
> et monachorum odit fraudes simulataque vota;
>   non iniussa Deus sacra probare solet.
> Haec expendemus, si forte libebit adesse, 5
>   cras etenim nobis curia nostra patet.
> O utinam simili consensu Ecclesia ubique
>   ut nos ac una voce Deum celebret.

> Christus lobt die Menschen, deren Herzen von wahrem Glauben leuchten und die Gott ohne vorgetäuschten Schein in angemessener Weise verehren. Die Täuschungen und geheuchelten Gelübde der Mönche hasst er. Gott nimmt nämlich niemals Opfer an, die er nicht angeordnet hat.
> Darüber werden wir uns unterhalten, wenn ihr hier erscheinen wollt, denn morgen steht uns unser Versammlungsraum zur Verfügung. Ach, dass die Kirche doch überall in ähnlicher Übereinstimmung wie wir und mit einer einzigen Stimme Gott verherrlichen möchte.[20]

Für Melanchthon stellten die Mönchsgelübde, die auf Verdienst, Werken und vollkommenem Leben gründeten, Abgötterei dar, weswegen er sie entschieden ablehnte. Seine während der Sitzung am folgenden Tag formulierte Überzeugung wird bereits in diesen Versen überaus deutlich. Abhängig von den wertenden Aussagen *laudat* und *odit* stellt er in den ersten beiden Distichen die konträren Lebens- und damit Gottesdienstformen einander gegenüber, wobei die Wertung ihr besonderes Gewicht dadurch erhält, dass der Autor Christus (bzw. Gott) zum Subjekt macht, einerseits von Anerkennung, andererseits von scharfem Tadel. Reine Herzen, wahrer Glaube, ungeheuchelter Gottesdienst sind es, worüber

---

19 Otto CLEMEN, Beiträge zur Reformationsgeschichte aus Büchern und Handschriften der Zwickauer Ratsschulbibliothek, Berlin 1902, 140 f. (MBW 2550).
20 Text und Übersetzung: FUCHS (s. o. Anm. 1), 195 f. Vgl. CR 10, 567 Nr. 178 (MBW 2554).

sich Gott freut, was selbstverständlich für die eigene Position in Anspruch genommen wird. Heuchelei, d. h. Opfer, die Gott nicht fordert, hasst er dagegen. So ist bereits in vier Versen in aller Kürze umrissen, worum es in seinen theologischen Ausführungen gehen wird.

Derartige Ankündigungen in Versform weiterzugeben, war in diesen Tagen kein Einzelfall. Am 17. November berichtet Melanchthon, Osiander und Ebner pflegten ebenfalls in Versen zu antworten[21]. Diese Praxis erinnert an die Gewohnheit Melanchthons, in Wittenberg Vorlesungsankündigungen, die per Aushang bekannt gemacht wurden, in Versen zu verfassen. Die *Scripta publice proposita*, die Sammlung der offiziellen Universitätsverlautbarungen der Wittenberger Universität, enthält einige solcher Epigramme, ob es sich um Hinweise auf den aktuellen Vorlesungsgegenstand an bestimmten Tagen, die Fortsetzung des Unterrichts nach einer Erkrankung oder den Ferienbeginn handelt. Kommentierte Melanchthon ergänzend den Inhalt des Unterrichts, so hob er bei der Lektüre antiker Autoren gern den konkreten Nutzen, in unserer heutigen Terminologie: den „Kompetenzerwerb" der Veranstaltung hervor, der für ihn insbesondere in sprachlichen und ethischen Fähigkeiten lag[22]. Ähnlich geht es ihm in Worms darum, zentrale theologische Aussagen bereits in solche Einladungen zu integrieren.

Doch nicht nur für solche beiläufigen Gedichte fand Melanchthon während dieser Gespräche sowie insgesamt während seiner beruflichen Tätigkeit Zeit. Seinem Freund und Kollegen, dem Humanisten Joachim Camerarius[23], schickte er am 24. November 1540 mit einem Brief eine kurzweilige poetische Auseinandersetzung mit der aktuellen Situation in Versen. Hier entfaltete er in vielfältiger Weise seine dichterische Begabung.

---

21 CR 3, 1158 (MBW 2555). Vgl. auch CLEMEN (s. o. Anm. 19), 141 Nr. 4.
22 FUCHS (s. o. Anm. 1), 69 f. mit Fußnote 149. Vgl. den Aufsatz von Gerhard WENG, Philipp Melanchthons Gedichte zum akademischen Leben an der Leucorea zu Wittenberg, in: Fragmenta Melanchthoniana. Zur Geistesgeschichte des Mittelalters und der frühen Neuzeit, hg. von Günther FRANK/ Sebastian LALLA, Bd. 1, 2003, 179–241.
23 Zu Camerarius: Rainer KÖSSLING/ Günther WARTENBERG (Hg.), Joachim Camerarius, Tübingen 2003. Stephan KUNKLER, Zwischen Humanismus und Reformation. Der Humanist Joachim Camerarius (1500–1574) im Wechselspiel von pädagogischem Pathos und theologischem Ethos, Hildesheim/ Zürich/ New York 2000.

Zum besseren Verständnis sei zunächst der Anlass der Dichtung kurz skizziert[24]: Kilian Goldstein, der Syndikus aus Halle, der Kursachsen in Worms vertrat, hatte den Straßburger Theologen Johannes Sturm nach seiner Einschätzung der aktuellen religionspolitischen Situation im Jahr 1540 gefragt[25]. Die Frage aufgreifend antwortete Sturm in einem Gedicht, das er im klassischen Versmaß von Hendekasyllabi verfasste. Der Straßburger Theologe äußert seine Entrüstung über den schädlichen Einfluss der katholischen Kontroverstheologen, weiß aber auch um Ermutigung in dieser Zeit. Diese bestehe im Bewusstsein, dass Gottes Sache siegreich ist und dass das *monstrum* besiegt daliegt. Sturm charakterisiert es – jetzt ins Griechische wechselnd – als das „goldgierige und jähzornige, hurende, feige, unfreundliche, unersättliche, verfressene, befleckte und Menschen vernichtende Ungeheuer"[26].

Noch im November 1540 ließ Melanchthon sich durch dieses Gedicht zu einer literarischen Reflexion über die Gefahren und die Sicherheit der Protestanten anregen. Die Verwendung desselben Metrums, die Variation des Themas sowie zahlreiche intertextuelle Bezüge zu den sturmschen Hendekasyllabi sind augenfällig.

> Ut spernunt medio mari procellas
> securi scopuli et notos frementes,
> sic convitia et impetus malorum,
> omnes insidias, minas, furores
> nos contemnere iussit ille victor,   5
> aeterno genitore natus, arma
> qui contra gerit agmina impiorum
> et depellit Erinnyas Draconis
> irati ac odio Dei furentis
> defenditque chorum pium sonantem   10
> vocem Evangelii Deique laudes.
> Nec Cyclops metuendus ille nobis,
> nomen qui sibi sumit Eccianum,
> qui te, Christe, probris lacessit audax
> obscaenaque libidine inquinatus   15
> potat cum Satyris suisque scortis.
> Sed poenae venient luendae et ipsi
> ingentemque oculum eruet superbo

---

24 Das Folgende nach Fuchs (s. o. Anm. 1), 203–207.
25 Zu Sturm: Mattieu Arnold, Sturm, Johannes (1507–1589), in: Theologische Realenzyklopädie 32, 2001, 281–284.
26 Text und Übersetzung der Hendekasyllabi: Fuchs (s. o. Anm. 1), 205 f. Vgl. CR 10, 565 Nr. 176 A.

hospes de misero choro piorum,
contemptus velut οὖτις ille quondam, 20
sed mentem atque manus Deo regente.
Et circum Satyri hispidi iacentem,
gibbosusque Pelargus et Cochlaeus,
edent pro domino irritas querelas,
sed victor statuet trophaea Christus. 25
Ergo nos alacres petamus atque
expectemus opem a parente rerum,
exaudit pia vota qui suorum.

Wie die sicheren Felsen mitten im Meer den heftigen Stürmen und den heulenden Winden trotzen, so heißt uns jener Sieger, der Sohn des ewigen Schöpfers, die Lästerungen und feindlichen Angriffe der Schurken, alle ihre hinterhältigen Anschläge, Drohungen, Rasereien zu verachten, er, der gegen die Scharen der Gottlosen Krieg führt und die Erinnyen des Drachen vertreibt – dieser ist erzürnt und tobt vor Hass auf Gott – und der die fromme Schar verteidigt, die die Botschaft des Evangeliums und das Lob Gottes ertönen lässt.

Wir brauchen auch jenen Kyklopen, der sich den Namen Eck zulegt, nicht zu fürchten, welcher dich, Christus, vermessen mit Schmähungen herausfordert und, von schmutziger Begierde besudelt, gemeinsam mit den Satyrn, seinen Hurenböcken, säuft. Doch auch er selbst wird Strafe büßen müssen und ein Gast aus der armen Schar der Frommen wird dem Hochmütigen das gewaltige Auge ausstechen, verachtet, wie einst jener οὖτις (Niemand), aber Gott lenkt sein Vorhaben und seine Hände. Und wenn er daliegt, dann werden die struppigen Satyrn um ihn herum, der bucklige Pelargus und Cochlaeus, ihren Herrn beklagen – vergeblich: Christus wird als Sieger das Siegeszeichen errichten.

Lasst uns also getrost Hilfe erbitten und sie erwarten von dem Vater der Welt, der die frommen Bitten der Seinen erhört.[27]

Mit einem bemerkenswerten, der Natur entnommenen Bild beginnt der Dichter (V. 1 f.). Felsen – mitten im Meer – von heftigen Stürmen und heulenden Winden umgeben: Hier wird in der Vorstellung des Lesers sehr anschaulich das Bild von einer höchst gefahrvollen Situation evoziert. Allerdings: Die Felsen sind unerschütterlich, nichts kann sie aus ihrer Verankerung reißen. Die Worte *spernunt ... securi scopuli*, durch klangliche Mittel miteinander verbunden und so Aufmerksamkeit einfordernd, drücken natürliche Verachtung für Sturm und Wellen aus und lassen die Felsen als souverän und sicher erscheinen.

---

27 Text und Übersetzung: FUCHS (s. o. Anm. 1), 201 f. (Vgl. CR 10, 565 f. Nr. 176 B.). Zur Interpretation ebd. 207–218.

Dieses Bild wird dann auf „uns", die evangelische Seite, übertragen (*ut – sic*), wobei das naturgegebene Trotzen der Wellen in der Brandung jetzt als Appell formuliert wird. Melanchthon unterstreicht die Intensität der Gefahr durch eine Reihung von Substantiven, die die Bedrohung ausdrücken, durch ihre ausschließliche Verwendung im Plural und zusätzlich durch das Attribut *omnes*: „Lästerungen, feindliche Angriffe der Schurken, alle ihre hinterhältigen Anschläge, Drohungen, Rasereien" (V. 4 f.). Ist das Trotzen der Felsen naturgegeben, so sind die bedrängten evangelischen Theologen – hier wechselt der Modus vom Indikativ zum Befehl – aufgefordert, es ebenso zu tun (*contemnere* variiert *spernunt*). Sie haben den unumstößlichen Grund für ihre Haltung freilich nicht in sich selbst, sondern in dem Gebot Christi. Analog zum „Felsen in der Brandung" wird er vorgestellt als „jener Sieger", als Sohn des ewigen Vaters (V. 6). *ille victor* (V. 5) ist für den folgenden Text bedeutungsschwerer Ausgangspunkt. Dies zeigt sich schon in der Verwendung von „Kriegsvokabular" (*arma ... contra gerit agmina, depellit, defendit*; V. 6–10). Mit einem solchen siegreichen Helfer ist der Sieg der bedrängten Protestanten bereits festgelegt, wie schrecklich auch das in den nächsten Versen entworfene Bedrohungsszenario sein mag. Da sind die kriegerischen Scharen der Gottlosen, wie die katholische Seite bezeichnet wird – Christus führt gegen sie Krieg, wobei *arma* durch seine Stellung vor dem Relativpronomen und per Enjambement am Ende von Vers 5 besonders akzentuiert wird (V. 6 f.). Der Kampf findet jedoch nicht nur auf der Erde statt, sondern da ist auch der Teufel (hier u. a. nach Offenbarung 12,9 als Drachen oder Schlange bezeichnet) mitsamt allen Furien, mythologischen Wesen, die in der Unterwelt leben und die Menschen quälen; – sie vertreibt Christus (V. 7 f.). Schließlich – die Kriegsterminologie wird beibehalten – verteidigt er alle seine Frommen (*chorum pium* – im Gegensatz zu den *agmina impiorum*) und das Evangelium (V. 9 f.).

Ab Vers 12 erhält das Gedicht einen ganz eigenen Charakter. Hat Melanchthon zunächst die Gefahren inhaltlich beschrieben (V. 3 f.), die Gegenseite dann allgemein vorgestellt (V. 7 f.), nennt er jetzt einzelne Vertreter der altgläubigen Seite, die die Protestanten insbesondere angreifen. Es sind die katholischen Kontroverstheologen, allen voran Johannes Eck, aber auch Johannes Cochlaeus und Ambrosius Pelargus werden später namentlich genannt[28]. Melanchthon sieht sie als erklärte

---

28 Zu Eck: Erwin ISERLOH, Johannes Eck (1486–1543). Scholastiker, Humanist, Kontroverstheologe, Münster 1981. Heribert SMOLINSKY, Johannes Eck. Scholastiker, Humanist, Kontroverstheologe, in: Theologen des 16. Jahrhun-

Feinde, die auf dem Religionsgespräch eine Einigung verhindern und die Evangelischen unterdrücken werden. Die poetische Herabsetzung des Gegners bettet er geschickt allegorisierend in den Stoff des antiken Kyklopenmythos ein. Hier bietet ihm die seit der Spätantike geläufige vielfältige Identifikation von Odysseus mit den Christen in ihrer gefahrvollen Existenz einen willkommenen Anknüpfungspunkt[29]. Odysseus war nach dem neunten Buch der Odyssee auf seinen Irrfahrten mit seinen Gefährten ins Land der Kyklopen gekommen und vom einäugigen menschenfressenden Ungeheuer, dem Polyphem, gefangen worden. Dieser begann, seine Gefährten der Reihe nach zu verzehren. Odysseus, der sich als οὖτις, als „Niemand", ausgegeben hatte, gelang es, den Polyphem betrunken zu machen und mit einem Pfahl zu blenden. Als die anderen Kyklopen auf sein Klagerufen hin fragten, wer ihm denn etwas antue, antwortete er οὖτις, Niemand, woraufhin sie ihn allein ließen, so dass es Odysseus schließlich gelang, mit den übriggebliebenen Gefährten zu entfliehen[30]. Entsprechend der spezifischen polemischen Intention seiner Verse lehnt sich Melanchthon in der literarischen Bearbeitung des Stoffs an die Verarbeitung des Stoffs im Satyrspiel des griechischen Tragödiendichters Euripides an. Hier interessierte ihn vor allem Trunkenheit und Unzucht des Kyklopen sowie seine Verbindung mit den Satyrn, die den Weingott Dionysos begleiten.

In geschickter Weise verbindet Melanchthon in diesen Versen die mythologische Vorlage, die in der zeitgenössischen Polemik üblichen Topoi der Personenabwertung und typische Merkmale der Diskreditierung Johannes Ecks, wie sie sich in Flugschriften, Invektiven, Schmähepigrammen und dergleichen, beginnend mit Willibald Pirckheimers satirischem Dialog *Eckius dedolatus*, finden. Offensichtlich wurde Melanchthon zu dieser Invektive durch das sturmsche Gedicht angeregt. Dieser hatte disqualifizierend von einem grauenvollen *monstrum* ge-

---

derts. Humanismus – Reformation – Katholische Erneuerung. Eine Einführung, hg. von Martin H. JUNG/ Peter WALTER, Darmstadt 2002, 102–115. Zu Pelargus: Hans-Walter STORK, Storch, Ambrosius (Pelargus) O.P., in: Biographisch-Bibliographisches Kirchenlexikon 10, 1995, 1561–1566. Heribert SMOLINSKY, Ambrosius Pelargus, OP (1493/94–1561), in: Erwin ISERLOH, Katholische Theologen der Reformationszeit 4, Münster 1987, 75–96. Zu Cochlaeus: Remigius BÄUMER, Johannes Cochlaeus (1479–1552). Leben und Werk im Dienst der katholischen Reform, Münster 1980. MBW 11, 2003, 294.

29 Vgl. HORN (s. o. Anm. 12), 279.
30 Homer, Odyssee 9, 105–566.

sprochen³¹. Da der römische Dichter Vergil den Polyphem *monstrum horrendum, informe, ingens* genannt hatte³², konnte Melanchthon leicht eine Verbindung zum Kyklopenmythos herstellen. Die beachtliche In-eineinssetzung von Johannes Eck mit dem Kyklopen ist dann auch durch die bei Luther oder im Pirckheimer-Kreis gebrauchte Diskreditierung Ecks als *monstrum* motiviert³³.

Wie charakterisiert Melanchthon dieses Ungeheuer? Frechheit, schändliche Lästerworte gegen Christus, sexuelle Verfehlungen, Trunkgelage mit den Satyrn, deren typische Merkmale Geilheit und Trunksucht sind, zeichnen es aus (V. 14–16). Angesichts der Mönchsgelübde will hier mit Mitteln der Invektive eine vollständige Diskreditierung erreicht werden.

Allerdings erwarten ihn für sein Verhalten verdiente Strafen, jemand – wer das ist, verrät erst der nächste Vers – wird ihm für seinen Hochmut das gewaltige Auge ausstechen. Kommt *superbo* (der Hochmütige; V. 18) am Ende des Verses zu stehen, so wird ihm gleich zu Beginn des nächsten Verses der *Hospes*, der Gast, der ihn blendet, entgegengesetzt. Er stammt aus der Schar der Frommen, ist wie einst Odysseus verachtet, ein „Niemand" für Eck, kann sich aber göttlicher Hilfe sicher sein. In einer wohl formulierten Junktur (***ment[em] atque manus***; V. 21) wird Plan und Ausführung unter die Leitung Gottes gestellt.

Sturms Wendung „Da liegt das Ungeheuer"³⁴ nimmt Melanchthon nun auf, als er das Ergebnis der Bestrafung in den Blick nimmt. Um ihn herum stehen die Satyrn, die anderen Gegner Pelargus und Cochlaeus, die durch die Attribute *hispidi* (struppig) und *gibbosus* (bucklig) weiter herabgewürdigt werden (V. 22 f.). Sie klagen vergeblich über ihren Herrn. Hier nimmt der Dichter gegenüber der antiken Vorlage eine bemerkenswerte Variation vor: Die Satyrn waren nach dem Mythos Gefangene Polyphems, die nach seiner Blendung mit Odysseus in die Freiheit zogen. Der mit diesem Detail vertraute Leser erkennt: Die

---

31 Text: FUCHS (s. o. Anm. 1), 205 V. 17 (CR 10, 565 Nr. 176 A).
32 Vergil, Aeneis 3, 658.
33 ISERLOH (s. o. Anm. 28), 49, 79. Ilonka van GÜLPEN, Der deutsche Humanismus und die frühe Reformationspropaganda 1520–1526. Das Lutherportrait im Dienst der Bildpublizistik, Hildesheim/ New York/ Zürich, 181–202; 389 f. Barbara KÖNNEKER, Satire im 16. Jahrhundert. Epoche – Werke – Wirkung, München 1991, 155–161. Uwe NEUMANN, Invektive, in: Historisches Wörterbuch der Rhetorik 4, 1998, 549–561. FUCHS (s. o. Anm. 1), 211–217 mit weiterer Literatur.
34 Text: FUCHS (s. o. Anm. 1), 205 V. 16 f. (CR 10, 565 Nr. 176 A).

Kontroverstheologen sind unabänderlich überzeugte Anhänger ihres Herrn. Ihre theologische Verkehrtheit wird so noch hervorgehoben.

Erneut wird Christus dann Sieger (*victor*) genannt – hier schließt sich der Kreis (V. 25, vgl. V. 5) –, der seinen Sieg auch in einem Triumph sichtbar manifestiert.

Das Epigramm endet in den letzten drei Versen, eingeleitet durch das schlussfolgernde *ergo* mit der Aufforderung zum Gebet um Hilfe und zur Erwartung einer wirklichen Gebetserhörung.

Von den Gedichten vom Wormser Religionsgespräch ausgehend sollen nun einige grundsätzliche Bemerkungen zur Dichtung Melanchthons gemacht werden.

Am 24. November legte Melanchthon u. a. das gerade behandelte Epigramm einem Brief an seinen Freund und Kollegen Joachim Camerarius mit folgendem Kommentar bei: „Du siehst, auf welches Papier diese Verse geschrieben worden sind, so dass du – wie ich glaube – nicht daran zweifeln wirst, dass sie aus dem Stegreif verfasst worden sind. Aber weil ich nicht persönlich bei dir sein kann, möchte ich doch in meiner Abwesenheit ‚Kurzweil treiben' (*nugari*), auch wenn diese Spielereien (*nugae*) allzu Ernstes (*nimis seria*) behandeln."[35]

Die Charakterisierung als „Stegreifdichtung", als „Spielerei" und „Scherz" (*nugae*) lässt sich im konkreten Kontext gut verstehen. Melanchthon verarbeitete ein durchaus ernstes Thema (*nimis seria*), da er in diesen Tagen nicht allzu viel von den Vermittlungsgesprächen erwartete, vielmehr die Befürchtung hatte, der evangelischen Seite solle durch die Gegner Schaden zugefügt werden; er erörterte seine Einschätzung allerdings nicht im Brief an Camerarius, sondern verfasste ein Epigramm, dessen Komposition, sprachliche Gestaltung, inhaltliche Darbietung dem Leser ausgesprochenes Vergnügen bereiten sollte. *nugae* weist von daher auf den leichten, spielerischen Ton, die Verwendung zahlreicher Anspielungen und Bezüge zur antiken Literatur, die Elemente der Invektive und rhetorisch-stilistische Mittel.

Erweitert man die hier gemachten Beobachtungen, lässt sich ein genaueres Bild des Dichters Melanchthon gewinnen. Es gibt eine Reihe ähnlicher Verkleinerungen der eigenen poetischen Fähigkeiten und dichterischen Leistungen.

Melanchthon spricht von seinen *ineptiae* (Spielereien), verwendet die Deminutive *lucubratiunculae* (Nachtarbeiten), *versiculi*, Adjektive wie *tenuis* (schlicht oder fein), *rudior* (schmucklos), *squalidus* (trocken, ungeglättet)

---

35 CR 3, 1163 (MBW 2559). Vgl. Fuchs (s. o. Anm. 1), 203.

oder *qualecunque* (wie auch immer sie beschaffen sind), er behauptet, er spiele nur (*praeludere*) und dichte mit bäurischer Muse (*hac nostra agresti Musa*), ja er sein ein schlechter Dichter (*malus poeta*), wie auch das einleitend zitierte Epigramm suggeriert[36]. All diese Äußerungen sowie der äußere Anschein, dass Melanchthon seinen Gedichten keinen wirklichen Wert beigemessen, ihrer Publikation sogar skeptisch und ablehnend gegenübergestanden hat, hat in der Melanchthon-Forschung über viele Jahre zu einer abwertenden und geringschätzenden Einordnung seiner Gedichte als „krächzender Rabe" geführt. Geprägt wurde ein solches Urteil außerdem durch einen inadäquaten Beurteilungsmaßstab, der sich häufig an einer romantischen Dichtungsvorstellung orientierte[37]. Doch nur oberflächliche Betrachtung und Unkenntnis der den zitierten Äußerungen Melanchthons zugrunde liegenden Konzeption lässt eine derartige Zuordnung zu einem geringen dichterischen Niveau zu. Die Lektüre macht – wie oben gezeigt – vielmehr deutlich, dass dies für eine Vielzahl von Epigrammen so nicht ernst gemeint sein kann.

Nimmt man Melanchthon und seine(n) Leser als Humanisten ernst, muss man sowohl seine Dichtung wie auch seine Urteile in diesem Kontext betrachten. Zum einen ist Bescheidenheitstopik als Element der Rhetorik grundlegendes Merkmal humanistischer Ausdrucksform. So hat mit Camerarius der zeitgenössische Leser Melanchthons Kommentar gelesen und verstanden und nicht als disqualifizierenden Ausdruck. Zum anderen hörte der humanistisch gebildete Rezipient, wie sich ein gleichermaßen humanistisch gebildeter Autor als an der Antike geschulter Gelehrter und Dichter präsentiert, auch wenn er seine kleinen Verse bescheiden als nicht der Rede wert entschuldigt. In ähnlicher Weise hatten nämlich antike Dichter wie Catull, Horaz, Vergil oder Martial ihre Verse charakterisiert, und damit sogleich in Anlehnung an die hellenistischen Dichter ein ganz bestimmtes poetisches Programm verkündet, das sie als „Dichter der kleinen Formen" im Gegensatz etwa zu den Epikern wie Homer stilisierte. Ostentative Bescheidenheit drückt insofern gleichzeitig Anspruch aus, zumal wenn man den Aufwand betrachtet, mit dem Melanchthon wiederholt über seine Verse reflektiert und ihren Wert herunterspielt. Dem entspricht die Würdigung, die seine Gedichte durch seine Leser erfahren haben. Die Selbststilisierung als Stegreifdichter er-

---

36 Eine erweiterte Zusammenstellung bietet FUCHS (s. o. Anm. 1), 44 f. mit Fundstellen. Vgl. zum dichterischen Selbstverständnis Melanchthons ebd. 35–49.
37 FUCHS (s. o. Anm. 1), 11–15.

gänzt die hier gemachten Beobachtungen. Gern weist Melanchthon auf die fehlende Muße hin (*otium*), weswegen er nur aus dem Stegreif dichte, unterwegs (ob zu Pferde oder im Wagen) und frühmorgens im Bett. – Und auch hierin folgt er einer seit der Antike gern geübten Praxis[38].

Die Untersuchung der Dichtung Melanchthons sowie seiner grundsätzlichen und scherzhaften Äußerungen über sie erweist ihn als typischen humanistischen Dichter. Im Folgenden seien einige Merkmale aufgezählt[39].

1. Der humanistisch Gebildete dichtete. Das gehört zu den Selbstverständlichkeiten dieser Zeit. Deshalb bot das Zusammentreffen der gesellschaftlichen Elite bei Religionsgesprächen und auf Reichstagen gute Voraussetzungen für literarische Produktionen. Aus dem engeren Kreis um Melanchthon gingen im Anschluss an das Wormser Religionsgespräch zwei Epigrammsammlungen hervor (eine davon wurde publiziert), in denen überwiegend Melanchthon-Gedichte, aber auch die einiger Freunde (Andreas Camicianus, Joachim Camerarius, Johannes Sturm und Erasmus Ebner) zusammengestellt worden sind[40]. Dieser Befund deckt sich mit dem eingangs gemachten Hinweis auf die gesellschaftliche Relevanz der Reichstage im 16. Jahrhundert, trafen hier doch zahlreiche hochgebildete Vertreter des Reiches und ganz Europas zusammen, die diese Gelegenheit auch zum humanistisch gelehrten Gespräch nutzten und eine umfangreiche literarische Produktivität förderten. Damit ergibt sich ein besonderer Blick auf den Dichter Melanchthon: seine Dichtung steht auch insgesamt im Kontext der humanistischen Praxis.

Die erwähnte Stilisierung als Stegreifdichtung hilft dabei, ihren Stellenwert in seinem Leben zu fassen. Melanchthon wirkte in Wittenberg und darüber hinaus als vielbeschäftigter Wissenschaftler, als akademischer Lehrer, er nahm zentrale theologische Aufgaben wahr, auch in religionspolitischen Fragestellungen, seine publizistische Tätigkeit ist umfangreich. In diesem Rahmen ist die Dichtung Parergon, Nebenprodukt, das allerdings als integraler Bestandteil seiner Persönlichkeit ernst zu nehmen ist. Stegreifdichtung bedeutet auch nicht, dass Verse nur flüchtig dahingeworfen wurden, vielmehr ist in vielen Fällen eine sorgfältige Ausarbeitung vorauszusetzen.

---

38 Zu Melanchthons Dichtung im humanistischen Kontext: FUCHS (s. o. Anm. 1), 23–50.
39 Das Folgende nach: FUCHS (s. o. Anm. 1), insbesondere 23–68; 361–376.
40 CLEMEN (s. o. Anm. 19), 138–142.

2. Humanistische Dichtung ist – wie auch Melanchthons Dichtung – zu einem beträchtlichen Teil okkasionelle Dichtung, Dichtung, die bestimmte Gelegenheiten im Ablauf des Jahres oder Leben eines Menschen poetisch würdigte, ob es sich um einen Geburtstag, die Hochzeit, den Abschied oder den Tod handelt. Dies zeigt sich in der Verwendung von geprägten Schreibmustern und Gattungen. Okkasionelle Dichtung hat im Lauf der Zeit bestimmte Topoi entwickelt, die bei der sorgfältigen Lektüre sichtbar und in Rhetorikhandbüchern teilweise festgeschrieben wurden. Melanchthons Vertrautheit mit den themen- bzw. gelegenheitsspezifischen Konventionen und seine dichterische Fähigkeit zum souveränen Umgang damit sind offenkundig.
3. In diesem Zusammenhang muss auch auf den grundsätzlich rhetorischen Charakter humanistischer Dichtung hingewiesen werden, bei dem sich die neulateinischen Dichter an entsprechenden Modellen von Cicero oder Horaz orientierten. Sichtbar wird er einmal in der betonten Einbettung von poetischen Übungen im Rhetorikunterricht, aber auch in der rhetorischen Gestaltung der Gedichte. Dabei bemühte sich Melanchthon bei aller poetischer Ausgestaltung um *perspicuitas,* um die Klarheit des Ausdrucks. Seine Epigramme sind klar gegliedert, in der Gedankenführung durch sprachliche und stilistische Mittel stringent. Je nach Grad der Poetizität ist er um Anschaulichkeit durch aussagekräftige Bilder, Vergleiche und Metaphern bemüht, wobei auffällt, dass die Kürze der Epigramme oft wenig Raum für eine umfängliche Gestaltung solcher Elemente lässt, sich bisweilen nur auf Andeutungen in ein oder zwei Versen beschränkt. Von daher lässt sich – gerade bei Epigrammen mit bestimmten Gattungsmerkmalen wie den Epitaphien – eine gewisse Homogenität, um nicht zu sagen Stereotypie des Aufbaus konstatieren. Das ist allerdings nicht mit einem Verlust an poetischer Wirkung gleichzusetzen. Die „Felsen im Meer", die den heftigen Stürmen und dem heulenden Wind trotzen, zeugen von einer Dichtung mit hoher Anschauungskraft, die in augenfälliger Funktionalität als Mut machender Vergleich für die Theologen Verwendung findet. Dies gilt ebenso für den poetischen Angriff auf Johannes Eck, in dem Elemente der Invektive, charakteristisches Vokabular, stilistische wie metrische Mittel ein gelungenes Kunstwerk ergeben[41].

---

41 Siehe das zuletzt besprochene Epigramm.

4. Humanistische Dichtung ist unter den Aspekten *imitatio* und *aemulatio* nur als Auseinandersetzung mit der antiken Literatur denkbar. Nicht nur die eigene Lektüre antiker Autoren gehörte zum humanistischen Lebensprogramm, vielmehr war sie Referenzhorizont, auf den die Dichter immer wieder rekurrieren. Dazu gehören neben den soeben erwähnten Topoi wörtliche Zitate, Anspielungen, die Adaption antiker Inhalte und Stoffe. Dichter und Leser als Angehörige einer gemeinsamen literarisch gebildeten *communitas* verständigten sich auf diese Weise in einem kurzweiligen, bisweilen anspruchsvollen Spiel. Der Rückgriff auf ebenso bewusst wie geschickt gewählte Elemente des antiken Kyklopenmythos und die Anwendung der spätantiken christlichen Homerallegorese zeichnet den Dichter als humanistischen *poeta doctus* aus. Dies zeigt sich auch in der souveränen Verwendung antiker Versmaße. Auch wenn Hexameter bzw. elegische Distichen überwiegen, dichtete Melanchthon auch Hendekasyllabi oder sapphische Strophen.

5. Der humanistische Dichter gehörte einem sozialen Netzwerk, der *res publica litteraria*, an, seine Dichtung ist Medium der gelehrten Kommunikation. Dies gilt insbesondere natürlich für die ca. 40 bis 50 Epigramme Melanchthons, die (wie zahlreiche vom Wormser Konvent) nachweislich Briefen beigelegt wurden. Dies gilt für eine Reihe weiterer Gedichte, die im engeren Sinn Briefgedichte sind, ob es sich um einen ernst zu nehmenden Briefersatz oder spielerische, scherzhafte Mitteilung handelt. Adressaten sind nahezu ausnahmslos „Mitglieder" eines überwiegend humanistisch geprägten Kreises, die in der Regel in einer persönlichen Beziehung zum Verfasser standen – diese kann bei einem Treffen wie in Worms wieder neu zu einem Gedicht inspirieren. Dass ein beträchtlicher Teil zum theologischen Betätigungsfeld im engeren zu zählen ist (Reformatoren, Prediger und Superintendenten), ist insofern naheliegend, als auch sie eine humanistische Ausbildung genossen haben und von daher ihr Interesse an solcher Dichtung vorauszusetzen ist, und nicht zuletzt, weil sie wenigstens einen Teil ihres Studiums in Wittenberg bei Melanchthon absolviert haben.

6. Schließlich soll ein letztes Merkmal von Melanchthon-Dichtung Erwähnung finden. Sehr viele seiner Gedichte haben religiöse Themen zum Inhalt. Ob es sich um Psalmenparaphrasen, versifizierte Bibelauslegungen handelt, ob theologisch-reformatorische Positionen in Versform erörtert werden, ob es sich um Gebete handelt. Melanchthon dichtete und brachte in diesen Texten das zum Aus-

druck, was ihn gerade bewegte. In dem Zusammenhang sind nämlich die aktuellen Bezüge seiner Gedichte (ob tagespolitisch oder im Blick auf eine gerade abgeschlossene Bibelauslegung) augenfällig. Melanchthon dichtete anlassbezogen. Von daher ist der Ort des Religionsgesprächs auch ein Ort der Dichtung.

Begeben wir uns abschließend ins Jahr 1559. Ein Jahr vor seinem Tod ließ sich Melanchthon (vielleicht ein letztes Mal) vom bedeutenden Wittenberger Künstler Lucas Cranach d.J. (1515–1586) porträtieren. Auf dem Bild, das heute im Städelschen Kunstinstitut in Frankfurt zu betrachten ist, sehen wir den Gelehrten als Greis, mit dunklem Haar, ergrautem Bart, hagerem Gesicht, aber offen blickenden Augen[42].

Über das äußere Erscheinungsbild hinaus gelingt es dem Künstler durch ein ikonographisches Detail, das dem Betrachter zugewandte aufgeschlagene Buch, etwas über den Lebensinhalt des Portraitierten zu vermitteln: Melanchthon ist ein Mensch des Buches, ein Gelehrter, einer der Bücher liest und schreibt. Beim näheren Herantreten lassen sich die aufgeschlagenen Seiten lesen und das darin formulierte Lebensprogramm wird noch deutlicher. Auf der linken Seite befindet sich in griechischer Sprache ein Zitat des Kirchenvaters Basilius von Caesarea aus dem 4. Jahrhundert, das das ureigene reformatorische Anliegen enthält: Allein durch den Glauben an Christus wird der Mensch gerechtfertigt[43]. Die Einkleidung dieser theologisch elementaren Aussage in das griechische Zitat eines Kirchenvaters ist zugleich ein Hinweis auf Melanchthons humanistische Überzeugungen, gemäß dem Motto *ad fontes!*

Dies wird auf der rechten Seite ergänzt durch den Abdruck eines lateinischen Gedichtes aus der Feder Melanchthons selbst[44]. Inhaltlich gibt er der Überzeugung Ausdruck, dass alles menschliche Tun von der allmächtigen Hilfe Gottes abhängig ist. Dieses christliche, vom stoischen explizit abgesetzte Gottesbild ist formal im an der Antike geschulten humanistischen Medium elegischer Distichen verfasst.

---

42 Städelsches Kunstinstitut, Frankfurt a. M., Inventar-Nr. SG 349. Fuchs (s. o. Anm. 1), Abb. 1. Vgl. zur Interpretation ebd. 7–10, mit Text und Übersetzung des Melanchthonepigramms. Heinz Scheible, Philipp Melanchthon. Eine Gestalt der Reformationszeit. Lichtbildreihe, hg. von der Landesbildstelle Baden, Karlsruhe, und dem Melanchthonhaus Bretten, Karlsruhe 1995, 103–105.
43 Basilius von Caesarea zitiert 1. Kor. 1,30 in der Predigt *De humilitate,* in: Corpus Christianorum Series Graeca, Bd. 31, Tournhout o.J., 530.
44 Fuchs (s. o. Anm. 1), 8 f. Vgl. CR 10, 652 Nr. 341.

Wenn ein lateinisches Epigramm zur Charakterisierung des Dargestellten so augenfällig herangezogen werden kann, wird deutlich, wie selbstverständlich Melanchthon im zeitgenössischen Verständnis (auch) Dichter war. Er war gewiss kein „krächzender Rabe", vielmehr ein Humanist, der dichtete und dessen Verse gleichzeitig zur Inszenierung als Gelehrter – als „Humanist" und „Reformator" – dienten.

„Notitiae principiorum practicorum"

Melanchthons Rechtslehre zwischen Machiavelli und Vitoria

Gideon Stiening

Die Wucht des Verweltlichungsdrucks, die durch die moralische und theologische Indifferenz der machiavellistischen Theorie des Staates und der politischen Herrschaft ausgelöst wurde, kann kaum überschätzt werden. Seine prudentielle Staatsräsonlehre[1], die in der Sorge um eine möglichst umfassende Stabilität und Befriedung des staatlichen Gemeinwesens durch den Herrscher ihr Telos hatte, schuf im Felde der ‚Politik' eine grundlegend „neue Welt der Profanität"[2]. Wie auch im Zusammenhang der ‚Entwertung' des „Kronjuwels der Metaphysik, der Unsterblichkeit"[3], durch Pietro Pomponazzi ging vom italienischen Aristotelismus des 15. und frühen 16. Jahrhunderts durch Autoren wie Lorenzo Valla oder Jacopo Zabarella eine Gefährdung für das religiöse Weltbild der frühen Neuzeit aus[4], der sie mit wütenden, lang anhaltenden und durchaus erfolgreichen Resakralisierungen zu entgegnen suchte. Machiavelli bewies, dass auch und gerade die politische Theorie eines der Kampffelder dieser Kontroverse ausmachte. Ob die Konfessionalisierung der europäischen Religion dabei Motor der Resakralisierung oder der Säkularisierung war, ist – wie bekannt – höchst umstritten[5].

---

1 Zur Auswirkung dieser staatsräsonablen Perspektive auf Staatszwecke bis weit ins 17. Jahrhundert vgl. Michael STOLLEIS, Arcana Imperii und Ratio Status. Bemerkungen zur politischen Theorie des frühen 17. Jahrhunderts, in: DERS., Staat und Staatsräson in der frühen Neuzeit. Studien zur Geschichte des öffentlichen Rechts, Frankfurt a.M. 1990, 37–72.
2 So Kurt FLASCH, Das philosophische Denken im Mittelalter. Von Augustinus bis Machiavelli, Stuttgart 1986, 575.
3 Hans BLUMENBERG, Arbeit am Mythos, Frankfurt a.M. 1996, 469.
4 Vgl. hierzu u. a. Charles B. SCHMITT, Aristotle and the Renaissance. Cambridge/ London 1983.
5 Vgl. hierzu Michael STOLLEIS, „Konfessionalisierung" oder „Säkularisierung" bei der Entstehung des frühmodernen Staates, in: Zeitsprünge. Forschungen zur Frühen Neuzeit 1 (1997), 452–477 oder Kurt FLASCH, Menschenwürde oder Allmachtstheologie. Erasmus gegen Luther, in: DERS., Kampfplätze der Philo-

Sicher dagegen ist, dass die rein pragmatische Regierungslehre Niccolò Machiavellis begründungs- und legitimationstheoretische Leerstellen zurückließ, die es im Zeitalter sich entwickelnder absolutistischer Staatengebilde und ihres Zuwachses an zentralisierter Autorität sowie der diesen Prozeß befördernden konfessionellen Pluralisierung zu füllen galt: Was garantierte die *objektive* Geltung von juridischen und moralischen Normen, was ihre *subjektive* Verbindlichkeit? Hatte – wie Hans Blumenberg nachwies[6] – der „Plural seiner konfessionellen Ausprägungen" dem „absoluten Anspruch des Christentums in seiner politisch faßbaren Realität" deutlich Abbruch getan und somit Tendenzen einer Trennung zwischen Religion und Staat befördert, so verschärfte sich *innerhalb* der Konfessionen die theonome Legitimation staatlicher Ordnung, und zwar sowohl in der Theorie als auch in der Praxis[7]. Dem Herrschaftspragmatismus Machiavellis antworteten sowohl der Protestantismus als auch die Gegenreformation mit gediegener Legitimationstheorie.

Zwei bedeutende Erscheinungen dieser innertheologischen Reaktionen auf das Erodieren des theologischen Absolutismus des Spätmittelalters auf dem Felde der politischen Theorie bilden die Rechtslehren Philipp Melanchthons und Francisco de Vitorias. Obwohl auf unterschiedlichen konfessionellen Seiten und damit auch explizit gegeneinander streitend dokumentieren die Rechtslehren der beiden Theologen insbesondere im Hinblick auf die Korrelation von theologischen und philosophischen Argumenten bemerkenswerte Nähen, die offenkundig dem vitalen Interesse beider an einem Widerstand gegen jene Verweltlichungstendenzen geschuldet waren, welche sich durch Machiavelli anbahnten und dann in Jean Bodins und Thomas Hobbes' Rechts- und Staatsphilosophien an Überzeugungskraft gewannen[8]. Ein Brennpunkt dieser antiprofanen Gemeinsamkeiten ist das von beiden Theologen

---

sophie. Große Kontroversen von Augustin bis Voltaire, Frankfurt a.M. 2008, 243–253, speziell 250 ff.

6 Vgl. Hans BLUMENBERG, Legitimität der Neuzeit. Erneuerte Ausgabe, Frankfurt a.M. 1988, 100.
7 Vgl. hierzu einerseits Luise SCHORN-SCHÜTTE, Glaube und weltliche Obrigkeit bei Luther und im Luthertum, in: Manfred WALTER (Hg.), Religion und Politik. Zu Theorie und Praxis des theologisch-politischen Komplexes, Baden-Baden 2004, 87–104 sowie Gerald HARTUNG, Die politische Theologie des Francisco Suárez: Zum Verhältnis von Religion und Politik in der Spätscholastik, in: ebd., 113–126.
8 Vgl. hierzu auch STOLLEIS, Arcana Imperii (s. Anm. 1), 45 ff.

modifizierte Naturrecht, dessen Fundierung in einer politischen Theologie zu einem in vielerlei Hinsichten systematischen Anti-Machiavellismus führte[9].

Dennoch gibt es spezifische und grundlegende Differenzen beider Rechtstheorien, die allerdings mehr in den philosophischen als in den theologischen Traditionen ihre Hintergründe haben. Im je besonderen Verhältnis von Theologie und Philosophie, das beide Rechtslehrer im Horizont ihrer politischen Theorie ausbildeten, zeigt sich, dass sich Melanchthons Eigenständigkeit durch eine Abgrenzung und Korrelation seiner Position sowohl von der Francisco de Vitorias als auch von der Niccolò Machiavellis präziser dokumentieren lässt. Auch im Zusammenhang der Rechtslehren des 16. Jahrhunderts eröffnet sich mithin die komplexe Vermitteltheit von Konfessionalisierung und Säkularisierung.

Nachdem die Rechtslehre Philipp Melanchthons zumeist werkimmanent oder im Rahmen innerprotestantischer Theoriebildung betrachtet[10] und von Merio Scattola im philosophiegeschichtlichen Kontext der Naturrechtslehre der frühen Neuzeit loziert wurde[11], sollen im folgenden durch eine vergleichende Betrachtung neue Perspektiven auf seine Naturrechtskonzeption erprobt werden. Dabei wird das allgemeine Verhältnis von Theologie und Philosophie (I), die Korrelation von Rechts- und Gesetzesbegriffen (II), die Demonstrationen zum allgemeinen Geltungsgrund des Rechts (III) sowie die Obligationstheorien (IV) der drei Theoretiker betrachtet werden.

---

9 Vgl. hierzu schon Robert BIRELEY, The Counter-Reformation *Prince*. Anti-Machiavellianism or the Catholic Statecraft in Early Modern Europe, North Carolina 1990, speziell 14 ff.
10 Vgl. hierzu u. a. Clemens BAUER, Melanchthons Naturrechtslehre, in: Archiv für Reformationsgeschichte 42 (1951), 64–100; Guido KISCH, Melanchthons Rechts- und Sozialehre, Berlin/New York 1967; Günter FRANK, Die theologische Philosophie Philipp Melanchthons (1497–1560), Leipzig 1995, 140–158; Christoph STROHM, Zugänge zum Naturrecht bei Melanchthon, in: Günter FRANK (Hg.), Der Theologe Melanchthon, Stuttgart 2000, 339–356 sowie umfassend: Isabelle DEFLERS, Lex und Ordo. Eine rechtshistorische Untersuchung der Rechtsauffassung Melanchthons, Berlin 2005.
11 Merio SCATTOLA, Das Naturrecht vor dem Naturrecht. Zur Geschichte des ‚ius naturae' im 16. Jahrhundert, Tübingen 1999; DERS., Notitia naturalis de Deo et de morum gubernatione: die Naturrechtslehre Philipp Melanchthons und ihre Wirkung im 16. Jahrhundert, in: Barbara BAUER (Hg.), Melanchthon und die Marburger Professoren (1527–1627), Marburg 1999, 865–882.

I. Zum Verhältnis von Theologie und Philosophie

Alle Versuche, die philosophischen Positionen Vitorias oder Melanchthons zu rekonstruieren, haben zu berücksichtigen, dass sowohl der Rechtstheoretiker Vitoria als auch der Rechtslehrer Melanchthon in ihrem disziplinären und systematischen Selbstverständnis zeitlebens als Theologen argumentierten[12]. Das gilt – cum grano salis – auch für alle anderen Wissen- und Reflexionsbereiche, in denen sich beide Wissenschaftler realisierten. Die theologische Fundierung ihres Denkens und Handelns ist aus keiner ihrer Axiome, Demonstrationen oder Erläuterungen wegzudenken. Ihr Umgang mit der Philosophie ist und bleibt – bei allen werkgeschichtlichen Modifikationen insbesondere des Wittenbergers – insofern ein funktionaler, als er im Hinblick auf theologische Problem- und Interesselagen erfolgt. Eine im vorliegenden Zusammenhang interessierende Betrachtung der Philosophie Melanchthons hat mithin deren unhintergehbare methodische und systematische Grundlegung in einem theologischen Weltbild zu berücksichtigen[13].

Auch Francisco de Vitoria hält schon zu Beginn der ersten seiner berühmten Relectiones, *De potestate civili*[14], im Hinblick auf dieses Selbstverständnis und die disziplinäre Kontur des nachfolgenden Textes unmissverständlich fest:

> Officium ac mundus theologi tam late patet, ut nullum argumentum, nulla disputatio, nullus locus alienus videatur a theologica professione et instituto. [...] Est autem theologia omnium disciplinarum studiorumque orbis prima, quam Graeci theologían vocant.[15]

---

12 Zum grundlegend theologischen Selbstverständnis der Rechtslehre der Schule von Salamanca: Kurt SEELMANN, Theologie und Jurisprudenz an der Schwelle zur Moderne – die Geburt des neuzeitlichen Naturrechts in der iberischen Spätscholastik, Baden-Baden 1997; zur substanziell theologischen Fundierung des Naturrechts bei Melanchthon vgl. FRANK, Die theologische Philosophie (siehe Anm. 10), 140 ff.

13 So ganz zu Recht FRANK, Die theologische Philosophie (siehe Anm. 10), 334 ff.

14 Zum Entstehungshintergrund und der Chronologie der Relectiones vgl. Ulrich HORST, Leben und Werke Francisco de Vitorias, in: Francisco de VITORIA, Vorlesungen (Relectiones). Völkerrecht – Politik – Kirche, hg. von Ulrich HORST/Heinz-Gerhard JUSTENHOVEN/Joachim STÜBEN, 2 Bde. Köln 1995/1997, Bd. I, 34 ff.

15 Francisco de VITORIA, De potestate civili / Über die politische Gewalt, in: DERS., Vorlesungen I (siehe Anm. 14), Bd. 1, S. 116_{19-26}. („Aufgabe und Amt des Theologen reichen so weit, dass offenbar kein Gegenstand, keine Untersuchung, kein Gebiet dem Fach und Vorhaben der Theologie fremd ist [...]. Die Theo-

Diese disziplinäre Zuordnung der rechts- und staatstheoretischen Reflexionen und Systembildungen zur Theologie sind noch bei Francisco Suárez aufzufinden; in *De legibus ac Deo legislatore* (1612), der Summe aller rechtstheoretischen Überlegungen der Spanischen Spätscholastik, heißt es unmissverständlich:

> Nulli mirum videri debet si homini theologiam profitenti leges incidant disputandae. Theologiae namque eminentia ab eius subiecto eminentissimo derivata omnem excludit rationem admirandi. Immo si res ipsa recte dispiciatur, palam erit ita legum tractationem theologiae ambitu concludi, ut theologus subiectum eius exhaurire non valeat, nisi legibus considerandis immoretur. Deus enim ut multis aliis titulis a theologo, ita illo expendi debet, quod ultimus sit finis ad quem tendunt creaturae rationis participes et in quo unica illarum felicitas consistit.[16]

In diesem Sinne ist für Vitoria im Hinblick auf den argumentationslogischen Status und den systematischen Gehalt des jeweils an den Beginn der Relectiones gestellten und in der Folge zu kommentierenden Bibelzitats das Primat der Theologie schlicht vorausgesetzt. Wenn der Salmantiner Theologe als *locus relegendus* der Relectio *De potestate civili* angibt:

---

logie ist jedoch die erste aller Wissenschaften und Fächer, die es in der Welt gibt, sie heißt auf Griechisch theología.").

16 Francisco SUÁREZ, De legibus. Edicion critica bilingüe. Ed. par Luciano Pereña, Pedro Súñer, Vidal Abril, César Villanueva u. Eleuterio Elorduy, Madrid 1971 ff., hier DL. I, 2. („Keinen darf es wundern, wenn jemand, der Theologie betreibt, die Gesetze einer kritischen Untersuchung für wert befindet. Der hohe Rang der Theologie, der sich von ihrem überaus erhabenen Gegenstand ableitet, liefert keinerlei echten Grund für eine solche Verwunderung. Ja mehr noch, bei genauerer Betrachtung ist es völlig einsichtig, daß eine Erörterung der Gesetze in den Arbeitsbereich der Theologie fällt, so daß der Theologe seinen Gegenstand gar nicht erschöpfend behandeln könnte, wenn er nicht auch bei einer Betrachtung der Gesetze verweilen würde. Der Theologe darf nämlich Gott neben vielen anderen Titeln so auch mit der Auszeichnung bedenken, das Endziel zu sein, auf das sich die vernunftbegabten Geschöpfe ausrichten und in dem ihre einzige Glückseligkeit besteht." Übersetzung zitiert nach: Francisco SUÁREZ, Abhandlung über die Gesetze und Gott den Gesetzgeber. Übers., hg. u. mit einem Anhang versehen von Norbert Brieskorn. Freiburg 2002, 15); zu diesem Verhältnis von Theologie und Philosophie bei Suárez vgl. auch demnächst Gideon STIENING, „Der hohe Rang der Theologie". Theologie und praktische Metaphysik bei Suárez, in: Oliver BACH/Norbert BRIESKORN/Gideon STIENING (Hg.), „Auctoritas omnium legum". Francisco Suárez *De Legibus* zwischen Theologie, Philosophie und Jurisprudenz, Stuttgart-Bad Cannstatt 2012 [i.V.].

Non est potestas nisi a Deo (Röm 13,1)[17],

dann steht der nachfolgende Text unter der Voraussetzung, den unbezweifelbaren Gehalt dieses Zitats aus dem Römerbrief auszulegen, d. h. in seiner Wahrheit als Prämisse zu setzen *und* als Beweis zu rekonstruieren. Dafür ist allerdings – im Unterschied zum Voluntaristen Melanchthon – stets als thomistische Voraussetzung gedacht[18], dass diese Auslegung mit den Mitteln der Vernunft – wenn nicht vollständig, so doch weitgehend – erfolgen kann. Nun handelt die Relectio *De potestate civili* in ihrem thematischen und systematischen Zentrum von der Potestas des und im politischen Gemeinwesen. Durch die Verknüpfung dieses Themas mit dem Gehalt des auszulegenden Zitats aus Röm 13,1 macht Vitoria schon zu Beginn der Vorlesung kenntlich, dass er nicht nur einen rhetorischen Bezug zur Heiligen Schrift herstellt, sondern mithilfe der paulinischen Definition eine theonome Fundierung jedes funktionierenden Gemeinwesens als Grund und Zweck der nachfolgenden Erörterungen beabsichtigt. Damit ist – wie Norbert Brieskorn zu Recht hervorhebt[19] – keineswegs ein theokratisches Staatsmodell intendiert, weil in der Folge zwischen weltlicher und geistlicher Herrschaft streng geschieden wird. Wohl aber wird ersichtlich, dass alle – auch und gerade die säkularen – Formen der politischen Gewalt ihre *vis* aus der Gottesinstanz und nur aus dieser beziehen. Es sind die theologischen *und* philosophischen Prämissen, Axiome und Demonstrationen, die Vitorias Ausführungen über das Wesen des politischen Gemeinwesens zu einem Moment der Theologie werden lassen[20].

---

17 VITORIA, De potestate civili (s. Anm. 15) 114$_2$.
18 Zur ebenso konzeptionell prägenden wie eigenständigen Thomas-Rezeption Vitorias vgl. jetzt: Anselm SPINDLER, Der Handlungsbegriff als Grundbegriff der praktischen Philosophie: Francisco de Vitorias Thomas-Rezeption und ihre Wirkung auf die *Relectio de Indis*, in: Norbert BRIESKORN/Gideon STIENING (Hg.): Francisco de Vitorias *De Indis* in interdisziplinärer Perspektive, Stuttgart-Bad Cannstatt 2011, 61–95.
19 Vgl. hierzu Norbert BRIESKORN, Spanische Spätscholastik: Francisco de Vitoria, in: Christoph HORN/Ada NESCHKE-HENTSCHKE (Hg.), Politischer Aristotelismus. Die Rezeption der aristotelischen Politik von der Antike bis zum 19. Jahrhundert, Stuttgart/Weimar 2008, 134–172.
20 Siehe hierzu auch die exzellente Studie von Robert SCHNEPF, Zwischen Gnadenlehre und Willensfreiheit. Skizze der Problemlage zu Beginn der Schule von Salamanca, in: Matthias KAUFMANN/Robert SCHNEPF, Politische Metaphysik. Die Entstehung moderner Rechtskonzeptionen in der Spanischen Spätscholastik, Frankfurt a.M. u. a. 2007, 23–42.

Melanchthon, der sich bekanntermaßen ebenfalls ausführlich mit Röm 13,1 befasste[21], hat gleichwohl das Verhältnis von Theologie und Philosophie allgemeiner und somit auch methodisch und systematisch präziser gefasst. Unübersehbar steht diese Notwendigkeit ausführlicher Reflexionen auf das Verhältnis von Theologie und Philosophie, Glaube und Vernunft im Zusammenhang mit dem höchst ambivalenten Verhältnis der frühen Reformation zur Vernunft und den Wissenschaften überhaupt. Dennoch gewinnt Melanchthon spätestens in *De philosophia oratio* (1536) eine klare Einsicht in die Kontur dieser Problemlage und ihre Lösungen. Ausdrücklich hält er zunächst fest, dass seine Überlegungen dem Nutzen des Staatswesens wie auch dem Heil seiner Zuhörer diene und dies deshalb, weil die Wissenschaft der Philosophie dabei helfen könne, „eine ungebildete Theologie", die „eine Ilias der Übel" produziere, zu verhindern[22]. Dies leiste sie genau dann, wenn sie als Methodologie, Rhetorik, Dialektik, aber auch als Anthropologie und Ethik verstanden werde. Sie könne Begriffe klären, methodisches Denken lehren und Kategorien der Systembildungen begründet ermöglichen; dennoch sei darauf zu achten, den Status der *philosophia* als *ancilla theologiae* nicht zu verkennen:

> Nec ego ignoro aliud doctrinae genus esse Philosophiam, aliud Theologiam. Nec ego illa ita misceri volo, ut confundit multa iura coquus, sed adiuvari Theologum volo in oeconomia methodi. Multa etiam mutuari eum ex Philosophia necesse erit.[23]

Um eine Vermischung beider Reflexionsformen und Disziplinen zu verhindern, sucht Melanchthon nach einer präzisen Grenzziehung für die Kompetenzen der Philosophie. In den *Scholia in Epistulam Pauli ad Colossenses* findet er bei aller Verteidigung der Philosophie gegen die

---

21 Vgl. hierzu u. a. Philipp MELANCHTHON, Loci communes 1521. Lateinisch – deutsch. Übersetzt und mit Anmerkungen versehen von Horst GEORG PÖHLMANN, Gütersloh 1993, 134 ff. (siehe auch die Anmerkungen PÖHLMANNS ebd.). Zu einer sowohl historischen als auch systematischen Auseinandersetzung mit Röm 13.1 ff. siehe die exzellente Studie von Stefan KRAUTER, Studien zu Röm 13,1–7. Tübingen 2009.
22 CR XI, S. 280.
23 Ebd. 282 („Ich verkenne keineswegs, daß die Philosophie eine andere Art von Lehre ist als die Theologie; noch will ich beide so vermischen, wie ein Koch viele Suppen zusammenschüttet, sondern ich will, daß der Theologe im Umgang mit der Methode gefördert wird. Es wird nämlich notwendig sein, daß er vieles aus der Philosophie entlehnt.").

Träumer und Weisheitsverächter deutliche Argumente für die Grenzen der Anwendbarkeit philosophischer Reflexion:

> Quando autem ratio seu philosophia <de> Dei voluntate iudicat, tum fere errat. [...] Illa itaque natura hominis nihil potest de voluntate Dei affirmare, quae tantum discitur ex verbo Dei, sicut Esaias ait: „Ad legem et ad testimonium, qui non dixerit secundum verbum hoc, non erit ei matutina lux."[24]

Kommt der Philosophie für Melanchthon in bestimmten Fragen die Rolle zu, der Theologie durch Argumentationslogik, Methodik und Beredsamkeit nützlich zu sein, so stößt sie in ebendieser *ihrer theologischen Funktion* dort an ihre Grenzen, wo – wie bei den genuin theologischen Problemlagen des Gotteswillens, der Rechtfertigung oder der Sündenbehandlung – ausschließlich theologische Kategorien wirksam werden können und dürfen. Bleiben diese Grenzen jedoch gewahrt, so kann vor allem die „Naturrechtslehre [...] innerhalb der Theologie des späten Melanchthon die Achse für eine theologische Anthropologie und für eine theologische Ethik" darstellen und damit „zugleich die rationale Komponente seiner Glaubenslehre" ausprägen[25].

Bei allen philosophisch-systematischen und natürlich theologischen Unterschieden gilt dieses asymmetrische Verhältnis zwischen Philosophie und Theologie noch für Francisco Suárez. Zu Recht hält Thomas Marschler in seiner Studie zur Suárezschen Trinitätstheologie für die spezifische Korrelation der Disziplinen fest, dass „Suárez [...] seine Philosophie zwar methodisch autonom, aber mit klarer theologischer – also aus Sicht eines modernen Verständnisses ‚heteronomer' – Finalisierung" betreibe[26]. Wie für Vitoria und Melanchthon so gilt noch für Suárez, dass die philosophische Reflexion nur als Moment im „Selbstvollzug der Theologie" in ihrem methodischen und systematischen Status angemessen zu erfassen ist[27]. Für alle drei Theologen gilt dabei, dass ihnen insbesondere Fragen nach dem politischen Gemeinwesen als Formen philosophischer Reflexion im Selbstvollzug der Theologie galten. Nicht

---

24 Stupperich, MW IV, 238 („Wann immer aber die menschliche Vernunft als solche, das heißt die Philosophie, über den Willen Gottes urteilt, dann irrt sie in der Regel. [...] Deshalb kann die menschliche Natur über den Willen Gottes nichts aussagen: Man lernt ihn nur aus dem Wort Gottes, wie Jesaja sagt: ‚Zum Gesetz und Zeugnis: Wer nicht gemäß diesem Wort redet, für den gibt es kein Morgenrot.'").
25 So BAUER (s. Anm. 10), 67 f.
26 Thomas MARSCHLER, Die spekulative Trinitätslehre des Francisco Suárez S.J. in ihrem philosophisch-theologischen Kontext, Münster 2007, 711.
27 Ebd., 709.

zufällig findet Melanchthons Lehre von den Gesetzen ihren Ort in den
Loci communes theologiae, und auch Vitoria beansprucht, die Lösung der
Indianer-Frage allein in der Theologie erbringen zu können, weil sie
nicht nur reflektierenden, sondern demonstrativen Charakter habe:

> Non enim semper disputationes theologicae sunt in genere deliberativo, sed
> pleraeque in genere demonstrativo, id est non ad consultandum, sed ad
> docendum susceptae.[28]

Hier zeigt sich ein wesentlicher Grund für die Annahme der eminenten
Zuständigkeit der Theologie in politischen Fragen: Anders nämlich als für
die Philosophie sowie für die Einzelwissenschaften prägend und vor allem
für ihre Entwicklung im 16. und 17. Jahrhundert konstitutiv, ist für die
Theologie der Theorie-Praxis-Hiatus – sowohl innertheoretisch als auch
in Bezug auf das Verhältnis der theologischen Wissenschaften zur empirischen Praxis – je schon überwunden. Sie steht jenseits der Alternative
zwischen theoretischer und praktischer Vernunft, und sie ist sowohl
strenge Wissenschaft als auch handlungsanleitende Klugheitslehre. Zur
Konstitution und Aufrechterhaltung dieses Status kann die Philosophie
nach Vitoria und Melanchthon durchaus wertvolle Dienste leisten – so
der Anspruch.

Dennoch zeigt sich in Suárez umfassender Rechtsphilosophie, dass
die intendierten Instrumentalisierungen der Philosophie nicht in den
Grenzen der reinen Theologie zu halten waren; vor allem Suárez' ausführliche Auseinandersetzungen mit der Metaphysik erwiesen sich in
ihrer außerordentlichen Fruchtbarkeit für seine Rechtstheorie als Einfallstor für eine partielle Autonomie des philosophischen Gedankens. Wer
die Begriffe der Freiheit und Notwendigkeit metaphysisch bestimmt,
tendiert auch zu einer spekulativen Philosophie des Gottesbegriffs [29].

Die konfessionsübergreifende Analogie im Verhältnis von Philosophie und Theologie bei Melanchthon und Vitoria lässt sich noch anschaulicher dokumentieren, wirft man einen Blick auf Niccolò Machiavellis Wissenschaftstheorie seiner ‚Politik'. Diese begreift sich
nämlich explizit als säkulare Klugheitslehre, deren Ausrichtung am

---

28 VITORIA, Relectio De Indis, in: Vorlesungen II (siehe Anm. 14), Bd. II, 380
(„Theologische Erörterungen sind nämlich nicht immer im Bereich des *genus
deliberativum*, vielmehr meistens im Bereich des *genus demonstrativum* angesiedelt,
das heißt sie werden nicht zum Zwecke der Überlegung, sondern zum Zweck der
Belehrung unternommen." Ebd., 381).
29 Vgl. demnächst ausführlich STIENING, „Der hohe Rang der Theologie" (siehe
Anm. 16).

„Allgemeinwohl"³⁰ sich jeder normativen Komponente entschlägt, um herauszufinden, „wie das Leben ist", nicht „wie es sein sollte"³¹. Dieser „voraussetzungslose Empirismus"³² der Staatsführungslehre kommt weitgehend ohne normative Dimensionen aus und damit auch ohne begründungstheoretischen Bezug zur Philosophie oder zur Theologie. Einzig der Faktor der Stabilität des Gemeinwesens durch die bedingungslose Aufrechterhaltung von Ordnung und Frieden scheint eine normative Komponente der politischen Argumentation Machiavellis auszuprägen; hinsichtlich der erforderlichen Indifferenz des Fürsten gegenüber einem Image der Grausamkeit hält der Florentiner nämlich fest:

> [D]ico che ciascuno principe debbe desiderare di essere tenuto pietoso e non crudele: nondimanco debbe avvertire di non usare male questa pietà. Era tenuto Cesare Borgia crudele: nondimanco quella sua crudeltà aveva racconcia la Romagna, unitola, ridottola in pace e in fede. Il che se si considerrà bene, si vedrà quello essere stato molto più pietoso che il populo fiorentino, il quale, per fuggire el nome del crudele, lasciò destruggere Pistoia.³³

Ordnung, Frieden und Einigkeit der Untertanen – stabilitätsgarantierende Faktoren – sucht Machiavelli mithin dem Fürsten als Telos seines politischen Handelns aufzuerlegen. Gegenüber diesen Staatszwecken sind aber die Fragen der Moral und der Religion soweit indifferent, dass sie gar als Instrumente jener politischen Stabilität eingesetzt werden können müssen. In den *Discorsi* stellt Machiavelli daher ausdrücklich fest:

> E veramente, mai fu alcuno ordinatore di leggi straordinarie in uno popolo che non ricorresse a Dio; perché altrimenti non sarebbero accettate: perché sono molti i beni conosciuti da uno prudente, i quali non hanno in sé ragioni

---

30 Niccolò MACHIAVELLI, Discorsi. Gedanken über Politik und Staatsführung, Stuttgart ²1977, 4.
31 Niccolò MACHIAVELLI, Il Principe/Der Fürst. Italienisch/Deutsch. Hg. und übersetzt von Philipp Rippel, Stuttgart 2009, 119.
32 So August BUCK, Machiavelli, Darmstadt 1985, 61.
33 MACHIAVELLI, Il Principe (s. Anm. 31), 126 („Ich [...] sage, daß jeder Fürst danach trachten muß, für milde und nicht für grausam gehalten zu werden; doch muß er sich vorsehen, keinen falschen Gebrauch von der Milde zu machen. Cesare Borgia galt als grausam; nichtsdestoweniger hat er durch diese Grausamkeit Ordnung in die Romagna gebracht, sie geeinigt und in Frieden und Treue erhalten. Überlegt man es sich recht, so wird man einsehen, daß dies viel menschlicher war als das Benehmen von Florenz, das, um nicht für grausam zu gelten, die Zerstörung von Pistoia zuließ." Ebd., 127).

evidenti da poterli persuadere a altrui. Però gli uomini savi, che vogliono tôrre questa difficultà, ricorrono a Dio.[34]

1532 erstmals publiziert und damit zeitlich parallel zu Melanchthons und Vitorias Bemühungen um allgemeine Begründungs- und Geltungstheorien ihrer Naturrechtslehren markiert die streng profane Staatsraisonlehre des *Il Principe* den äußersten Widerpart zu den theonomen Rechts- und Staatskonzeptionen des Wittenberger und des Salmantiner Theologen. Die Konturen dieser Theorien, deren theologischer Zweck allererst im Kontrast zu Machiavelli sichtbar wird, sind im Folgenden in ihren Gemeinsamkeiten und Differenzen zu rekonstruieren.

2. Lex und Ius

Das Verhältnis von *lex* und *ius*, das nicht allein die praktische Philosophie des Mittelalters und der frühen Neuzeit beschäftigt[35], weil der Gesetzesbegriff im Zuge der szientifischen Revolution des 16. und 17. Jahrhunderts zunehmend auf die Gegenstände der Natur als Inbegriff eines gesetzmäßig organisierten Ganzen angewendet und somit Distinktionsbestimmungen erforderlich wurden[36], wird von Melanchthon schon 1521 wie folgt bestimmt:

> Est autem lex sententia, qua bona tum praecipiuntur tum mala prohibentur. Ius est auctoritas agendi secundum legem.[37]

Aus diesen noch ganz formellen Bestimmungen wird gleichwohl ersichtlich, dass Melanchthon mit beiden Begriffen präskriptive Gehalte

---

34 MACHIAVELLI, Discorsi (s. Anm. 30) 44. („Es gab tatsächlich noch nie einen außergewöhnlichen Gesetzgeber in einem Volk, der sich nicht auf Gott berufen hätte, weil seine Gesetze sonst nicht angenommen worden wären; denn es gibt viel Gutes, das zwar von einem klugen Mann erkannt wird, aber doch keine so in die Augen springenden Gründe in sich hat, um andre von seiner Richtigkeit überzeugen zu können. Kluge Männer nehmen aber zur Gottheit ihre Zuflucht, um dieser Schwierigkeit Herr zu werden."
35 Vgl. hierzu u.a. Alexander FIODORA/Matthias LUTZ-BACHMANN/Andreas WAGNER (Hg.), Lex und ius. Beiträge zur Begründung des Rechts in der Philosophie des Mittelalters und der Frühen Neuzeit, Stuttgart-Bad Cannstatt 2010.
36 Vgl hierzu die exzellente Studie von Michael HAMPE, Eine kleine Geschichte des Naturgesetzbegriffs, Frankfurt a.M. 2007.
37 MELANCHTHON, Loci 1521 (s. Anm. 21), 100 („Das Gesetz ist nun ein Urteil, durch das Gutes geboten und Böses verboten wird. Das Recht ist die Vollmacht, nach dem Gesetz zu handeln.")

eines Willens verbindet, die keineswegs auf die politische Sphäre äußerer Handlungen im Gemeinwesen begrenzt sind, sondern durchaus auch die moralisch-praktischen Vorschriften der inneren Freiheit in sich schließt. Schon in diesen noch abstrakten Bestimmungen zeigt sich die bis 1559 präzisierte und systematisierte enge Verknüpfung von Rechts- und Moraltheorie[38]. Vor allem wird Melanchthon über mehrere Entwicklungsstufen hinweg eine zunehmende Integration insbesondere der sich entfaltenden Naturrechtslehre in die Theologie der *Loci communes* zu leisten suchen.

Dabei scheint das Verhältnis des Gesetzes- zum Rechtsbegriff allerdings durch alle begründungstheoretischen Modifikationen hindurch stabil zu bleiben: *Gesetz* ist nach Melanchthon ein präskriptives Urteil, dessen Gehalte zu befolgen eine spezifische, aus diesen Gehalten nicht unmittelbar ableitbare Autorität erfordert, bzw. ermöglicht. *Recht* als Berechtigung der Gesetzes*befolgung* ist somit nicht aus der *lex* zu deduzieren: das *ius*, gleichwohl bezogen auf den Inhalt eines Gesetzes, bedarf einer gesonderten Legitimation[39]. Schon an dieser Stelle zeigt sich, dass die gleichzeitige Distinktion und Korrelation von Gesetz und Recht für Melanchthon die Möglichkeit eines differenzierten Gottesbezugs erlaubt und gebietet. Ist das Gesetz Ausfluss des göttlichen Willens, so bedarf es für die Berechtigung seiner Befolgung einer zusätzlichen Legitimation, die erneut ausschließlich im rechten Glauben an jene Gottesinstanz zu liegen scheint[40].

Vitoria hat seine Bestimmung der Begriffe von Recht und Gesetz dagegen konkreter auf eine politische Thematik bezogen; in *De potestate papae et concilii* heißt es *zum einen*:

> Quia non sunt minus necessariae leges ad administrationem ecclesiae quam civitatis. [...] Et sic, ut Isidorus dicit, factae sunt leges, ut earum metu humana coerceretur audacia tutaque esset inter improbos innocentia. [...] Quia sicut leges debent fieri pro bono communi [...].[41]

---

38 Vgl. hierzu auch BAUER (s. Anm. 10), 78: „Was bei Melanchthon ins Auge fällt, ist die starke, für ihn unlösliche und unzerreißbare Einheit des Rechtlichen und des Moralischen."

39 Vgl. hierzu auch DEFLER (s. Anm. 10), 28–31, die allerdings diese Eigenständigkeit des ius übersieht.

40 Vgl. hierzu BAUER (s. Anm. 10), 72 ff.

41 VITORIA, De potestate papae et concilii, in: DERS., Vorlesungen (siehe Anm. 14), Bd. I, 352–425, hier 386 („Denn Gesetze sind zur Leitung der Kirche nicht minder notwendig als zur Leitung einer Bürgergemeinde. [...] Und somit sind, wie Isidor sagt, Gesetze zu dem Zwecke entworfen worden, daß durch die Furcht

Die Zweckursache der Gesetze ist mithin das Gemeinwohl, für dessen Beförderung das menschliche Handeln bestimmten Beschränkungen unterzogen werden muss. Gesetze sind dabei – wie in der Tradition des mittelalterlichen Naturrechts – *Begrenzungen*, nicht – wie erst nach und durch Hobbes' Vernunftrechtslehre – *Verwirklichungen* der menschlichen Freiheit[42]. Aus diesem Gesetzesbegriff generiert (nicht deduziert) Vitoria *zum anderen* den folgenden Rechtsbegriff:

> Quia lex vel est ipsum ius, vel ius est effectus legis. Unde et secundum diversas leges dicitur ius naturale, civile, canonicum.[43]

Ausdrücklich fügt Vitoria hinzu, dass Gesetze als Regeln der Vergemeinschaftung ihren Status nur dann erhalten, wenn sie gerecht im Sinne der Berücksichtigung der Billigkeit (*aequalis*) sind. Den Verordnungen des Despoten kommt somit kein Rechts- und Gesetzescharakter zu. Dies entspricht noch den Gesetzesbestimmungen Francisco Suárez', der allerdings – den Argumenten Melanchthons näher – lex und ius nicht mehr weitgehend identifiziert, sondern eine Begründung für das Konzept eines subjektiven Rechts entwirft[44]. Auch bei Suárez – wie schon bei Vitoria und Melanchthon – kommt Recht und Gesetz jedoch der Status eines *Mittels* zu, die auf ihnen äußere Zwecke, wie Gemeinwohl und Gotteserkenntnis, ausgerichtet sind.

Aufschlussreich ist vor diesem Hintergrund, dass auch Machiavellis sogenannter ‚Rechtsrealismus' ein rein instrumentelles Gesetzesverständnis entwickelt. Für diese Rechtsvorstellung sind Fragen der juridischen Gerechtigkeit bzw. der Legitimität von Herrschaft irrelevant[45]. Gesetze sind genau dann gut und gerecht, wenn sie Stabilität und Herrschaftsgarantie verheißen:

---

vor ihnen die menschliche Verwegenheit in Schranken gehalten werde und die Unschuld unter schlechten Menschen gesichert sei. [...] Denn wie man um des Gemeinwohls willen Gesetze schaffen muß [...]." Ebd., 387).

42 Vgl. hierzu u. a. Georg GEISMANN, Die Grundlegung des Vernunftstaates der Freiheit durch Hobbes, in: Jahrbuch für Recht und Ethik 5 (1997), 229–266.

43 VITORIA, De potestate papae et concilii (siehe Anm. 41), 386 („Denn entweder ist das Gesetz das Recht selbst, oder das Recht ist eine Wirkung des Gesetzes. Deswegen spricht man auch, je nach den verschiedenen Gesetzen, von einem natürlichen, einem bürgerlichen und einem kanonischen Recht.").

44 Vgl. hierzu Norbert BRIESKORN, Lex und ius bei Francisco Suárez, in: FIODORA/LUTZ-BACHMANN/WAGNER (s. Anm. 31), 429–463.

45 Vgl. hierzu aber Dieter HÜNING, Freiheit und Herrschaft in der Rechtsphilosophie des Thomas Hobbes, Berlin 1998.

> Noi abbiamo detto di sopra come a uno principe è necessario avere e sua fondamenti buoni; altrimenti di necessità conviene che rovini. E principali fondamenti che abbino tutti li stati, così nuovi come vecchi o misti, sono le buone legge e le buone arme. E perché non può essere buone legge dove non sono buone arme, e dove sono buone arme conviene sieno buone legge, io lascerò indrieto el ragionare delle legge e parlerò delle arme.[46]

Wie für Vitoria sind diese Gesetze Instrumente zur Abwehr der Destabilisierung durch Furcht vor den Konsequenzen der Gesetzesübertretung; sie sind Abschreckungsinstrumente; diese Gesetze schränken also die Freiheit des Einzelnen ein. Es ist erst die vernunftrechtliche Konzeption des Thomas Hobbes, die das Recht und dessen empirische Realisationen in statu civilis, die Gesetze, als Realisationen der Freiheit des Einzelnen denken kann. Sowohl im Hinblick auf die Distinktionen zwischen Recht und Gesetz als auch im Hinblick auf die Idee des Rechts als Wirklichkeit der äußeren Freiheit erweisen sich die hier betrachteten Konzeptionen als vormodern[47], und zwar unabhängig vom Status ihrer begründungstheoretischen Fundierung in einer theonomen oder profanen Systematik bzw. der konfessionellen Besonderheit der politischen Theologie. Einzig die sich bei Melanchthon im Berechtigungsgedanken und in der elaborierten Konzeption subjektiver Rechte bei Suárez anbahnenden Überlegungen weisen gegenüber dem Mittelalter innovative Vorstellungen aus[48].

---

46 MACHIAVELLI, Il Principe (s. Anm. 31), 92 („Wir haben bereits gesagt, daß eine Herrschaft gute Grundlagen haben müsse; sonst bricht sie zusammen. Die Hauptstütze aller Staaten, der neuen wie der alten und der vermischten, sind gute Gesetze und gute Streitkräfte, und da gute Gesetze nicht ohne gute Streitkräfte bestehen können und da wo gute Streitkräfte sind, auch gute Gesetze sein müssen, so übergehe ich die Gesetze und rede von den Streitkräften." Ebd., 64).
47 Zu dieser philosophiehistorischen Lozierung vgl. auch zutreffend SCATTOLA, Naturrecht (siehe Anm. 11), 46 f.
48 Vgl. hierzu Gerald HARTUNG, Vorboten des modernen Liberalismus. Zur Entstehung der Konzepts subjektiver Rechte in der Frühen Neuzeit. In: Matthias KAUFMANN/Robert SCHNEPF (Hg.), Politische Metaphysik. Die Entstehung moderner Rechtskonzeptionen in der Spanischen Scholastik, Frankfurt a.M. 2007, 239–255.

3. Geltungsgründe des Rechts: Melanchthons Voluntarismus versus Vitorias Intellektualismus?

Melanchthon hat wenig Zweifel daran gelassen, dass er den Geltungsgrund des Gesetzes d. h. aller Normativität, ausschließlich im Willen Gottes für angemessen begründet erachtete; der entscheidende Begriff, der – ab 1535 in den *Loci communes* auftretend – diesen Voluntarismus rechtstheoretisch realisiert, ist der der *lex dei*:

> Lex Dei est doctrina a Deo tradita, praecipiens, quales nos esse et quae facere, quae omittere oportet, et requirens perfectam obedientam erga Deum ac pronuncians irasci Deum et punire aeterna morte non praestantes perfectam obedientam.[49]

Schon in der *Lucubratiuncula* von 1520 wird dieser voluntaristische Grundzug der melanchthonischen Rechtstheorie sichtbar[50], weil jene zum Gesetz bestimmte „Norm, die Gutes gebietet und Böses verbietet" als durch einen Willen erwirkte Anordnung einer höheren Instanz, dem Willen eines Herrschers, bestimmt wird[51]. Tatsächlich lassen sich jene beiden Zentraltheoreme eines voluntaristischen Rechtsbegriffes, die schon für Duns Scotus konstitutiv[52] und von William von Ockham dann systematisiert worden waren[53], in der Gesetzeslehre Melanchthons nachweisen: der personale Willen des Gesetzgebers und Herrschers sowie eine machtgestützte Hierarchie zwischen diesem Willen und den Empfängern der willentlichen Entscheidungen. Fungiert der Wille des göttlichen Gesetzgebers als objektiver Geltungsgrund, so leistet er erst im Verbund mit der Hierarchie zwischen Herrscher und Untertan eine angemessene Obligationskraft. Sowohl Vitoria als auch Melanchthon werden an diese Konzeption anschließen – allerdings unter gewichtigen Modifikationen.

---

49   CR XXI, 685.
50   Vgl. hierzu auch die präzisen Ausführungen bei SCATTOLA, Notitia naturalis (siehe Anm. 11), 869 f. sowie SCATTOLA, Naturrecht (siehe Anm. 11), 37 ff.
51   Vgl. CR XXI, 24.
52   Vgl. hierzu u. a. Ernst-Wolfgang BÖCKENFÖRDE, Geschichte der Rechts- und Staatsphilosophie. Antike und Mittelalter, Tübingen ²2006, 284 ff.
53   Siehe Wilhelm von OCKHAM: Dialogus. Auszüge zur politischen Theorie. Ausgewählt, übersetzt und mit einem Nachwort versehen von Jürgen Miethke. Darmstadt 1994, 182 ff.

Die streng voluntaristische Geltungstheorie bildet das philosophisch-theologische *fundamentum inconcussum* protestantischer Theologie und Anthropologie; in *De servo arbitrio* hält Luther fest:

> Deus est, cuius voluntatis nulla est causa nec ratio, quae illi regula et mensura praescribatur [...] Si enim esset illa aliqua regula vel mensura aut causa aut ratio, iam nec Dei voluntas esse posset. Non enim quia sic debet vel debuit velle, ideo rectum est, quod vult. Sed contra: Quia ipse sic vult, ideo debet rectum, quod fit.[54]

Anders als Duns Scotus und William Ockham allerdings radikalisiert Luther seinen dezidiert anti-intellektualistischen Voluntarismus ganz konsequent um eine weitere Bestimmung: Hatte Ockham betont, der allmächtige Wille Gottes sei „durch nichts gebunden als durch sich selbst und die *Forderung der Widerspruchsfreiheit*"[55], so wendet sich Luther noch von dieser Bindung des göttlichen Willens ab. Für seinen Gott gilt selbst das Nicht-Widerspruchsprinzip nicht, weil es ein Grundgesetz nur des menschlichen Denkens ist[56].

Bekanntermaßen hat sich Melanchthon von diesen Dimensionen der lutherschen Theologie behutsam distanziert[57] – ohne die entscheidenden Kriterien eines voluntaristischen Gesetzesbegriffes zu modifizieren; 1520 wie 1559 bleiben jene oben benannten Momente der Verursachung der Gesetze durch den Willen Gottes sowie eine Einbettung ihrer normativen Gehalte in konkrete Hierarchiebedingung Grundlagen seiner Theorie einer objektiven Geltung der Gesetze.

Vor dem Hintergrund des philosophiegeschichtlichen Dogmas, nach dem es Francisco de Vitoria als Gründer der Schule von Salamanca gewesen sei, der der Philosophie des Aquinaten eine neuerliche Aktualität verschaffte[58], mag es prima vista überraschen, dass der Salmantiner

---

54 WA 18, 712. („Es ist Gott, dessen Wille hat keine Ursache und keinen Grund, die ihm als Regel oder Maas vorgeschrieben würden. [...] Wenn es nämlich für ihn irgendeine Regel oder ein Maas oder eine Ursache oder einen Grund geben würde, könnte dies schon nicht mehr der Wille Gotte sein. [...] Nicht etwa weil er es so will oder wollen mußte, ist es recht, was er will, sondern im Gegenteil: Weil er selbst es will, muß rechtens sein, was geschieht").
55 So zu Recht BÖCKENFÖRDE (siehe Anm. 52), 301.
56 Vgl. hierzu insbesondere Martin LUTHER, De servo arbitrio, in: WA 18, 600–787.
57 Vgl. hierzu anschaulich FLASCH (siehe Anm. 5), 250 f.
58 Vgl. hierzu einführend Norbert CAMPAGNA, Francisco de Vitoria: Leben und Werk. Zur Kompetenz der Theologie im politischen und juridischen Fragen. Münster 2010, 17 ff.

Theologe einige dieser melanchthonischen Bestimmungen der allgemeinen Geltungstheorie des Rechts durchaus teilte. Es ist nicht zu bestreiten, dass Vitoria im Unterschied zu Melanchthon und Luther mit Nachdruck auf die Bedeutung des rationalen Gehaltes der Gesetze referiert, mithin den rechtstheologischen Intellektualismus des Thomas durchaus aktiv und begründet vertrat. So ist die Einbindung der politisch-praktischen Gesetze in eine teleologisch geordnete Kosmologie, deren Struktur und Notwendigkeit für den Menschen rational rekonstruierbar ist[59], deutlich dieser Tradition verpflichtet. Die restlose Integration des erkennenden Menschen in einen rational geordneten Kosmos unterscheidet die praktische Anthropologie Vitorias grundlegend von der Melanchthons, die von dem Gedanken der durch den Sündenfall gebrochenen Integration der menschlichen Erkenntnis in die Schöpfungsordnung geprägt ist[60].

Dennoch ist der streng rationalistische Perseitas-Gedanke der thomanischen Rechtslehre[61] im Hinblick auf die objektive Geltung der Gesetze auch bei Vitoria deutlich eingeschränkt. So legt er im Hinblick auf den Unterschied zwischen dem menschlichen und dem göttlichen Gesetz fest:

> Differunt etiam, quia in lege divina ad hoc, quod iusta sit et per hoc obligatoria, sufficit voluntas legislatoris, cum sit pro ratione voluntas. Ut autem lex humana sit iusta et possit obligare, non sufficit voluntas legislatoris, sed oportet, quod sit utilis rei publicae et moderata cum ceteris.[62]

Wolfgang Böckenförde hat den ersten Teilsatz zum Anlass genommen, eine Nähe der Spanischen Spätscholastik zum Scotismus zu behaupten[63]. Dieser überzeugenden philosophiegeschichtlichen These korrespondiert

---

59 So auch BÖCKENFÖRDE (siehe Anm. 52), 346 f.
60 Vgl. FRANK (siehe Anm. 10), 106 ff. und 159 ff.
61 Vgl. hierzu Dieter HÜNING, Christian Wolffs Begriff der natürlichen Verbindlichkeit als Bindeglied zwischen Psychologie und Moralphilosophie. In: Oliver-Pierre RUDOLPH/Jean-François GOUBET (Hg.): Die Psychologie Christian Wolffs. Systematischer Ort, Konstitution und Wirkungsgeschichte, Tübingen 2004, 143–167.
62 VITORIA, De potestate civili (siehe Anm. 15), 146. („Beide Gesetze unterscheiden sich auch in sofern voneinander, als im Falle des göttlichen Gesetzes der Wille des Gesetzgebers dazu ausreicht, daß das Gesetz gerecht und dadurch verpflichtend wird, da der Wille an die Stelle der Vernünftigkeit tritt. Dazu aber, daß das menschliche Gesetz gerecht wird und binden kann, reicht der Wille des Gesetzgebers nicht, vielmehr ist erforderlich, daß das Gesetz dem Gemeinwesen nützt und mit den übrigen Gesetzen abgestimmt ist." Ebd. 147).
63 BÖCKENFÖRDE (siehe Anm. 52), S. 351.

auf systematischer Ebene eine Differenz der göttlichen zu den menschlichen Gesetzen, insofern letztere eine spezifische Rationalität aufweisen müssen. Deren Kriterien bestehen nach Vitoria in der Nützlichkeit für das Gemeinwesen und der Kompossibilität mit anderen Gesetzesbestimmungen, d. h. der Widerspruchsfreiheit der Gesetzestafeln[64]. Nur die Gesetze Gottes können offenbar der Nützlichkeit entbehren sowie auf Widerspruchsfreiheit verzichten – gerade mit letzterer Bestimmung zeigt sich eine auffällige Nähe zum lutherischen Voluntarismus.

Berücksichtigt man zudem Vitorias Ableitungsreihe, der gemäß der Geltungsgrund der öffentlichen Macht durch Gesetzgabe und deren Umsetzung letztlich dem natürlichen Recht zu verdanken ist, dieses jedoch „Gott als einzigen Urheber kennt" und somit von diesem uneingeschränkt dependiert[65], so lässt sich auch für die Geltung der *leges humanae* die Instanz des göttlichen Willens nicht umgehen[66]. Diese sachliche Bindung wird die Obligationstheorie noch deutlicher zeigen. Die *voluntas dei* aber ist – wir sahen es – per definitionem nicht vollständig an die Gesetze der Vernunft gebunden:

> Lex humana est a Deo. Ergo eodem modo obligat sicut divina.[67]

Nur die allmächtige Gottesinstanz vermag die objektive Geltung juridischer Normen zu begründen und zu garantieren. Es zeigt sich also nachdrücklich, dass die spätmittelalterlichen wie frühneuzeitlichen Tendenzen eines theologischen Absolutismus zentral gesteuert und befördert wurden von einer voluntaristischen Theologie, deren an die Gesetze der Vernunft nur noch mäßig angebundene, frei wollende Gottesinstanz zugleich jene Antinomien ausprägte, die nach Hans Blumenberg in Säkularisierung und strenge Weltlichkeit mündete[68]. Beide Konfessionen konnten sich der Attraktivität des absoluten Gotteswillens nicht entziehen, und dies insbesondere auf dem Felde der Geltungstheorien des Rechts. Deren stets prekärer Status – warum nämlich soll

---

64 Vitoria, De potestate civili (siehe Anm. 15), S. 146$_{7-9}$: „Ut autem lex humana sit iusta et possit obligare, non sufficit voluntas legislatoris, sed oportet, quod sit utilis rei publicae et moderata cum ceteris."

65 Ebd., 127.

66 Vgl. hierzu auch Gideon Stiening, „Quantitas obligationis." Zum Verpflichtungsbegriff bei Vitoria – mit einem Ausblick auf Kant. In: Kirstin Bunge/Anselm Spindler/Andreas Wagner (Hg.), Die Normativität des Rechts bei Francisco de Vitoria. Stuttgart-Bad Cannstatt 2011, 123–143.

67 Vitoria, De potestate civili (siehe Anm. 15), 148$_{7f.}$.

68 Blumenberg, Legitimität (siehe Anm. 6), 159–233.

Recht überhaupt gelten[69] – bot allerdings die Möglichkeit, plausible Gründe für die unauflösliche Notwendigkeit des systematischen Bezugs auf eine Gottesinstanz zu entwickeln: ohne sie keine überzeitliche und kulturindifferente Geltung des Rechts *und damit* auch keine a priori bestimmbaren Gehalte. Es sind die Fragen nach der Geltung – und wie sich gleich noch zeigen soll – der Verbindlichkeitsgarantie des Rechts als Naturrecht, die die Theologie und den ihr sekundierenden theonomen Voluntarismus als leistungsfähige Problemlösungen erscheinen ließen: Zur „Kompetenz der Theologie"[70] in rechtstheoretischen Fragen trug die spezifische Form der Profanität, die die utilitaristische Gesetzesvorstellung Machiavellis entwarf, deshalb maßgeblich bei. Denn was oder wer anderes als das *ens perfectissimum* konnte eine uneingeschränkte Geltung des Rechts und damit den Schutz vor jeglicher Willkür (auch derjenigen des Herrschers) garantieren? Gegenüber dem profanen Utilitarismus der Rechtsgeltung, dem die Gehalte des Rechts gegenüber ihrer Funktion der Herrschaftsstabilisierung gleichgültig sein konnten und mussten, ermöglichte eine politische Theologie des Rechts nicht nur eine schöpfungstheologische Legitimationstheorie der Rechtsgeltung überhaupt, sondern über die Kategorie der *lex aeterna* sowie der *lex dei* und deren begründungstheoretische Funktion für die einzelnen Rechtsformen zugleich den Übergang von einer nur formalen zu materialen Rechtsbestimmungen: Mit dem Dekalog hatte Gott bewiesen, dass eine Form seiner schöpferischen Ordnungshandlungen in der Gesetzgebung bestand.

Vor diesem Hintergrund ist ein expliziter Rekurs auf Machiavellis Überlegungen zur Geltungstheorie des Rechts nahezu überflüssig; dessen pragmatische Regierungslehre und Herrschaftsstabilitätskonzeption entbehrt jeden Interesses an einer Begründung für die objektive Essenz von Recht und Gesetz. Seine oben zitierte Gleichsetzung von Militär und Gesetzen als gleichursprünglichen Instrumenten der Machterhaltung des Fürsten zeigen, dass es keine allgemeine Legitimität von Gesetzen und schon gar keine Möglichkeit zu einer materialen Gerechtigkeitstheorie geben kann[71]. Machiavellis Anthropologie und Staatstheorie verbleibt im

---

69 Vgl. hierzu Julius EBBINGHAUS, Die Idee des Rechts, in: DERS., Gesammelte Werke. Hg. von Georg Geismann und Hariolf Oberer, Bonn 1988 ff., Bd. II, 141–198.
70 Vgl. erneut CAMPAGNA (siehe Anm. 58), 35 ff.
71 Vgl. hierzu auch Hans WELZEL, Naturrecht und materiale Gerechtigkeit. Göttingen ⁴1962; es ist dieser für die Rezeption entscheidende Punkt einer man-

Modus einer Klugheitslehre über das Geschäft des Regierens[72], hinterlässt damit aber jene oben angedeuteten Leerstellen, die vor Bodins Souveränitäts- und Hobbes' Vernunftrechtstheorie nur theonome Geltungstheorien ausfüllen konnten, weil ihnen allein eine systematische Instanz zur Verfügung stand, die einen objektiven Geltungsanspruch von Normativität ermöglichen konnte: Gott.

Machiavellis – historisch erfolgreiche aber systematisch keineswegs notwendige – Verknüpfung von strenger Profanität und rein formeller Staatsräson beförderte mithin die Tendenzen zu einer politischen Theologie des Rechts im 16. Jahrhundert, deren geltungstheoretische Konturen die konfessionellen Differenzen verringerten. Dieser Befund kann auch im Hinblick auf die Obligationstheorien bestätigt werden.

4. Obligationstheorien:
Obligatio a superiore versus ideae innatae – und die Macht des Gewissens

Francisco de Vitoria setzt sich einigen Mühen aus, um die *vis obligandi* derjenigen unterschiedlichen Gesetzesformen, die er als notwendige unterscheidet, zu begründen[73]. An diesen Anstrengungen zeigt sich – wie in ganz anderer Weise auch an denen Melanchthons –, dass allererst die voluntaristische Volte der intellektualistischen Gesetzestheorie des Thomas die Notwendigkeit zur eigenständigen Begründung der Obligationsleistungen von Normen hervorbrachte. Erst auf der Grundlage der voluntaristischen Wende des thomistischen Rationalismus entstand seit dem Spätmittelalter ein *metaphysisches* Problem der Verpflichtungswirkung von Gesetzen überhaupt, das nur einer theologischen Lösung zu-

---

gelnden philosophischen oder theologischen Begründungs- und Geltungstheorie des Rechts und der Herrschaft, die von einer historischen Forschung zu Machiavelli und zum Machiavellismus übersehen wird, damit aber wesentliche Züge der Auseinandersetzung mit dem Politikmodell des Florentiners. Vgl. hierzu paradigmatisch Cornel ZWIERLEIN: Machiavellismus / Antimachiavellismus. In: Herbert JAUMANN (Hg.): Diskurse der Gelehrtenkultur in der frühen Neuzeit. Ein Handbuch. Berlin, New York 2011, 903–951.

72 Siehe hierzu jetzt Thomas MAISSEN, Der Staatsbegriff in Machiavellis Theorie des Wandels, in: Thomas KNOLL/Stefano SARACINO (Hg.), Niccolò Machiavelli. Die Geburt des Staates, Stuttgart 2010, 55–71.

73 Zum folgenden vgl. ausführlicher STIENING, „Quantitas obligationis" (siehe Anm. 66).

geführt werden konnte. Erst die voluntaristische Metaphysik des Scotismus macht die Verpflichtungskraft von Normen zum theoretischen und praktischen Problem[74]. War auf der Grundlage der thomistischen Theologie die Obligationsmacht von Normen ihrer allgemeinen – d. h. zwar gottesinduzierten, aber durch den menschlichen Verstand rekonstruierbaren – Rationalität zu verdanken, was im Begriff der *Perseitas* gebündelt wurde[75], weil sie durch Vernünftigkeit Geltung und Verpflichtungskraft enthielten[76], so bedurfte es vor dem Hintergrund eines frei wollenden Gottes der gesonderten Begründung für die Wirkmacht rechtlicher oder moralischer Normen[77]. Wenn nämlich deren Rationalität nicht apriori garantiert war, warum sollte der Mensch sich an sie halten? Duns Scotus löst diese Problemlage – und u. a. darin besteht die theologische Wucht seines Antirationalismus – durch eine praktisch verstandene *omnipotentia dei*, das heißt durch die Instanz eines allmächtigen Gottes, der zwar aufgrund seines unbegrenzten Willens das Problem erst hervorruft, weil seine Gesetze transrational, deshalb für den Menschen unverständlich sein können und dennoch uneingeschränkte Geltung beanspruchen. Diese Problemlage sollte zugleich jedoch nur durch ihn gelöst werden können, weil er als die Gesetze externe allmächtige Instanz deren *vis obligandi* allererst garantiert[78]. So gilt – wie Ernst-Wolfgang Böckenförde zu Recht betonte – für Scotus' Konzeption der natürlichen Gesetze: „Ihre Geltung und verpflichtende Kraft haben sie freilich aus der göttlichen Autorität, seinem anordnenden Willen."[79] Seit Duns Scotus' Kritik der *Perseitas* rechtlicher Normen war es mithin erforderlich, eine gegenüber den Gesetzen selbst und ihren Gehalten externe Instanz für die Garantie einer *vis obligandi* zu formulieren und damit den Begriff der Verpflichtung im Rahmen rechtlicher oder moralischer Theorien überhaupt bzw. je neu zu bestimmen. Erst der Scotistische

---

74 Vgl. hierzu Ludger HONNEFELDER, Johannes Duns Scotus. München 2005, 127 ff.
75 Eine Kontroverse mit Auswirkungen bis auf Pufendorf, siehe hierzu Panajotis KONDYLIS, Die Aufklärung im Rahmen des neuzeitlichen Rationalismus. Stuttgart 1981, 165 f.
76 Vgl. u. a. bei Aristoteles, Thomas und noch bei Grotius, vgl. HÜNING, Christian Wolffs Begriff der natürlichen Verbindlichkeit (siehe Anm. 61), 150.
77 Vgl. hierzu auch die Darstellung der Problematik bei Ludger HONNEFELDER, Woher kommen wir? Ursprünge der Moderne im Mittelalter, Darmstadt 2008, 207–227.
78 Vgl. Johannes DUNS SCOTUS, Über die Erkennbarkeit Gottes. Texte zur Philosophie und Theologie. Hg. von Hans KRAML/Gerhard LEIBOLD/Vladimir RICHTER, Hamburg 2000, 183 ff.
79 BÖCKENFÖRDE (siehe Anm. 52), 285.

Angriff auf den thomistischen Rationalismus verunmöglicht eine Perseitas der Rechts- und Gesetzesgeltung und macht damit ihre *vis obligandi* begründungsnotwendig[80].

Melanchthon und Vitoria vollzogen – wenngleich in unterschiedlicher Weise und Intensität – diese voluntaristische Volte mit; während Melanchthon aber mit Luther den Grundzügen der Ockhamschen praktischen Theologie verpflichtet blieb, zeichnet Vitorias Konzeption den Versuch aus, Vermittlungen zwischen den spätmittelalterlichen Großtheorien zu leisten. Anders als Melanchthon war Vitoria weder bereit noch genötigt, von den Leistungen der Thomistischen Vernunftkonzeption abzurücken.

Vor allem im Hinblick auf die jeweiligen Obligationstheorien zeigen sich diese unterschiedlichen Positionen aufs deutlichste. Gleichwohl eröffnet sich auch im Zusammenhang der Verbindlichkeitstheorien eine spezifische Gemeinsamkeit beider Theoretiker: Letztlich gibt es nur eine Instanz, die neben der objektiven Geltung auch die subjektive Verpflichtungskraft der Gesetze garantieren kann – und dies ist in beiden Fällen die Gottesinstanz. In diesem notwendigen Bezug auf eine transzendente Garantieinstanz besteht u. a. der Grund für das gänzliche Fehlen einer Obligationstheorie bei Machiavelli, weil dessen empirischer Pragmatismus ebenso auf immanente wie transzendente Apriorismen Verzicht tun musste.

Vitoria entwirft das folgende System von Argumenten für die *vis obligandi* der staatlichen Gesetze: Zum einen liefert er eine enge Vermittlung von Recht und Moral durch Einsetzung der Instanz des Gewissens für die Kraft zu verpflichten:

> Principum leges et constitutiones ita obligant, ut transgressores in foro conscientiae culpae rei sint; quam etiam vim parentum in filios et maritorum in uxores habent praecepta.[81]

Ohne eine Wirkung auf das Gewissen des Untertanen bleibt nach Vitoria also die Bindungskraft der Gesetze aus – so stark wird Melanchthon die

---

80 Vgl. auch Ludger HONNEFELDER, Scientia transcendens. Die formale Bestimmung der Seiendheit und Realität in der Metaphysik des Mittelalters und der Neuzeit, Hamburg 1990, 80 ff.

81 VITORIA, De potestate civili, (siehe Anm. 15), 142_{23-25}. („Die Gesetze und Verordnungen von Herrschern sind in der Weise bindend, daß deren Übertreter vor der Instanz des Gewissens schuldig werden; diese Kraft haben auch die Gebote von Eltern für ihre Kinder sowie die Gebote von Ehemännern für ihre Frauen.").

conscientia nicht machen, auch wenn er auf deren *vis obligandi* nicht verzichten wollte. Zunächst ist allerdings zu betonen, dass sich der hier zitierte Gesetzesbegriff Vitorias auf alle seine Unterformen bezieht, also ebenso menschliche wie göttliche bzw. natürliche Gesetze – auch wenn an dieser Stelle nur von den menschlichen Gesetzen gesprochen wird. Dass sich diese Verknüpfung von Recht und Moral explizit gegen deren Trennung im Hinblick auf eine eigenständig-weltliche Wirksamkeit rechtlicher Normen richtet, entwickelt Vitoria im Folgenden ausführlich:

> Primum omnium sunt, qui putant leges nullam vim habere, ut earum transgressores culpa in foro conscientiae teneantur, sed hanc solum obligationem inducere, ut principes et magistratus legum violatores iuste punire possint, negantque subditos ad aliquid aliud coram Deo teneri. Sicut plerique religiosi de suis constitutionibus dicunt, quod obligant quidem ad poenam, non ad culpam.[82]

Der Darstellung von sechs Gründen für diese Annahme einer ausschließlich juridischen Geltung gesetzlicher Bestimmungen, die zu einer unumkehrbaren Verweltlichung jenes normativen Feldes führte, wird von Vitoria eine minutiöse Widerlegung entgegengesetzt. Hier zeigt sich, dass es auch ganz unabhängig von Machiavelli, der natürlich mehr Symptom als Grund ist, Verweltlichungstendenzen (sogar innerhalb der Kirche) gab, die es nach Vitoria und Melanchthon zu bekämpfen galt. Unter Aufwendung eines paulinischen Arguments aus Röm 13,5 („Seid der Gewalt nicht nur um des Zorns, sondern auch um des Gewissens willen untertan") wird nachgewiesen, dass die Zwangsgewalt der politischen Macht nur über das Gewissen des einzelnen Untertans ausreichende Verbindlichkeit erlange. Vitoria kann mit dieser moralischen Fundierung der Obligationskraft juridischer Gesetze zugleich in zwei Richtungen argumentieren: Zum einen ist die Wirksamkeit rechtlicher Normen über das Gewissen nur durch die Fundierung der öffentlichen Macht in der Gottesinstanz begründbar; so garantiert die moralische Wirkung gesetzlicher Normen eine positive, unerlässliche Funktion Gottes. Zum anderen kann er die Verbindlichkeitsproblematik seines

---

[82] Ebd., 142 f./143 f. („Zunächst einmal gibt es Leute, die behaupten, die Gesetze hätten nicht die Kraft zu bewirken, daß ihre Übertreter vor der Instanz des Gewissens schuldig werden, sondern würden nur in der Weise binden, daß Herrscher und Beamte diejenigen Personen, die Gesetze verletzten, rechtmäßig bestrafen können; jene Leute leugnen, daß für die Untertanen irgendeine andere Verpflichtung vor Gott besteht. So sagen viele Ordensleute von ihren Satzungen, diese würden zwar eine Strafe, nicht aber einen Schuldzustand begründen.").

voluntaristischen Gesetzesbegriffs lösen[83], weil mit Hilfe des Gewissens der Graben zwischen der objektiven Geltung und der subjektiven Verbindlichkeit juridischer Gesetze übersprungen werden kann[84]. Die enge Verknüpfung von Recht und Moral ergibt sich aus den zugleich theonomen und voluntaristischen Prämissen des Vitorianischen Konzepts. Aufgrund dieser Prämissen kommt er zu dem Schluss:

> Sed his rationibus non obstantibus, quas graves doctores moverunt, non videtur mihi dubitandum, quin leges civiles obligent in foro conscientiae [...] Hoc probatur aperte ex dicto Pauli Rom 13,2: Qui autem restitunt, inquit, ipsi sibi damnationem acquirunt. Non autem incurritur damnatio nisi propter culpam. Ergo legum transgressores incurrunt coram Deo veram culpam.[85]

Unübersehbar wird aber an diesen Ausführungen, dass Vitoria nicht nur in inhaltlicher, sondern auch in formaler Hinsicht als Theologe argumentiert: Denn den Argumenten gegen eine ausschließlich juridische Wirksamkeit von Gesetzen wird vor allem die biblische Autorität entgegen gehalten, und die sich im Gewissen des Menschen realisierende Instanz ist keine andere als diejenige Gottes. Rechtsübertretungen sind bei Vitoria also zugleich Sünden und erst *insofern* unmoralisch – eine argumentative Verknüpfung von Recht, Moral und Religion, in der er sich mit Melanchthon durchaus in Übereinstimmung zeigt: Das Gewissen, das nach Vitoria bei jeder Form von Gesetzesübertretung garantiert, dass jenes objektive Unrecht auch als subjektive Schuld empfunden wird, leistet mithin die Bindung der Verbindlichkeit von rechtlichen Normen an die Gottesinstanz und daher der Rechtsgelehrtheit an die Theologie. Kaum deutlicher als an dieser Passage zeigt

---

83 Zu den voluntaristischen Elementen der Rechtstheorie Vitorias vgl. BÖCKENFÖRDE (siehe Anm. 52), 351 sowie STIENING, „Quantitas obligationis" (siehe Anm. 66).

84 Pufendorf wird diese Problematik weiterentwickeln; vgl. Gerald HARTUNG, Die Naturrechtsdebatte. Geschichte der Obligatio vom 17. bis 20. Jahrhundert. Freiburg, München ²1999, 37: „Ohne die ursprüngliche Tatsache einer Fessel unserer natürlichen Freiheit (vinculum naturalis libertatis) wäre auch die Möglichkeit einer moralischen Bindung des Rechts (vinculum juris) nicht gegeben."

85 VITORIA, De potestate civili (siehe Anm. 15), 144/145. („Unerachtet dieser Beweisgründe, die bedeutende Lehrer vorbrachten, scheint es mir nicht zweifelhaft, dass die bürgerlichen Gesetze vor der Instanz des Gewissens bindend sind. [...] Dies wird deutlich aus dem Wort des Paulus Röm 13,2: *Wer sich aber widersetzt*, sagt er, *zieht sich selbst die Verdammnis zu*. Eine Verdammnis erfolgt aber nur aufgrund einer Schuld. Also geraten Gesetzesübertreter in eine echte Schuld vor Gott.").

sich, dass Vitorias Rechtstheologie auch als schlagkräftige Abwehr der als Bedrohung empfundenen Säkularisierungstendenzen intendiert war und fungieren konnte.

Noch ein weiteres Argument führt Vitoria ins Feld, um eine spezifische *vis obligandi* der Gesetze zu begründen: Neben dem Einfluss auf das Gewissen und damit einer genuin subjektiven Dimension der Gesetzeswirkung betont der Salmantiner Theologe zugleich, dass es zur Garantie der Wirkung von juridischen Normen eines Herrschaftsgefälles zwischen dem Gesetzgeber und -garanten und den durch diese Gesetze in ihren Handlungen eingeschränkten Untertanen geben müsse: Ausdrücklich weist Vitoria auf die Notwendigkeit der *Externalität* der politischen Gewalt gegenüber der durch sie beherrschten Gemeinschaft bzw. den diese konstituierenden Einzelnen hin – auch dies ein dem Scotismus entlehntes Argument. Dass die lenkende Gewalt „nicht mit ihnen identisch" ist, ja um ihrer *potestas* willen nicht sein darf, ist als deutliche Kritik an der Perseitas-These eines thomistischen Rechtsverständnisses zu werten[86]. In der Relectio *De potestate papae et concilii* behauptet Vitoria in diesem Sinne unmissverständlich, dass „eine Verpflichtung nur von einem Höhergestellten ausgesprochen werden kann"[87], d.h. nicht in der Norm selbst erhalten ist[88].

Die *vis obligandi* ergibt sich für Vitoria mithin nur aus einer Kombination von subjektiven und intersubjektiven Wirkungen der Gesetze, durch die Macht des Gewissens *und* die Gewalt eines Herrschers. Diese komplexe Theorie juridischer Verbindlichkeit zeigt, für wie wichtig, aber auch für wie prekär Vitoria diese Frage nach einer begründeten *vis obligandi* der Gesetze erachtete.

Das stellt sich bei Melanchthon ähnlich und doch in der Beantwortung erneut gänzlich anders dar. Denn die Verbindlichkeit gesetzlicher Normen, wie auch bei Vitoria durch den fundierenden Voluntarismus allererst zum Problem geworden, wird für ihn durch ein schöpfungstheologisches Argument garantiert. War die objektive Gel-

---

86 Vgl. hierzu erneut BÖCKENFÖRDE (siehe Anm. 52), 350 f.
87 VITORIA, De potestate papae et concilii (siehe Anm. 41), 359.
88 Diese Vorstellung einer notwendigen Über-/Unterordnungsbeziehung für ein mögliches Verpflichtungsverhältnis betont auch SUÁREZ, Abhandlung (siehe Anm. 16), 174 f.; vgl. hierzu auch Tilmann ALTWICKLER, Gesetz und Verpflichtung in Suárez' *De Legibus*. In: Manfred WALTHER/Norbert BRIESKORN/Kay WAECHTER (Hg.), Transformation des Gesetzesbegriffs im Übergang zur Moderne? Von Thomas von Aquin zu Francisco Suárez, Stuttgart 2008, 125–133, speziell 130.

tung der Gesetze dadurch begründet und gesichert, dass sie dem Willen Gottes entsprangen – in relativer Unabhängigkeit von ihrer Rationalität –, so garantiert ihre subjektive Verbindlichkeit die Tatsache, dass die ihr zugrundeliegende Unterscheidung zwischen gut und böse der menschlichen Seele von Gott als *notitiae naturales* bzw. *ideae innatae*, als angeborene Ideen, eingegeben wurde. Das den Begriff des Gesetzes überhaupt ausmachende normative Wissen darum, das Gute zu tun und das Schlechte zu meiden, ist in seiner Verbindlichkeit für den Einzelnen durch die Schöpfungsmacht Gottes erwirkt, der dem Menschen – trotz der Verdunkelung seiner Erkenntnisfähigkeiten durch den Sündenfall – jene Einsichten gewährte und durch die Übertragung der *notiones communes* garantierte; in den *Prolegomena in officia Ciceronis* heißt es:

> Sunt autem notitiae naturales leges naturae, quae sunt radii sapientiae dei, sparsi in mentes, ut sint testimonia de Deo ostendentia discrimen inter iusta et iniusta.[89]

Die Lehre von den *notiones communes* als *ideae innatae*, die als Licht der Vernunft die postlapsarischen Verdunkelungen des menschlichen Geistes aufhellen, ist zu den Kernbeständen der melanchthonischen Erkenntnistheorie und Ethik – und damit zur Substanz seines theologisch fundierten Wissenschaftskonzeptes überhaupt[90] – zu zählen[91]. Diese Lehre garantiert sowohl die Wahrheit allen Erkennens als auch die Wirksamkeit von Normen. Die angeborenen Begriffe und Grundsätze, die der von Melanchthon zugleich vertretenen sensualistischen Epistemologie scharf umrissene Grenzen setzen, ermöglichen neben ihrer Funktionen der Wahrheitsgewissheit und Gesetzesgeltung für den Menschen die Grundlegung allen Denkens und Handelns in der Gottesinstanz: Denn anders als der seit Descartes und noch bis weit ins 18. Jahrhundert ver-

---

89 CR XVI, 573. („ Die Naturgesetze sind jedoch natürliche Begriffe, die als Lichtstrahl der göttlichen Weisheit ausgesandt wurden in den Geist (des Menschen), so dass sie als Zeugnis von Gott, als Offenbarung, die Unterscheidung zwischen gerecht und ungerecht ermöglichen.").
90 Darauf macht schon aufmerksam Wilhelm DILTHEY, Weltanschauung und Analyse des Menschen seit Renaissance und Reformation. [Gesammelte Schriften 2], Stuttgart/Göttingen ⁵1957, 194 f.
91 Vgl. hierzu u. a. FRANK, Die theologische Philosophie (siehe Anm. 10), 112 ff., Gideon STIENING, „Deus vult aliquas esse certas noticias". Philipp Melanchthon, Rudolf Goclenius und das Konzept der notitiae naturales in der Psychologie des 16. Jahrhunderts. In: BAUER (siehe Anm. 10), 757–787; Sascha SALATOWSKY, De Anima. Die Rezeption der aristotelischen Psychologie im 16. und 17. Jahrhundert, Amsterdam/Philadelphia 2006, 116 ff.

tretene dispositionelle Innatismus, der nur die allgemeine Befähigung zur Begriffsbildung unabhängig von sinnlichen Eindrücken entwickelte, was im Rahmen einer natürlichen Vermögenspsychologie und Epistemologie erläutert werden kann[92], bedarf der propositionelle Innatismus, den John Locke einer prominenten Kritik unterzog, einer seelenexternen Instanz, die jene Inhalte, die der menschlichen mens als allgemeine angeboren sein sollen, in sie hineinlegt[93]. Der propositionelle Innatismus bietet mithin eine innerwissenschaftliche Konzeption, die auf ihre theologische Fundierung hin angelegt ist. Noch Herbert von Cherbury betont diesen Zusammenhang und wird deshalb von John Locke zum paradigmatischen Vertreter jenes propositionellen Innatismus erhoben und kritisiert[94]. Melanchthons Philosophie ist – wie die Vitorias – nicht nur in formaler, sondern auch in inhaltlicher Hinsicht auf ihre theologische Funktion hin organisiert:

> Leges naturae sunt notitiae principiorum practicorum, et conclusionum ex his extructarum, de regendis moribus, congruentes cum aeterna et immota norma mentis divinae, insitae nobis divinitus, ut sint testimonia, quod sit Deus.[95]

Die allgemeinen praktischen Prinzipien sind mithin Garanten der Fähigkeit des Menschen zu normativem Wissen und zugleich und als solche Beweise der Existenz Gottes; ohne ihn wäre der Mensch einer wertorientierten Handlung unfähig, er bliebe in ethischer Hinsicht ein Tier.

Die Tatsache, dass Melanchthon jene Naturgesetze in ihrem Sein vor allem als *notitiae mentis* begreift, hat dazu geführt, von einer Subjektivierung der traditionellen Rechtslehre durch den Wittenberger Theologen zu sprechen, weil „die lex naturae vom erkennenden Menschen her gesehen" würde „als dessen Fähigkeit zur Erkenntnis der Schöpfungsordnung"[96]. Tatsächlich heißt es noch 1559:

---

92 Vgl. hierzu Gideon STIENING, Platners Aufklärung. Das Theorem der angeborenen Ideen zwischen Anthropologie, Erkenntnistheorie und Metaphysik. In: Aufklärung 19 (2007), 105–138.
93 Rainer SPECHT, Über Angeborene Ideen bei Locke, in: Udo THIEL (Hg.), John Locke, Essay über den menschlichen Verstand [Klassiker auslegen 6], Berlin 1997, 39–63.
94 Hartmut BRANDS, Untersuchungen zur Lehre von den angeborenen Ideen, Meisenheim 1977.
95 CR XVI, 227 f.
96 BAUER (siehe Anm. 10), 67.

> Est ergo vera definitio legis naturae legem naturae esse notitiam legis divinae naturae hominis insitam.⁹⁷

Schon 1521 ist dieses Sein der praktischen Naturgesetze ausschließlich im Geist des Menschen entwickelt. Dass aber solche „Anthropologisierung und Subjektivierung des Naturrechtsgedankens"⁹⁸ in die Richtung eines neuzeitlichen Bewusstseinskonzepts verwiese, scheint eher fraglich. Denn die Gründe für die Begrenzung des Status der Naturgesetze auf geistige Operation des Menschen liegen erneut in den theologischen und nominalistischen Bedingungen dieser Vorstellungen: So hat Günter Frank deutlich herausgearbeitet, dass die notitiae principiorum practicorum ein „verdunkelter Rest jenes ursprünglichen Naturrechts in der korrupten menschlichen Natur" darstellen⁹⁹, d. h. ihren rein subjektiven Status dem Sündenfall verdanken – und damit keineswegs einer modernen profanen Bewusstseinstheorie. Zudem ist das „Fehlen jeglicher Bezüge auf scholastische Naturrechtslehren"¹⁰⁰ dem tendenziellen Nominalismus geschuldet, der die bei Vitoria oder Suárez deutlich herausgearbeiteten objektiven Dimensionen des Naturrechtsbegriffs zurückweisen muss. Melanchthons anti-objektivistische, ‚geistphilosophische' Kontur seiner Naturrechtslehre entsteht mithin aus den theologischen und spätmittelalterlich-philosophischen Prämissen seiner Position.

Nicht zufällig leitet er daher aus diesem Status der *notitiae naturales* die Pflicht zur Verehrung Gottes als ihren ersten und wichtigsten praktischen Inhalt ab:

> Ideo prima Lex naturae reipsa est agnoscere, quod unus sit Deus, mens aeterna, sapiens, iusta bona, conditrix rerum, benefaciens iustis et puniens iniustos.¹⁰¹

Aus diesem ersten Naturrecht als *idea innata* werden die weiteren Bestimmungen, wie die Unterscheidung zwischen gut und böse sowie die Postulate zur Gütergemeinschaft abgeleitet; ihre Verbindlichkeit folgt dabei ausschließlich aus ihrer unmittelbar göttlichen Abkünftigkeit, das heißt aus ihrem Status, Strahlen der göttlichen Weisheit zu sein, die in den menschlichen Geist ausgegossen wurden; als göttliche sind sie in ihrer Geltung und Verbindlichkeit unhintergehbar. Zu Recht hat Günter

---

97 CR XXI, 712.
98 So STROHM (siehe Anm. 10), 341 ff.
99 FRANK (siehe Anm. 10), 150.
100 STROHM (siehe Anm. 10), 341.
101 Vgl. CR XXI, 713.

Frank vor diesem Hintergrund betont, dass auch für Melanchthons Rechtslehre „die alles dominierende Gesamtperspektive [...] die theologische ist"[102].

Insofern kann Melanchthon eine rechtslogische Deduktion des Naturgesetzes ebenso unterlassen wie einen psychologischen Nach- oder Beweis der Existenz jener *notitiae naturales*, deren nicht-empirischer Status und damit göttliche Abkünftigkeit schlicht gesetzt werden. Doch scheint der Praeceptor Germaniae dieser theologischen Epistemologie im Hinblick auf die *vis obligandi* seiner Naturgesetze nicht vollends vertraut zu haben; ergänzt wird diese geistphilosophische ‚Obligations'-Theorie nämlich durch eine Theorie des Gewissens. Dieses wird zwar einerseits erneut theoretisch bestimmt als „Tätigkeit der sittlichen Urteilskraft"[103] und ist andererseits vor allem gewichtiges Argumentationselement in der Soteriologie des Wittenbergers[104]. Zugleich aber übernimmt es auch die Funktion der Stärkung der Verbindlichkeitsmacht der Gesetze, weil es sich vor allem in einem moralischen Gefühl, der Erfahrung von Schmerz und Angst, realisiert, das der Mensch unbedingt zu vermeiden sucht[105]. Als Nachweis der Existenz Gottes, des einzigen Garanten seiner Wirksamkeit, ist das Gewissen für Melanchthon also notwendiger Verstärker der durch die *notitiae naturales* konstituierten *vis obligandi* der Gesetze.

Nach den Erörterungen zu den komplexen Ausführungen Vitorias und Melanchthons zu der Art und Weise der Verpflichtungsmacht der Gesetze ist es wenig überraschend, dass Machiavelli zu diesen Fragen keinerlei eigenständige Theorie entworfen hat. Vielmehr zeigt seine Regierungslehre, dass die subjektive Verbindlichkeit von Gesetzen, denen – wie oben gezeigt – schon keine objektive Geltung zukam, mit ihrer intersubjektiven Gültigkeit identisch ist. Gesetze als Instrumente der stabilen Herrschaft eines Regenten sind so lange verbindlich, wie sie positive, das heißt machtgeschützte und -gestützte Geltung haben. Weil nur Funktionen der Stabilität eines Gemeinwesens, das entsteht, da der Mensch sich in ihm besser verteidigen kann, bleiben die Bestimmungen der Moral und der juridischen Gerechtigkeit inhaltlich unbestimmt bzw. formelle Funktionselemente staatlicher Ordnung. Überpositives Recht – und damit Formen unbedingter Geltung und Verbindlichkeit – ist im Rahmen dieses Utilitarismus unmöglich:

---

102 FRANK (siehe Anm. 10), 154.
103 Ebd., 330.
104 Vgl. hierzu schon BAUER (siehe Anm. 10), 73 ff.
105 Vgl. hierzu auch SCATTOLA, Naturrecht (siehe Anm. 11), 42.

> Nacquono queste variazioni de' governi a caso intra gli uomini: perché nel principio del mondo, sendo gli abitatori radi, vissono un tempo dispersi a similitudine delle bestie; dipoi, moltiplicando la generazione, si ragunarono insieme, e, per potersi meglio difendere, cominciarono a riguardare infra loro quello che fusse più robusto e di maggiore cuore, e fecionlo come capo, e lo ubedivano. Da questo nacque la cognizione delle cose oneste e buone, differenti dalle perniziose e ree: perché, veggendo che se uno nocevsa al suo benificatore, ne veniva odio e compassione intra gli uomini, biasimando gl'ingrati ed onorando quelli che fussero grati, e pensando ancora che quelle medesime ingiurie potevano essere fatte a loro; per fuggire simile male, si riducevano a fare leggi, ordinare punizioni a chi contrafacessi: donde venne la cognizione della giustizia.[106]

Das Überlebenskalkül, das allererst zur Vergemeinschaftung führte, wird auch innerhalb ihrer nicht überwunden; Recht und Gesetz haben ihre Geltung und Verbindlichkeit im Rahmen dieses Kalküls, sind jedoch unter veränderten Bedingungen ohne jede Wirkmacht. Es ist dieser Mangel an Reflexion auf eine *vis obligandi* positiver Gesetze, der die Sehnsucht nach einer verbindlichkeitsgarantierenden Instanz nährte; bei aller Wucht der Verweltlichung durch seinen Pragmatismus trug Machiavellis begründungstheoretische Indifferenz zugleich erheblich zu einer Retheologisierung der politischen Theorie bei.

---

106 MACHIAVELLI, Discorsi 1.2 („Diese verschiedenen Regierungsformen sind durch Zufall entstanden; am Anfang der Welt, als es noch wenige Menschen gab, lebten diese zerstreut, ähnlich den wilden Tieren. Als sich später das Menschengeschlecht vermehrte, schlossen sie sich zusammen und begannen, um sich besser verteidigen zu können, den stärksten und beherztesten unter ihnen herauszustellen, machten ihn zu ihrem Führer und gehorchten ihm. Daraus entstand der Begriff von ehrenvoll und gut im Gegensatz zu verderblich und böse; denn man sah, daß es bei den Menschen Haß und Mitleid erweckte, wenn einer seinem Wohltäter Unrecht zufügte, daß die Undankbaren getadelt und die Dankbaren geehrt wurden; überdies sagte sich jeder, es könnte ihm dasselbe Unrecht zugefügt werden. Um ähnliche Übel zu vermeiden, entschloß man sich, Gesetze zu schaffen und Strafen gegen Zuwiderhandelnde einzuführen. Hieraus entstand der Begriff der Gerechtigkeit." MACHIAVELLI, Gedanken über Politik [siehe Anm. 31], 13).

5. Ausblick – Melanchthon und Vitoria zwischen Machiavelli und Hobbes

Es kann nur wenig überraschen, dass dieser formelle Pragmatismus des Machterhaltes und der Stabilitätsgarantie nicht nur Angst und Schrecken verbreitete[107], sondern auch kaum systematische Überzeugungskraft entwickelte; zu sehr mangelte es dieser Herrschaftstechnologie an allgemeinen geltungs- und begründungstheoretischen Argumenten, die Recht und Staatlichkeit überhaupt begründeten und in einer Weise legitimierten, die den politischen Erfordernissen des 16. und 17. Jahrhunderts gerecht geworden wäre. Solcherart allgemeiner politischer Theorien schien es aber im konfessionellen Zeitalter[108], das zugleich das Zeitalter der Entdeckung der Neuen Welt war[109], dringender denn je zu bedürfen. Selbst Kardinal Richelieu, in seinem politischen Handeln einer der ersten brillanten Machiavellisten, suchte nach einer allgemeinen Legitimationstheorie für sein politisches Programm, der Durchsetzung eines – regional und konfessionell übergreifenden – zentralistischen Absolutismus[110].

In diese Lücke stießen die theonomen Naturrechtstheorien des 16. Jahrhunderts, die in Melanchthons und Vitorias Versionen paradigmatische Ausführungen erhielten[111]. Unabhängig von allen theologischen und philosophischen Differenzen eröffnen deren kaum zu übersehenden Gemeinsamkeiten – Theologisierung der allgemeinen Rechtslehre; theonome Fundierung der Geltungstheorie; enge, ja „unauflösliche Verbindung von Recht und Moral"[112] im Rahmen der Obligationstheorien – eine gemeinsame Frontlinie gegen die Tendenzen der Ver-

---

107 Vgl. hierzu Michael STOLLEIS, Machiavellismus und Staatsräson. Ein Beitrag zu Conrings politischem Denken, in: DERS., Staat und Staatsräson (siehe Anm. 1), S. 73–105.
108 Vgl. hierzu die exzellente Darstellung bei Harm KLUETING, Das Konfessionelle Zeitalter. Europa zwischen Mittelalter und Moderne, Darmstadt 2007, speziell 175 ff.
109 Josef BORDAT, Annexion – Anbindung – Anerkennung. Globale Beziehungskulturen im frühen 16. Jahrhundert, Hamburg 2008.
110 Vgl. hierzu Uwe SCHULTZ, Richelieu. Der Kardinal des Königs. Eine Biographie, München 2009.
111 Vgl. erneut SCATTOLA, Naturrecht (siehe Anm. 11); dies gilt auch noch für den Beginn des 17. Jahrhunderts, vgl. hierzu Daniel RECHNAGEL: Einheit des Denkens trotz konfessioneller Spaltung. Parallelen zwischen den Rechtslehren von Francisco Suárez und Hugo Grotius. Frankfurt a.M. u.a. 2010, S. 100 ff.
112 So zu recht DEFLERS (siehe Anm. 10), 42.

weltlichung von Staattheorie und politischer Praxis. Die Erfolge des Melanchthonischen wie des Vitorianischen Naturrechts bis ins späte 17. Jahrhundert – und damit weit über das Auftreten tatsächlich profaner politischer Theorie in der Gestalt der Rechts- und Staatstheorie des Thomas Hobbes – zeigen, dass die drängenden realen Problemlagen durch Konfessionalisierung und Entdeckungen zwar zu der Hobbesschen Lösung drängten, weil dessen konsequent weltlicher ‚Leviathan' sowohl gegenüber konfessionellen als auch gegenüber kulturellen Besonderheiten indifferent und doch gut legitimiert und stabil war. Die Zeitgenossen des 16. und 17. Jahrhunderts bevorzugten jedoch – als Theoretiker und Praktiker – die theonomen Varianten des Natur- und Staatsrechts. Dass eine politische Theologie in Fragen des Natur- und Völkerrechts als „ordnungsstiftende Macht in den Glaubenskämpfen" schon des späten 16. Jahrhunderts „verspielt" hätte[113], scheint bei einem Blick auf Bodin zwar in *philosophie*geschichtlicher Hinsicht zutreffend, den *ideen- und real*geschichtlichen Tatsachen der Frühen Neuzeit jedoch nicht zu entsprechen. Trotz Bodin, Hobbes und Rousseau, wird in vielerlei Bereichen allererst die kantische Rechtsphilosophie eine mehr als säkularisierte, d. h. eine tatsächlich profane, Begründungstheorie des Rechts durchsetzen.

---

113 So aber STOLLEIS, Arcana imperii (siehe Anm. 1), 45.

Melanchthon und Cicero

Facetten des Eklektizismus am Beispiel der Seelenlehre

Felix Mundt

1. Einleitung

Besonders spürbar ist Ciceros Bedeutung für Melanchthon[1] im Bereich der Rhetorik. Er ist – was seine philosophischen und rhetorischen Schriften betrifft (die in seinen Briefen zum Ausdruck kommende politische Unentschlossenheit hat nicht erst Mommsen getadelt[2]) – bereits in der Renaissance ein unangefochtener Klassiker. Auch für Melanchthon ist Cicero zunächst der Redner schlechthin, der Meister der lateinischen Sprache und das didaktische Ideal, dem ein jeder Student nacheifern sollte[3]. Der Schriftsteller Cicero ist geradezu der Archetyp, dessen stetige Betrachtung und Nachahmung[4] die Kunstfertigkeit steigern kann[5].

---

1   Die Werke Melanchthons werden, sofern nicht anders angegeben, nach dem Corpus Reformatorum (CR) zitiert. Abgekürzt werden zitiert CdA: Ph. M., Commentarius de Anima, Argentorati: Mylius 1540 (VD 16 M 2748); EDE: Ph. M., Ethicae Doctrinae Elementa et Enarratio Libri quinti Ethicorum, unter Mitarbeit von Michael BEYER herausgegeben und eingeleitet von Günter FRANK, Stuttgart-Bad Canstatt 2008; LC: Ph. M., Loci communes 1521. Lateinisch-deutsch. Übersetzt und mit kommentierenden Anmerkungen versehen von Horst Georg PÖHLMANN, Gütersloh 1993; LdA: Ph. M., Liber de Anima, hg. Bretschneider, CR 13, 2–178, Halle 1846.
2   Bereits Petrarca trennt in den *Familiaria* 24, 3 und 4 den Tadel an Ciceros politischer Lebensführung und die Bewunderung seiner geistigen Leistung. Tadeusz ZIELIŃSKI, Cicero im Wandel der Jahrhunderte, Leipzig/Berlin 1912, 172 sieht diese Trennung als paradigmatisch für den gesamten Humanismus an.
3   Exemplarisch ist seine Äußerung im *Encomium eloquentiae* (1523), CR 11, 59: „Itaque tantum stylo tribuit M. Cicero, ut optimum et praestantissimum dicendi effectorem ac magistrum esse scripserit, solitusque sit per otium alias e Graecis Latina facere, alias nova cudere, alias declamare."
4   Zur von Melanchthon intendierten Form der Cicero-*imitatio* und ihren Gründen siehe Wolfgang KIRSCH, Der deutsche Protestantismus und Cicero (Luther, Melanchthon, Sturm), in: Ciceroniana N.S. 6 (1988), 131–149, 140 ff.

Ebenso unstrittig und offensichtlich ist Ciceros Bedeutung für die praktische Tugendlehre. Insbesondere die Lektüre der *officia* hat Melanchthon immer wieder empfohlen. Die von Cicero postulierte Einheit von Rhetorik und Philosophie hat er sich vollständig zu eigen gemacht, wie auch sein kleiner, um 1535 in Hendekasyllaben verfasster Kommentar für das Wittenberger Vorlesungsverzeichnis deutlich macht: Ciceros Bücher *De officiis* bilden Zunge und Herz junger Menschen in gleicher Weise[6]. Für die weitere Geschichte des protestantischen Humanismus ist diese Übernahme von entscheidender Bedeutung[7]. Und schließlich ist Cicero nicht nur eine Autorität aus eigenem Recht in den Bereichen der Rhetorik und der Ethik, sondern auch Vermittler griechischer Philosophie. Diese Rolle, die er mit Blick auf seine eigene Zeit ganz bewusst übernommen und ausgestaltet hat[8], spielt er im 16. Jahrhundert noch immer. Platon und Aristoteles werden von Melanchthon nicht selten mit Hilfe von Cicero erklärt[9], weil dieser sprachlich leichter verständlich sei und den Stoff – gerade im Vergleich zu Aristoteles, der absichtlich (*consulto*) kompliziert geschrieben habe – didaktisch besser aufbereitet habe[10]. Cicero ist Aristoteles hinsichtlich der sprachlichen

---

5   *Scholia in Ciceronis De oratore librum II,* CR 16, 725 f.: „Proinde eligendus est Cicero, cuius orationem nobis velut archetypum proponamus, in quam mentem atque oculos defigamus, non aliter atque pictor eam faciem contemplatur, quam depingit." Die Parallelsetzung von bildendem Künstler und Schriftsteller, die jeweils einen Archetyp betrachten und nachahmen, nach Plin. epist. 5, 15.

6   CR 10, 547, *Carm.* 130 *In officia Ciceronis* (1535?): „Tulli nos hodie optimum libellum | qui pectus tenerum rudemque linguam | divina expolit arte, praelegemus. | Virtutis tibi monstrat eminentem | arcem Tullius, atque firmiorem | portum, quem feriant Noti procaces, | Eurique Boreaeque saevientes | frustra, quique minas nihil moretur | Fortunae, et placidam tibi quietem | et mentem pariat sereniorem." Vgl. Anthony PELZER WAGENER, Melanchthon: A German Humanist, in: The Classical Weekly 22 No. 20 (1929), 155–160, 158. Melanchthon behandelte *De officiis* zwischen 1524 und 1555 dreimal im universitären Unterricht: KIRSCH (s. o. Anm. 4), 133.

7   KIRSCH (s. o. Anm. 4), 143; Horst DREITZEL, Von Melanchthon zu Pufendorf. Versuch über Typen und Entwicklung der philosophischen Ethik im protestantischen Deutschland zwischen Reformation und Aufklärung, in: Martin MULSOW (Hg.), Spätrenaissance-Philosophie in Deutschland 1570–1650. Entwürfe zwischen Humanismus und Konfessionalisierung, okkulten Traditionen und Schulmetaphysik, Tübingen 2009, 321–398, 326.

8   Vgl. Cic. Tusc. 1, 1–8; 2, 6 f.

9   Vgl. *In Ciceronis Oratorem scholia,* CR 16, 772.

10 *In Ciceronis Topica,* CR 16, 808 f.: „Estque in Cicerone mollis et aequabilis verborum compositio, ac nihil insolens. Aristotelis libri vix possunt intelligi sine

Gestaltung überlegen, und wenn man davon überzeugt ist, dass Rhetorik und Philosophie eng zusammen gehören, dann bürgt diese sprachliche Überlegenheit auch für eine gewisse Qualität des Inhalts[11]. Für Melanchthon selbst ist es ein wichtiges Anliegen in allen seinen Schriften, allgemeinverständlich zu sein[12], wobei er sich eher als Wegbereiter für die Lektüre der antiken Autoren sieht denn als Autor eigenen Rechts[13]. Dabei ist diese Selbsteinschätzung durchaus mit einem gesunden Selbstbewusstsein verbunden. Hier unterscheidet sich der Rhetoriker und Philosoph Melanchthon nicht vom Theologen, denn diese Haltung

---

aliquo, qui viam ac methodum, quam secutus est in disputatione, indicet." Vgl. *Praefatio in officia Ciceronis* (1534), CR 11, 259: „Nam exiles disputationes, quales sunt apud Aristotelem, doctrinam quidem continent non illiberalem, sed subobscuram et propemodum consulto recedentem longius ab imperitorum intellectu atque iudicio." Für die Beschäftigung mit der aristotelischen Physik und Seelenlehre hat Melanchthon sich denn auch Hilfe bei Johannes Naevius (MBW 1508), Joachim Camerarius und Jacob Milich (MBW 1384; CdA fol. A4ᵛ) geholt. Vgl. Johann RUMP, Melanchthons Psychologie (seine Schrift *De anima*) in ihrer Abhängigkeit von Aristoteles und Galenos, Diss. Kiel 1897, 6 ff.; Heinrich MAIER, Philipp Melanchthon als Philosoph, in: ders., An der Grenze der Philosophie, Tübingen 1909, 1–139, 70; Peter PETERSEN, Geschichte der aristotelischen Philosophie im protestantischen Deutschland, Leipzig 1921, 80; Sachiko KUSUKAWA, The Transformation of Natural Philosophy. The Case of Philip Melanchthon, Cambridge 2005, 83.

11 Der Gegensatz Cicero-Aristoteles existiert in der Renaissance in verschiedenen Spielarten. Walter RÜEGG, Cicero und der Humanismus, Zürich 1946, 20 sieht bereits bei Petrarca eine Stärkung der „Weisheits-Antike", repräsentiert durch Platon, Cicero und dessen *saluberrimae vitae leges* gegenüber der scholastisch-aristotelischen „Wissenschafts-Antike".

12 So auch in der Dialektik (De Dialectica libri quatuor, Witembergae 1528, fol. A4ᵛ): „Ego praeceptiones simpliciter, et, quod aiunt, pingui Minerva tradam; video enim hanc artem dum scriptores nimium student argutiis, et ad vivum omnia resecant, obscuratam esse. Placet id quod praeceperunt ἀμαθέστερον καὶ σαφέστερον." Das griechische Motto („ungelehrter und klarer") stammt aus Aristophanes, *Ranae* 1445. Das Ideal der Allgemeinverständlichkeit besaß für Melanchthon also nicht nur im Bereich der Predigt einen hohen Stellenwert (vgl. dazu KIRSCH [s. o. Anm. 4], 140).

13 Z. B. in der Vorrede zu den *Elementa rhetorices* (1531), MBW 1183, 9 ff.: „Non enim edidi, ut locupletiores auctores excuterem studiosis e manibus. Spero enim illa nostra elementa his, qui ad Aristotelem accessuri sunt, adiumento et, ut Graeci dicunt, πρὸ ὁδοῦ futura esse." [...] 54 ff.: „Quare etiam adhortandi sunt, ne his nostris libellis immorentur, sed cognitis his elementis Ciceronem et Quintilianum legant autores illos non solum ad eloquentiam, sed etiam ad sapientiam profuturos [...]."

ist im Zuge der Erklärung der Heiligen Schrift entstanden[14]. Besonders bemerkenswert dabei ist, dass er sich nicht als Kommentator sieht, sondern als *iudex*. Man könnte Melanchthon an dieser Stelle jugendlicher Überheblichkeit zeihen, wenn man nicht bedenkt, dass das *iudicium* seinem Ursprung nach eine spezifisch philologische Tugend ist. Das wichtigste Werkzeug eines frühneuzeitlichen Philologen, der noch einige Jahrhunderte von der Lachmannschen Textkritik entfernt ist, ist vor allem sein stilistisches Urteilsvermögen, wenn es an die Wiederherstellung klassischer Texte geht. Ebenso wie die Übertragung dieses Prinzips von der Philologie auf die Geschichtsschreibung neue Formen der Erkenntnisgewinnung und der Wissensorganisation hervorbrachte[15], so ist sie für das Verständnis der melanchthonischen Theologie und Philosophie von zentraler Bedeutung[16]. Sie illustriert das philologisch-humanistische Element der reformatorischen Theologie ebenso wie die spezifische Form des philosophischen Eklektizismus, dessen sich Melanchthon bediente und bei dem wir nun etwas länger verweilen wollen.

2. Cicero und Melanchthon als Eklektiker

Cicero wie Melanchthon gelten als philosophische Eklektiker[17], als Auswähler und Vermittler bestimmter Positionen, und diese Auswahl erfolgt mit Blick auf ein Ziel, nämlich die Ausbildung des Lesers hin zu einem Ideal, das außerhalb des Philosophentums selbst liegt. In dieser Hinsicht kann man Melanchthons Philosophie als theologische[18], Ciceros

---

14 Widmungsbrief zu den *Loci communes* (1521) an Tilmann Plettener, MBW 132, 18 ff.: „Parce vero ac breviter omnia tractamus, quod iudicis magis quam commentarii vice fungimur. [...] Non hoc ago, ut ad obscuras aliquas et impeditas disputationes a scripturis avocem studiosos, sed ut, si quos queam, ad scriptores invitem."

15 Vgl. Felix MUNDT, Beatus Rhenanus. Res Germanicae (1531). Ausgabe, Übersetzung, Studien, Tübingen 2008, 470.

16 Vgl. MAIER (s. o. Anm. 10), 59.

17 Vgl. die grundsätzlichen Bemerkungen bei Günter FRANK, Die theologische Philosophie Philipp Melanchthons, Leipzig 1995, 23.

18 Wilhelm DILTHEY, Das natürliche System der Geisteswissenschaften im 17. Jh., in: ders., Aufsätze zur Philosophie, hg. v. Marion MARQUARDT, Berlin 1986, 139–326, 256 benutzt auch den Begriff „philologische Philosophie". Dass seine Theologie als „rhetorische" bezeichnet wurde (Christoph SCHWÖBEL, Melanchthons „Loci communes" von 1521, in: Johannes SCHILLING [Hg.], Melanchthons bleibende Bedeutung. Ringvorlesung der Christian-Albrechts-Uni-

als rhetorisch-staatsmännische oder persuasive Philosophie bezeichnen. Diese fundamentalen Gemeinsamkeiten konstatierte Karl HARTFELDER bereits 1889[19]. Auch Wilhelm DILTHEY, der Melanchthon als Philosophen doch davor bewahren wollte, unterschätzt zu werden, fasste diese Tatsache in vier Worten zusammen: „Er war kein Erfinder."[20] Im Zuge eines Beitrages, der von einem Klassischen Philologen stammt, ist es vielleicht angebracht zu betonen, dass der Begriff des Eklektizismus keineswegs abwertend verstanden wird – ein Gedanke, der für die mit der Philosophie der Frühen Neuzeit befasste Philosophiegeschichtsschreibung seit Jacob Brucker selbstverständlich ist[21]. Ein wichtiger Punkt, den die Lobredner des neuzeitlichen philosophischen Eklektizismus wie Brucker und Diderot[22], die die Unabhängigkeit und Freiheit dessen betonen, der keiner Sekte angehört und sich stets aus allen Angeboten das Beste wählt, verschweigen, ist die Möglichkeit, dass die Wahl nach Maximen erfolgt, die außer- oder oberhalb der Philosophie selbst liegen und für die Definition des Besten entscheidend sind[23]. Von einem Christen (also auch von Melanchthon) erwartet man nichts anderes, einem Cicero ist es bis ins 20. Jh. hinein immer wieder vorgeworfen

---

versität zum Melanchthon-Jahr 1997, Kiel 1998, 57–82, 63–68), zeigt die enge Verwobenheit von Philologie, Philosophie, Theologie und Rhetorik, für die Melanchthon zwar berühmt ist, deren Analyse aber immer wieder fasziniert.

19 Karl HARTFELDER, Philipp Melanchthon als *Praeceptor Germaniae*, Berlin 1889, 178–181; vgl. KIRSCH (s. o. Anm. 4), 132.

20 DILTHEY (s. o. Anm. 18), 227. Vgl. ebd. 256: „Nur ein neuer Lebensatem ging von ihm nicht aus." Bodo SARTORIUS VON WALTERSHAUSEN, Melanchthon und das spekulative Denken, in: DVfLG 5 (1927), 644–672, 648: „Melanchthon war kein konstruktiver Denker."

21 Vgl. Pierluigi DONINI, The history of the concept of eclecticism, in: John M. DILLON/A.A. LONG (Hgg.), The Question of „Eclecticism". Studies in Later Greek Philosophy, Berkeley/Los Angeles/London 1988, 15–33, 18. Es ist bezeichnend, dass bereits Jacob Brucker in seiner *Historia critica philosophiae* von 1742/44 den Eklektizismusbegriff in Bezug auf die Philosophie der Antike negativ, bezogen auf die Neuzeit aber positiv verwendet: Ulrich Johannes SCHNEIDER, Das Eklektizismus-Problem der Philosophiegeschichte, in: Wilhelm SCHMIDT-BIGGEMANN/Theo STAMMEN (Hgg.), Jacob Brucker (1696–1770): Philosoph und Historiker der europäischen Aufklärung, Berlin 1998, 135–158, 140 f.; 147.

22 Zu Diderot DONINI (s. o. Anm. 21), 19.

23 Diesen Punkt scheint mir auch keine der sechs Definitionen des Eklektizismusbegriffes bei DONINI (s. o. Anm. 21), 31 f. zu treffen.

worden[24]. Diese Schwachstelle in Ciceros Philosophenpersönlichkeit hat bereits Laktanz erkannt, der Cicero Doppelzüngigkeit vorwirft, wenn er seinem Sohn als Lebensmaxime mitgebe, er solle zwar die Philosophie zur Kenntnis nehmen, aber leben wie ein römischer Bürger[25]. Aber Laktanz kämpft nicht mit der Autorität der Philosophie gegen Cicero, sondern mit der Autorität Ciceros gegen die Philosophie: Wenn man nicht nach den Geboten der philosophischen Erkenntnis leben soll, dann kann es mit der Philosophie ja nicht weit her sein. In der Kritik des Laktanz ist in größtmöglicher Kürze eingefangen, was das Problem mit Cicero ausmacht: Er selektiert und gewichtet nach Maßstäben, die ohne Berücksichtigung seiner rhetorisch-politischen Tätigkeit nicht verständlich sind[26]. Cicero ist innerhalb der antiken Philosophiegeschichte ein Sonderfall, und insofern ist sein Eklektizismus von dem etwa der kaiserzeitlichen Stoiker und Platonisten zu trennen. Er ist Philosoph nur im Nebenberuf (was – anders als bei Seneca[27] – stets durchscheint) und sieht sich, nicht ganz zu Unrecht, als den Schöpfer der philosophischen Prosaliteratur in lateinischer Sprache[28]. Der Skeptizismus der Neuen Akademie ist für diesen Anspruch in besonderer Weise geeignet, weil er es erlaubt, viele verschiedene Ansätze durchzumustern, zu referieren, zu prüfen, zu werten[29]. Dass der Skeptizismus – anders als klarer Dogma-

---

24 Freilich fehlt es auch in der Moderne nicht an Stimmen, die Cicero als Philosophen verteidigen. Klassisch Otto SEEL, Das Problem des römischen Philosophierens, in: Gerhard RADKE (Hg.), Cicero, ein Mensch seiner Zeit, Berlin 1968, 136–160.
25 Lact. inst. 3, 14, 17: „At quam confisus fueris philosophiae veritate, docent ad filium conposita praecepta, quibus mones philosophiae quidem praecepta noscenda, vivendum autem esse civiliter. quid tam repugnans dici potest? si noscenda sunt praecepta philosophiae, ideo utique noscenda sunt, ut recte sapienterque vivamus, vel si civiliter vivendum est, non est igitur philosophia sapientia, siquidem melius est civiliter quam philosophe vivere."
26 Vgl. zum grundsätzlichen Problem der rhetorischen Techniken und der im strengen Sinne unphilosophischen, weil relativistischen, rhetorischen Haltung in Ciceros philosophischen Schriften Walter BURKERT, Cicero als Platoniker und Skeptiker, in: Gymnasium 72 (1965), 175–200, 199; Jürgen LEONHARDT, Ciceros Kritik der Philosophenschulen (Zetemata 103), München 1999, 80; 86; 89–95.
27 Seneca spielt für Melanchthon praktisch keine Rolle, daher erübrigt sich ein näheres Eingehen auf ihn im Rahmen dieses Beitrages.
28 Cic. nat. 1, 7–9; fin. 1, 4–10; Tusc. 1, 5 f.
29 Am deutlichsten wird diese nützliche Eigenschaft der skeptischen Akademie im Aufbau von *De finibus*. Mit dem schwierigen Verhältnis der Begriffe Skeptizismus und Eklektizismus und ihrer Anwendung auf Cicero beschäftigt sich John

tismus – auch Unsicherheit und Dunkelheit verbreiten kann[30], hebt diese Vorteile nicht auf. Er ist die dem professionellen Redner am meisten gemäße Form des Philosophierens[31].

Wer sich die Freiheit nimmt, auszuwählen, erhebt sich über seinen Gegenstand. Er unterwirft sich damit nicht mehr einer bestimmten philosophischen Lehrmeinung, wohl aber lässt er sich bei seiner Auswahl von Prinzipien leiten, die außerhalb der Philosophie selbst liegen, und so ist Melanchthons Selbstcharakterisierung als *iudex* zu verstehen. Welche diese Prinzipien sind, kann nur eine genaue Analyse jedes einzelnen seiner Werke erweisen. Natürlich gibt es Texte, in denen Melanchthon in großer Klarheit definiert, wie man zu philosophieren habe, so in der Deklamation *De philosophia* von 1536 (CR 11, 278–284): Philosophische Beschlagenheit verhindert das größte aller Übel, die *theologia inerudita*[32], ist also Mittel zum Zweck der Erreichung einer gebildeten und weitgehend fehlerfreien Theologie, und wenn einer fragt, welchem antiken Autor man am ehesten zu folgen habe, so wäre dies Aristoteles, angereichert durch weitere Federn vom Kleide der Wahrheit, die man bei anderen Schriftstellern zupfen kann[33]. Cicero kommt hier überhaupt

---

GLUCKER, Cicero's philosophical affiliations, in: DILLON/LONG (s. o. Anm. 21), 34–69. LEONHARDT (s. o. Anm. 26), 83–88 betont gegen GLUCKER und STEINMETZ, dass Cicero Zeit seines Lebens Skeptiker war und seine philosophischen Schriften nicht in ein dogmatisches (Schriften zwischen den Jahren 79 und 46) und ein skeptisches (vor 79 und nach 46) Corpus eingeteilt werden können. Ähnlich bereits BURKERT (s. o. Anm. 26), 181 f.

30 Cic. nat. 1, 6: „Multis etiam sensi mirabile videri eam nobis potissimum probatam esse philosophiam, quae lucem eriperet et quasi noctem quandam rebus offunderet."

31 So könnte man die von LEONHARDT (s. o. Anm. 26) 76–95 gemachten Beobachtungen zuspitzen. Auch dort, wo Cicero auf den ersten Blick dogmatisch zu sein scheint, sind bei genauerem Hinsehen Vorbehalte in den Text eingebaut. Vgl. zu diesem Komplex W. GÖRLER, Silencing the Troublemaker. *De legibus* 1.39 and the Continuity of Cicero's Scepticism, in: J. G. F. POWELL (Hg.), Cicero the Philosopher. Twelve Papers, Oxford 1995, 85–113.

32 CR 11, 280.

33 CR 11, 282 f: „Eruditam Philosophiam requiro, non illas cavillationes, quibus nullae res subsunt. Ideo dixi unum genus eligendum esse, quod quam minimum habeat Sophistices et iustam methodum retineat: talis est Aristotelis doctrina. [...] Quanquam is qui ducem Aristotelem praecipue sequitur [...] interdum et ab aliis autoribus sumere aliquid potest. Ut enim Musae cum cantu certassent cum Sirenibus, easque vicissent, ex pennis earum coronas sibi fecerunt, ita et in sectis, et si una maxime probanda est, tamen interdum ex aliis aliquid veri decerpamus, quo nostra sententia ornetur." Vgl. FRANK, Philosophie (s. o. Anm. 17), 17 f.; MAIER (s. o. Anm. 10), 67.

nicht vor, die Akademie wird rundweg abgelehnt[34]. Gegen Aristoteles gibt es keinerlei Vorbehalte. Mit Melanchthons philosophischer Praxis stimmt die Darstellung, die er in dieser akademischen Festrede gibt, allein hinsichtlich des selbstverständlichen Primats der Theologie überein, und die Formel „Aristoteles + x"[35] erklärt seine Variante des philosophischen Eklektizismus nicht hinreichend. Damit soll die zentrale Stellung, die Aristoteles v. a. für Melanchthons Ethik innehat, nicht geleugnet werden, aber das philosophische Bekenntnis Melanchthons variiert – in einem gewissen Rahmen – je nach Textsorte (Rede, Brief, Traktat) und Beweisziel, was ihn wiederum mit Cicero verbindet. Übergeordnetes Ziel Melanchthons bei der Auswahl und Bewertung philosophischer Inhalte ist stets ihr Nutzen für den Erhalt der bürgerlichen Ordnung und ihre Eignung für die Legitimierung und Durchführung eines Versuches philosophischer Gotteserkenntnis[36].

Den Philosophen Cicero und den Philosophen Melanchthon zusammenzubringen, ist gleichzeitig unendlich einfach und unendlich schwierig. Man kann, wenn man möchte, Melanchthon als Schüler Ciceros zeichnen, wie es Wilhelm DILTHEY bekanntlich versucht hat, der in Cicero den Anreger für so entscheidende Eckpfeiler wie die Lehre vom freien Willen, der Gottebenbildlichkeit und den *notitiae naturales* sah[37]. Die Schwierigkeit besteht darin, wenn es um Einzelprobleme und Einzelnachweise geht, tatsächlich Einflüsse abzuleiten und zu erkennen, die nicht auch durch die direkte Kenntnis von Ciceros Quellen oder die unüberschaubare Menge der lateinischen Philosophie nach Cicero erklärbar sind. Dabei muss man stets die Waage halten zwischen zu starker

---

34 CR 11, 282: „Fugienda est Academia, quae non servat methodum et sumit sibi licentiam immoderatam omnia evertendi."
35 So etwa SARTORIUS VON WALTERSHAUSEN (s. o. Anm. 20), 649: „Melanchthon [hat] […] nur im Medium der aristotelischen Begriffswelt denken können. Er hat diese freilich oft nominalistisch gedeutet, vor allem in maßvollem Eklektizismus durch Einfügung ciceronianisch-stoischer Gedankengänge zu ergänzen gesucht." Vgl. ebd. 650 f.; MAIER (s. o. Anm. 10) 67.
36 Insbesondere Günter FRANK hat sich seit seiner 1995 publizierten Dissertation in zahlreichen Aufsätzen den verschiedenen Facetten dieser Verbindung von Theologie und Philosophie bei Melanchthon gewidmet. Eine konzise Zusammenfassung der wichtigsten Ergebnisse bietet er in dem Beitrag: Die Vernunft des Handelns – Melanchthons Konzept der praktischen Philosophie und die Frage nach der Einheit und Einheitlichkeit seiner Philosophie, in: G. FRANK/Sebastian LALLA (Hgg.), Fragmenta Melanchthoniana 1, Heidelberg/Ubstadt-Weiher/Basel 2003, 163–178.
37 DILTHEY (s. o. Anm. 18), 243 f.; vgl. FRANK, Philosophie (s. o. Anm. 17), 24.

Verallgemeinerung und einer Mikrophilosophie, die Melanchthon aufgrund einzelner begrifflicher Ähnlichkeiten in Traditionen stellt, die man zu seiner Erklärung eigentlich nicht benötigt[38]. Die einzige Möglichkeit, einen sinnvollen Bezug zwischen Cicero und Melanchthon herzustellen, liegt darin, nach ihrem Wollen zu fragen, nach ihrem Darstellungsziel und den Gründen für die Auswahl ihrer Argumente, ohne a priori zwingend von einer direkten Filiation einzelner Postulate auszugehen.

3. Cicero und die Seelenlehre Melanchthons

Ergänzend zu den vorangegangenen Untersuchungen zu Pflichtenlehre und Wahlfreiheit[39], möchte ich hier kurz auf die drei zentralen Punkte der Seelenlehre eingehen, den zweiten Bereich, in dem traditionell eine große Nähe zwischen Cicero und Melanchthon gesehen wird: erstens die *notitiae naturales*, zweitens die Lehre vom freien Willen, und drittens die Interpretation des aristotelischen Entelechiebegriffes. Alle drei Themen führen uns im Wesentlichen zu drei Werken Melanchthons: den *Loci communes rerum theologicarum*, den *Doctrinae ethicae elementa* und dem *Liber de anima*[40].

3.1. Die *notitiae naturales*

Unter den drei anzuführenden Punkten kann ich mich beim ersten, den *notitiae naturales*, vermutlich am kürzesten fassen. Die dem Menschen von Gott eingestifteten *notitiae* oder Prinzipien sind das Wesentliche an der Gottesebenbildlichkeit des Menschen[41], die Grundlage aller Wissen-

---

38 So wäre zu überprüfen, ob Sascha SALATOWSKY, De Anima. Die Rezeption der aristotelischen Psychologie im 16. und 17. Jahrhundert, Amsterdam 2006, 75–92 nicht über sein Ziel hinausgeht, wenn er Melanchthon (und S. 98 unter Vernachlässigung der Chronologie sogar Cicero) aus Simplicius' *De-anima*-Kommentar zu erklären sucht.
39 Anne EUSTERSCHULTE in diesem Band.
40 Den engen Zusammenhang zwischen Seelenlehre und *Loci communes* betont Simone DE ANGELIS, Anthropologien. Genese und Konfiguration einer „Wissenschaft vom Menschen" in der Frühen Neuzeit, Berlin/New York 2010, 34.
41 Vgl. Günter FRANK, Stoa und frühneuzeitliche Rationalität: Philipp Melanchthons Konzept der Geistphilosophie, in: Barbara NEYMEYR/Jochen SCHMIDT/ Bernhard ZIMMERMANN (Hgg.), Stoizismus in der europäischen Philosophie, Literatur und Politik, Berlin/New York 2008, 549–574, 567–570.

schaften⁴², das Fundament von Recht und Moral⁴³, kurz: Dreh- und Angelpunkt der theologischen Philosophie Melanchthons⁴⁴. Vor allem Günter FRANK und Gideon STIENING haben zu den *notitiae* fast alles gesagt, was zu sagen ist, sind ihren Ursprüngen in den epikureisch-stoischen προλήψεις und κοιναὶ ἔννοιαι nachgegangen, haben die einschlägigen Belegstellen bei Cicero identifiziert und Melanchthons theologische Eigenleistung herausgearbeitet⁴⁵. Dennoch möchte ich die Begriffsgeschichte noch einmal kurz zusammenfassen und dabei einen Punkt betonen, der für unseren Vergleich besonders wichtig ist.

Die Grundzüge der Entwicklung kann man folgendermaßen beschreiben: Bei den προλήψεις Epikurs und der Stoa⁴⁶ handelt es sich um in der Seele verwurzelte Vorbegriffe (engl. preconceptions), die auf sinnliche Wahrnehmung gründen und auf rein natürlichem Wege entstehen⁴⁷. Die stoischen κοιναὶ ἔννοιαι haben, wenn man sie denn genau von den προλήψεις abgrenzen kann⁴⁸, eine etwas weiter gefasste Bedeutung im Sinne von Allgemeinbegriffen (engl. common notions), die durchaus

---

42 So in den *Erotemata Dialectices* CR 13, 647. Vgl. FRANK, Stoa (s. o. Anm. 41), 572.
43 MAIER (s. o. Anm. 10), 70; FRANK, Stoa (s. o. Anm. 41) 571; zum Zusammenhang zwischen Melanchthons Naturrechts- und Seelenlehre DE ANGELIS (s. o. Anm. 40), 39 ff. Vgl. auch Isabelle DEFLERS, *Lex* und *ordo*. Eine rechtshistorische Untersuchung der Rechtsauffassung Melanchthons, Berlin 2005, 43–59.
44 So schon DILTHEY (s. o. Anm. 18), 264; MAIER (s. o. Anm. 10), 123 ff.; SARTORIUS VON WALTERSHAUSEN (s. o. Anm. 20), 664 ff.
45 Gideon STIENING, *Deus vult esse aliquas esse certas noticias*. Philipp Melanchthon, Rudolph Goclenius und das Konzept der *notitiae naturales* in der Psychologie des 16. Jahrhunderts, in: Barbara BAUER (Hg.), Melanchthon und die Marburger Professoren, Bd. 2, Marburg 1999, 757–787, 759 f.; FRANK, Stoa (s. o. Anm. 41) 557–562.
46 Dass Epikur der Erfinder des Begriffes war, die Stoa ihn also übernahm, bezeugt Cic. nat. 1, 44, im Zusammenhang mit der Rechtfertigung eigener neuer Wortschöpfungen („sunt enim rebus novis nova ponenda nomina, ut Epicurus ipse πρόληψιν appellavit, quam antea nemo eo verbo nominarat"). Lucr. 4, 476 übersetzt πρόληψις mit *notitia*; dies ist auch Ciceros bevorzugte Übersetzung, die häufiger ist als die Konkurrenzbegriffe *anticipatio* (nat. 1, 43) und *praenotio* (nat. 1, 44).
47 Eine systematische und weitgehend vollständige Zusammenfassung der epikureischen und stoischen Lehre von den Vorbegriffen sowie eine Problematisierung der Rolle Ciceros bei ihrer Interpretation gibt – nebst einem Forschungsüberblick – Claartje VAN SIJL, Stoic Philosophy and the Exegesis of Myth, Diss. Utrecht 2010 (Quaestiones infinitae 61, Open-source-Publikation, Stand 19. 3. 2012: http://igitur-archive.library.uu.nl/dissertations/2010-0813-200221/sijl.pdf.), 3–54.
48 Dazu VAN SIJL (s. o. Anm. 47), 38 ff.

falsch oder überholt sein und im Menschen auch durch Erziehung entstehen können. Cicero zumindest hielt beide Termini für gleichbedeutend[49] und übersetzte beide fast durchgängig mit *notitiae*. Anders als Stoa und Kepos, die beide davon ausgingen, dass der menschliche Geist bei der Geburt einer *tabula rasa* gleiche, dass also auch die grundlegendsten Vor- und Allgemeinbegriffe erst durch Sinneserfahrung in den ersten Lebensjahren entstehen könnten, spricht Cicero davon, dass bestimmte gute und richtige *notitiae* oder *cognitiones* (als wichtigste das Wissen um die Existenz der Götter) dem Menschen bereits eingeboren, angeboren oder ‚eingestiftet' seien, die erst durch schädliche Einflüsse anderer Menschen (z. B. falsche Erziehung) verdorben würden[50]. Der Grund hierfür scheint hauptsächlich in der Übersetzungsproblematik vom Griechischen ins Lateinische zu liegen. Cicero übersetzt die griechischen Termini σύμφυτος und ἔμφυτος (‚auf natürliche Weise mitgeworden' bzw. ‚eingewachsen') mit *insitus* bzw. *innatus*[51]. Diese Übersetzungen sind nicht falsch, legen aber die Interpretation in zweierlei Hinsicht fest: Erstens drücken die lateinischen Partizipien in stärkerem Maße eine Vorzeitigkeit aus als die griechischen Adjektive, zweitens bringt streng genommen erst das lateinische *innatus* die Geburt ins Spiel. Auf den ersten Blick scheint der Unterschied zwischen der Vorstellung, (ein) Gott habe die Natur der Welt und des menschlichen Geistes so geschaffen, dass auf natürlichem Wege und allein durch die Sinneswahrnehmung nur ganz bestimmte, gute und richtige Begriffe in ihm entstehen können, und derjenigen, die besagt, (ein) Gott habe den Menschen vor der Geburt gleich die Allgemeinbegriffe selbst eingepflanzt, gering zu sein. Die Verbindung zwischen Gott und Mensch ist jedoch wesentlich enger, wenn jener be-

---

49 Cic. ac. 2, 30.
50 Cic. nat. 1, 44: „Cum enim non instituto aliquo aut more aut lege sit opinio constituta maneatque ad unum omnium firma consensio, intellegi necesse est esse deos, quoniam insitas eorum vel potius innatas cognitiones habemus." Ebd. 2, 12: „omnibus enim innatum est et in animo quasi insculptum esse deos." Tusc. 3, 2: „Quodsi talis nos natura genuisset, ut eam ipsam intueri et perspicere eademque optima duce cursum vitae conficere possemus, haut erat sane quod quisquam rationem ac doctrinam requireret. Nunc parvulos nobis dedit igniculos, quos celeriter malis moribus opinionibusque depravati sic restinguimus, ut nusquam naturae lumen appareat. Sunt enim ingeniis nostris semina innata virtutum, quae si adolescere liceret, ipsa nos ad beatam vitam natura perduceret." Vgl. DILTHEY (s. o. Anm. 18), 243 f.; STIENING (s. o. Anm. 45), 773.
51 Cic. nat. 1, 44: „insitas vel potius innatas cognitiones"; nat. 2, 12: „omnibus [...] innatum est et in animo quasi inscriptum esse deos"; vgl. VAN SIJL (s. o. Anm. 47), 14–18, insbes. Anm. 34.

stimmte *notitiae* einpflanzt, die er mit diesem teilt. Erst diese, aus der faktischen Unübersetzbarkeit der griechischen Terminologie resultierende, Einengung der Theorie von den *notitiae* setzt ihre Produktivität für die christliche Philosophie frei. Erst sie gibt Melanchthon den Anstoß, die *notitiae naturales* mit Schöpfungstheologie und Gottesebenbildlichkeit zusammenzubringen und hieraus einen Eckpfeiler seiner theologischen Philosophie zu zimmern[52]. Gleichzeitig ist das göttliche *lumen*, das auch die heidnischen Autoren bereits besaßen, ihm Rechtfertigung für die vertiefte Beschäftigung mit antiken Texten wie z. B. der Elegiensammlung des Theognis, die Melanchthon als zeitlose Quelle moralphilosophischer Spruchweisheiten ansieht und interpretiert[53]. Auch hierfür liefert Ciceros kreative philosophische Indifferenz die Begründung. Cicero setzt als Urheber der *notitiae naturales*, der Vernunft und der aus ihr abgeleiteten Gültigkeit des Naturrechts an verschiedenen Stellen seines Œuvres drei verschiedene Instanzen ein: die Natur[54], einen den olympischen Göttern noch übergeordneten *deus supremus*[55] oder die Philosophie selbst[56]. Gott, Natur und Philosophie begegnen sich also in der menschlichen Vernunft; das eine bezeugt die jeweils anderen.

---

52 *Loci theologici* (1535) CR 21, 398 f.: „Nec est quicquam in tota rerum natura melius ac pulchrius, neque ullum praesentius Dei vestigium, quam quod Deus hanc suam effigiem et imaginem suae sapientiae humanis mentibus impressit." – *Declamatio de iure possidendi* (1543) CR 11, 639: „Impressit igitur homini notitias certas, veras, immutabiles, sumptas ex sua mente aeterna."

53 *Explicatio Sententiarum Theognidis* CR 19, 58: „Quare, et unde habuerunt has [sc. honestissimas – F.M.] sententias ethnici? – Quia illa sapientia nobiscum nascitur. Deus indidit hanc lucem naturae humanae, ut aliquo modo possit iudicare externa facta."

54 Cic. Tusc. 3, 2 (s. o. Anm. 50).

55 Cic. leg. 1, 22 f.: „[...] animal hoc providum, sagax, multiplex, acutum, memor, plenum rationis et consilii, quem vocamus hominem, praeclara quadam condicione generatum esse a supremo deo. Solum est enim ex tot animantium generibus atque naturis particeps rationis et cogitationis, quom cetera sint omnia expertia. Quid est autem, non dicam in homine, sed in omni caelo atque terra, ratione divinius? Quae quom adoleuit atque perfecta est, nominatur rite sapientia. Est igitur, quoniam nihil est ratione melius, eaque est et in homine et in deo, prima homini cum deo rationis societas."

56 Cic. Tusc. 5, 5: „O vitae philosophia dux, o virtutis indagatrix expultrixque vitiorum! quid non modo nos, sed omnino vita hominum sine te esse potuisset? Tu urbis peperisti, tu dissipatos homines in societatem vitae convocasti, tu eos inter se primo domiciliis, deinde coniugiis, tum litterarum et vocum communione iunxisti, tu inventrix legum, tu magistra morum et disciplinae fuisti; ad te confugimus, a te opem petimus, tibi nos, ut antea magna ex parte, sic nunc penitus

So wichtig Cicero für diese Gedanken ist, ist es dennoch irreführend, Melanchthon hier als Ciceros Schüler oder seine Philosophie als aus derjenigen Ciceros abgeleitet zu bezeichnen. Im ersten diskutierten Fall ist es im Grunde die (von Cicero – abgesehen von Lukrez – erstmalig auf das Problem der προλήψεις angewandte) lateinische Sprache, die auf ein bestimmtes Gleis führt, und auch im zweiten Fall kann man nicht von einem ciceronischen philosophischen System sprechen, auf das Melanchthon rekurriere, sondern allenfalls von einer ciceronischen Gedankenwelt, die der Reformator sich so zu eigen gemacht hat, dass sie bestimmte von ihm vielleicht auch auf anderem Wege entwickelte philosophisch-theologische Positionen zu unterstützen und zu verstärken vermag[57].

3.2. Der Determinismus

Der nächste hier zu behandelnde Themenkomplex ist der der Willensfreiheit und der Kontingenz. In den verschiedenen Ausgaben seiner *Loci communes theologici* lässt sich verfolgen, wie Melanchthon nach und nach die Freiheit des menschlichen Willens stärker gewichtet, um Gott vom Vorwurf zu befreien, er sei Urheber auch des Bösen. Nach anfänglicher strikter Ablehnung der Willensfreiheit in den *Loci* von 1521[58] erscheint bereits in der Version 1535 die Ablehnung der strikten Lehre von der Vorsehung nach Lorenzo Valla[59]. In den Versionen der 1540er und 1550er

---

totosque tradimus. Est autem unus dies bene et ex praeceptis tuis actus peccanti inmortalitati anteponendus."
57 Andere, wie MAIER (s. o. Anm. 10), 125, sehen in der thomistischen Naturrechtslehre den entscheidenden Anstoß für die geschilderte Verbindung von Gott, Mensch und Philosophie. Auch das mag richtig sein.
58 Hier spielt das Böse im Abschnitt über den freien Willen keine Rolle. LC 1, 19: „quandoquidem omnia, quae eveniunt, necessario iuxta divinam praedestinationem eveniunt, nulla est voluntatis nostrae libertas." Als Beispiele für Willensfreiheit in äußeren Dingen werden LC 1, 42 nur Kleinigkeiten angeführt, wie die Auswahl von Kleidung und Speisen. Vgl. SCHWÖBEL (s. o. Anm. 18), 66 f.; Reiner SCHAUFLER, Necessitas aut Contingentia – Ein Vergleich der Loci Melanchthons von 1521 und 1559 am Beispiel der Willensfreiheit (1994) [http://home.online.no/~boethius/melanch.htm#inhalt].
59 CR 21, 373: „Valla et plerique alii non recte detrahunt voluntati hominis libertatem ideo, quia fiant omnia decernente Deo." Der erste Ausweg liegt in der Erklärung des Bösen durch die Erbsünde und die Schwachheit des Menschen. Die Diskussion wird von der Vorsehung weg- und auf die Schwäche des Menschen hingelenkt, ebd.: „Ideo prudens lector disputationes de contingentia,

Jahre schließlich, wie auch in den *Ethicae doctrinae elementa* von 1550[60], zeigt sich ein genaueres Studium der antiken Meinungen über die Willensfreiheit, denn hier werden nun die Stoiker als Urheber der absoluten *necessitas* genannt – was gleich ein Argument gegen diese Lehre ist, denn die Stoa hat in der Kirche nichts zu suchen[61]. Hatte Erasmus in seiner Diatribe über den freien Willen die antike Philosophie mit Rücksicht auf den Adressaten Luther komplett ausgeklammert[62], tritt bei Melanchthon nun neben den Schriftbeweis die Dekonstruktion des stoischen Determinismus mit rein philosophischer Methodik und maßgeblich angeregt durch Ciceros Schrift *De fato*. In den *Ethicae doctrinae elementa* widerlegt er knapp die drei wichtigsten Argumente, die in der antiken Philosophie gegen die Willensfreiheit vorgetragen werden. Eines dieser drei Argumente ist dasjenige, demgemäß eine jede Aussage wahr oder falsch sein müsse, auch eine solche über die Zukunft. Für seine Widerlegung ist Cicero Gewährsmann und Beispiel zugleich[63]. Bewusst wird ein historisches Beispiel gewählt, von dem allgemein bekannt ist, dass es ja eingetreten ist. Cicero war im Jahr 63 v. Chr. Konsul. Also müsste doch bereits vor dem Eintreten dieses Falles die Aussage, dass dieser Fall eintreten würde, wahr gewesen sein. Cicero selbst behandelt dieses Problem

---

    item de praedestinatione hic seponat et procul ab hoc loco seiungat. Nos ipsos intueamur, et meminerimus nos de nostra infirmitate iam loqui."

60 EDE 1, 72; dazu Frank, Philosophie (s. o. Anm. 17), 241.

61 CR 21, 652: „Valla et plerique alii [usw. wie Anm. 59] Deo. Haec imaginatio orta ex Stoicis disputationibus deducit eos ad tollendam contingentiam bonarum et malarum actionem, imo omnium motuum in pecudibus et elementis. Dixi autem supra non esse in Ecclesiam invehendas illas Stoicas opiniones, nec defendendam esse necessitatem fatalem omnium, sed aliquam contingentiam concedendam."

62 Erasmus, *De libero arbitrio* Ib1, S. 20 der Ausgabe von Welzig, Bd. 4, Darmstadt 1969: „Iam quando Lutherus non recipit auctoritatem ullius scriptoris quantumvis approbati, sed tantum audit scripturas canonicas, sanequam libens amplectar hoc laboris compendium."

63 EDE 1, 80 ff.: „Tertium argumentum dialecticum. Impossibile est duas contradictorias simul veras esse. Haec est vera: ‚Cicero erit consul.' Ergo impossibile est, contradictoriam veram esse. Si impossibile est hanc veram esse ‚Cicero non erit consul', sequitur alteram necessario veram esse: ‚Cicero erit consul'. Respondeo. Nego Minorem. Nam haec propositio, ‚Cicero erit consul', quatenus propositio est de futuro, non est determinate vera humano iudicio. […] Cicero in libro de Fato ad hoc argumentum ita respondet, se malle negare omnem enuntiationem esse veram aut falsam. […] Sed non declarat Cicero, cur propositiones de futuro contingenti, non sint determinate verae aut falsae. Idem autem Aristoteles expresse declarat […]."

in *De fato* anhand des Todes des jüngeren Scipio[64], der bekanntlich in mehreren ciceronischen Dialogen (als Hauptredner in *de re publica*, als mittelbare Zentralfigur im *Laelius*) exemplarisch für einen – über Panaitios der Stoa zugeneigten – philosophisch gebildeten Römer steht. Wie Cicero pflanzt Melanchthon also den Namen einer „Autorität" in seinen Beweisgang ein. Sachlich steht hinter Melanchthons Widerlegung des Untersatzes freilich nicht Cicero, sondern Aristoteles mit seiner Lehre von der Kontingenz, die er in Kapitel 9 von *Peri hermeneias* entwickelt hat, wie Melanchthon am Ende des Kapitels auch kurz erwähnt[65]. Diese Verwendung der beiden antiken Philosophen ist paradigmatisch für das gesamte Werk Melanchthons. Cicero steht in der ersten Reihe. Er ist Anschauungsmaterial und Vermittler. Aristoteles steht im Hintergrund – aber oft in einer Weise, dass er für einen Leser, der sich nicht die Mühe macht, den von Melanchthon geforderten Schritt *ad fontes* (auch zu den griechischen) zu tun, kaum mehr kenntlich ist. Aristoteles ist als Beispiel vielleicht weniger geeignet als Cicero, obwohl auch er, wie Melanchthon in der Vorrede zu den *Philosophiae moralis epitome* von 1538 schreibt, alles ablehne, was keinen Nutzen habe[66]. Folgerichtig beschließt Melanchthon den Abschnitt über den freien Willen in dieser Schrift mit einer Nützlichkeitserwägung. Der Leser habe nun alle Argumente für die Willensfreiheit zur Kenntnis genommen, solle sich aber vom Determinismus der Stoiker fernhalten, weil dieser „schändlich gegenüber Gott und für die Sitten verderblich"[67] sei. Tatsächlich findet sich eine ähnliche Argumentation auch in Ciceros *De fato*[68]. Wer annehme, dass die Hand-

---

64 Cic. fat. 17 f.; vgl. Magnus SCHALLENBERG, Freiheit und Determinismus. Ein philosophischer Kommentar zu Ciceros Schrift ‚De fato', Berlin/New York 2008, 158 m. Anm. 267.
65 EDE 1, 82.
66 MBW 1890, 64 f.: „Aristoteles ipse inquit repudiandas esse opiniones, quarum nullus est usus in vita et moribus." Vgl. Arist. Rhet. 1395b11; FRANK, Stoa (s. o. Anm. 41), 552 Anm. 17.
67 EDE 1, 92: „Postquam argumenta praecipua de necessitate explicata sunt, fideliter moneo Lectores, ut [...] detestentur petulantiam defendentium absurdas opiniones, ut sunt Stoici furores de necessitate, praesertim cum contumeliosi sint adversus Deum, et pernitiosi moribus."
68 Cic. fat. 40: „‚Si omnia fato fiunt, omnia fiunt causa antecedente, et, si adpetitus, illa etiam, quae adpetitum sequuntur, ergo etiam adsensiones; at, si causa adpetitus non est sita in nobis, ne ipse quidem adpetitus est in nostra potestate; quod si ita est, ne illa quidem, quae adpetitu efficiuntur, sunt sita in nobis; non sunt igitur neque adsensiones neque actiones in nostra potestate. Ex quo efficitur, ut nec laudationes iustae sint nec vituperationes nec honores nec supplicia.' Quod cum

lungen nicht dem freien Willen unterworfen seien, halte auch Lob, Tadel, Strafe und Ehre für nichtig. Dies sei *vitiosum* und daher abzulehnen[69]. Die bündigste Definition über den freien Willen liefert Cicero in *De fato* 25: Für die Willensakte des Geistes müsse man nicht nach einer äußeren Ursache suchen. Der Willensakt beinhalte nämlich in sich eine solche Natur, dass er unserer Macht unterworfen sei und uns gehorche, und dies nicht ohne Ursache. Denn die Ursache dieser Sache sei die Natur selbst[70]. Chrysipp ist Gewährsmann dafür, dass auch die Stoa nicht zwingende *causae* kannte[71]. Vergleichen wir hiermit noch eine Stelle aus Melanchthons *Liber de anima*.

> Ac de imperatis actionibus magis perspicua est libertas. Ut: Scipio imperat membris, ne alterius sponsam attingant. Et in Scipionis voluntate est etiam motus, quo aliquo modo vult illud honestum propter ipsum decus virtutis. Illud velle est actio elicita, ut nominant, serio volens civile honestum. (LdA 160)

> Was die *actiones imperatae* angeht, ist die Willensfreiheit deutlicher erkennbar. Zum Beispiel: Scipio befiehlt seinen Gliedern, nicht die Braut eines anderen anzurühren. Und es gibt auch in Scipios Willen eine Bewegung, auf Grund deren er irgendwie jenes Ehrenvolle will, und zwar wegen der Schönheit der Tugend selbst. Dieses Wollen ist die so genannte *actio elicita*, die das bürgerlich Anständige ernsthaft wünscht.

---

vitiosum sit, probabiliter concludi putant non omnia fato fieri, quaecumque fiant." Vgl. DILTHEY (s. o. Anm. 18), 252 f. Die logische Ungültigkeit des Arguments erweist Susanne BOBZIEN, Determinism and Freedom in Stoic Philosophy, Oxford 2001, 246.

69 Margaret HENRY, Cicero's Treatment of the Free Will Problem, in: Transactions and Proceedings of the American Philological Association 58 (1927), 32–42, 32 bringt es folgendermaßen auf den Punkt: „[Cicero] does not attempt to *prove* the freedom of human will; he *postulates* freedom in the ground of its necessity as a basis for a moral life" [Kursivierung vom Verf.]. Vgl. auch ZIELIŃSKI (s. o. Anm. 2), 57. Auch in der Moderne gab und gibt es immer wieder Plädoyers für die Willensfreiheit, die allein auf moralischen Überlegungen basieren. Eine Auswahl bei HENRY, a.a.O., 35–38.

70 „Ad animorum motus voluntarios non est requirenda externa causa; motus enim voluntarius eam naturam in se ipse continet, ut sit in nostra potestate nobisque pareat, nec id sine causa; eius rei enim causa ipsa natura est."

71 R. W. SHARPLES, Causes and Conditions in the *Topica* and *De fato*, in: POWELL (s. o. Anm. 31), 247–271, 252 f.

Hier haben wir Ciceros Beispielfigur Scipio aus *De fato*, aber die Terminologie von *actio imperata* oder *imperans* und *actio elicita*, die anhand dieses Beispiels erläutert wird, ist scholastisch[72].

So auffällig es ist, dass die beiden wichtigsten antiken lateinischsprachigen Zeugnisse für das Problem von *fatum*, Willensfreiheit und Moral *nach* Cicero – Gellius und Boethius[73] – nicht erwähnt werden, ist doch Cicero nicht der einzige oder zumindest nicht der wichtigste Stützpfeiler für Melanchthons Argumentation. Der feste Punkt, der Melanchthon Grund und Stütze ist, die Frage des freien Willens überhaupt zu erörtern, ist stets Psalm 5, Vers 5: *Deus non volens impietatem tu es*[74]. Wenn diese Theodizee nun für Melanchthon ein bedeutenderes Ziel ist, als mit Luther die Knechtschaft des *arbitrium* zu verteidigen, dann ist das eine Willensentscheidung, der sich jede theologische und philosophische Argumentation fügen muss[75]. Ebenso hatte Cicero in seinen philosophischen Spätschriften *De natura deorum*, *De divinatione* und *De fato* die Vorsehung und die Weissagekunst abgelehnt, die er zwölf Jahre zuvor, als es politisch opportun war, in der Rede *De haruspicum responso* noch verteidigt hatte[76]. In *De fato* ist Hirtius der Dialogpartner Ciceros, Hirtius, der alte Vertraute Caesars und Fortsetzer seiner Kommentarien. Damit ist die Zeitgeschichte gewissermaßen Hypotext des Diskurses, auch wenn sie nicht explizit erörtert wird. Melanchthon hat knapp sieben Jahre gebraucht, um von einer der Willensfreiheit gegenüber ablehnenden Haltung in den *Loci theologici* 1521 zu seiner erstmals im Kolosserkommentar 1527 sich andeutenden[77] eigenen Position zur Willensfreiheit zu kommen, von der allein die Fähigkeit zum Wirken geistlicher Gerechtigkeit ausgenommen ist.

---

72 Vgl. MAIER (s. o. Anm. 10), 94: „Bisweilen scheint man einen scholastischen Synkretisten zu hören, der thomistische, skotistische und occamistische Lehrstücke zu einem Ganzen zu vereinigen und nur in Sprache und Darstellung da und dort zu bessern sucht."
73 Gell. 7, 2; Boeth. cons. 5, 6.
74 LdA 159; EDE 78.
75 Auch der Streit zwischen Augustinus und den Pelagianern um die Frage, ob Tugend ohne Gott möglich sei, war durch die vorgängige unterschiedliche Gewichtung der Erbsünde bestimmt gewesen. Zu Ciceros Bedeutung in dieser Kontroverse siehe ZIELIŃSKI (s. o. Anm. 2), 127 f.
76 Cic. har. resp. 11; 18 f.
77 CR 15, 1232 – hier spricht Melanchthon sich deutlich gegen die göttliche Vorbestimmung der Verdammnis aus.

3.3. Die Entelechie

Abschließend ist es unumgänglich, eine Diskussion zu berühren, derer man bereits im 16. Jahrhundert überdrüssig war[78], nämlich die Frage, ob man ‚Entelechie' mit ‚d' oder ‚t' zu schreiben habe, ob es sich hier allein um eine Variante in der Graphie handele oder um zwei verschiedene Begriffe, und: was sie denn eigentlich bedeuteten. Schon in der Antike hat man sich darüber lustig gemacht. So ruft in Lukians „Streit der Konsonanten vor dem Gericht der Vokale" das Sigma das Delta auf als Zeugen der Anklage gegen das latent gewalttätige Tau[79]. Doch der Epiker Choirilos und der Komödiendichter Menander mahnen uns, nicht aufzugeben[80]. Um das Problem richtig zu verstehen[81], muss man zwei Dinge wissen: 1. Das Substantiv ἐνδελέχεια gab es bereits vor Aristoteles[82], es ist verwandt mit dem Adjektiv δολιχός und heißt „Dauerhaftigkeit, Kontinuität". 2. ἐντελέχεια enthält das Wort τέλος („Ziel, Zweck"), ist eine aristotelische Sprachschöpfung und unübersetzbar[83]. Aristoteles führte sie

---

78 Dies zeigt ihre scherzhafte literarische Verarbeitung in Buch 5, Kapitel 18 („Comment nous arrivasmes au Royaume de la Quinte Essence, nommée entelechie"), des Gargantua: Rabelais, Œuvres complètes, ed. Mireille HUCHON, Paris 1994, 766. Einen Überblick über den Disput gibt Eugenio GARIN, ENΔΕΛΕΧΕΙΑ e ΕΝΤΕΛΕΧΕΙΑ nelle discussioni umanistiche, in: Atene e Roma 5 (1937), 177–187.
79 Lucian., iud. voc. 10 – von Melanchthon CdA 18 und LdA 14 als Beleg zitiert: ἀκούετε, Φωνήεντα δικασταί, τοῦ μὲν Δέλτα λέγοντος· [sc. τὸ Ταῦ] ἀφείλετό μου τὴν ἐνδελέχειαν, ἐντελέχειαν ἀξιοῦν λέγεσθαι παρὰ πάντας τοὺς νόμους. – [Klage des Sigma gegen das Tau vor dem Richterstuhl der Vokale]: Höret, ihr selbstklingenden Richter, wie das Delta sagt: „Das Tau hat mir die Endelechie entrissen und ist der Ansicht, man müsse gegen alle Regeln ‚Entelechie' sagen."
80 Choirilos epic. (2. H. 5. Jh. v. Chr.), frg. 10 – von Melanchthon CdA 15 und LdA 13 als Beleg zitiert: πέτρην κοιλαίνει ῥανὶς ὕδατος ἐνδελεχείη – Den Stein höhlt der Wassertropfen durch Ausdauer. Menander com., frg. 744 – nicht von Melanchthon zitiert: πάντα γὰρ ταῖς ἐνδελεχείαις καταπονεῖται πράγματα. – Alles wird durch Ausdauer bewältigt.
81 Eine gute Einführung in die aristotelische Begrifflichkeit von ἐντελέχεια und ἐνέργεια gibt Christof RAPP: Energeia. Die Aristotelische Alternative zu Kreation und Genese, in: G. ABEL (Hg.), Kreativität, Hamburg 2005, 727–744.
82 Siehe Anm. 80.
83 Zu Melanchthons Übersetzung s. u. Veit Amerbach, Quatuor libri de anima, Straßburg 1542, 36, übersetzte in Opposition zu Melanchthon „habens perfectionem, seu ipsa perfectio, vel absolutio, vel consumatio." Vgl. SALATOWSKY (s.o. Anm. 38), 99; KUSUKAWA (s.o. Anm. 10), 108 f. Auch die modernen deutschen Übersetzungen und Erklärungsversuche variieren stark je nach dem Kontext der jeweiligen Aristotelesstelle und der Intention der Übersetzer. Eine

ein, weil die von ihm in *De anima* 1 ausführlich referierten Ansichten der früheren Philosophen über das Wesen der Seele ihn nicht befriedigten. Die entscheidende Stelle lautet (412a27 f.; 412b4–7):

διὸ ἡ ψυχή ἐστιν ἐντελέχεια ἡ πρώτη σώματος φυσικοῦ δυνάμει ζωὴν ἔχοντος. [...] εἰ δή τι κοινὸν ἐπὶ πάσης ψυχῆς δεῖ λέγειν, εἴη ἂν ἐντελέχεια ἡ πρώτη σώματος φυσικοῦ ὀργανικοῦ. διὸ καὶ οὐ δεῖ ζητεῖν εἰ ἓν ἡ ψυχὴ καὶ τὸ σῶμα, ὥσπερ οὐδὲ τὸν κηρὸν καὶ τὸ σχῆμα, οὐδ' ὅλως τὴν ἑκάστου ὕλην καὶ τὸ οὗ ἡ ὕλη.

Daher ist die Seele die erste Entelechie eines natürlichen Körpers, der der Möglichkeit nach Leben besitzt. Wenn man also etwas sagen sollte, was der Seele insgesamt gemeinsam ist, so dürfte sie wohl die erste Entelechie eines natürlichen, organischen Körpers sein. Daher soll man auch nicht danach suchen, ob die Seele und der Körper eins sind, wie auch nicht bei dem Wachs und der Form und überhaupt nicht beim Material und dem, wovon es Material ist.[84]

Melanchthon übernimmt im *Commentarius de anima* die seit Jacobus Venetus geläufige Übersetzung *actus*, im *Liber* lässt er den Terminus unübersetzt[85]. Aristoteles erfährt einen strengen Tadel, denn die zitierte Definition habe mehr Schatten als Licht über die Sache gebracht[86]. Man kann durchaus hinterfragen, ob Aristoteles' Neuschöpfung glücklich gewählt war, denn beide Begriffe werden bereits in der Antike oft verwechselt[87]. Was immer Aristoteles meinte, wenn er sagte, die Seele sei die

---

Auswahl: PETERSEN (s. o. Anm. 10), 82: „überphysische Seinsverbindung" und „die erste Wirklichkeit"; Willy THEILER, Aristoteles, Über die Seele, Darmstadt ³1969, 25: „vorläufige Erfüllung" (für πρώτη ἐ.); SALATOWSKY (s. o. Anm. 38) 95: „Ziel-Tätigkeit"; ders. 96: „Vollendung". REGENBOGEN/MEYER, Wörterbuch philosophischer Grundbegriffe, Hamburg 1998, 184: „das, was sein Ziel in sich selbst hat"; „die Form, die sich im Stoff verwirklicht". M. NEUGEBAUER, Konzepte des „Bios", Göttingen 2010, 21: „Eine Art Ganzheitskausalität".

84 Übersetzung vom Verfasser.
85 CdA 8 f.: „Recita igitur definitionem Aristotelis! – Anima est actus primus corporis physici organici potentia vitam habentis. [...] LdA 12: Definitio Aristotelis. – Anima est Endelechia prima corporis physici organici potentia vitam habentis." Zur Bedeutung des Entelechiebegriffs für die Gotteslehre Melanchthons vgl. Dino BELLUCCI, Gott als Mens. Die „aliqua physica definitio" Gottes bei Philipp Melanchthon, in: G. FRANK/St. RHEIN (Hgg.), Melanchthon und die Naturwissenschaften seiner Zeit, Sigmaringen 1998, 59–71, 61.
86 CdA 9: „Cum ait 'actus primus', quas tenebras, quam caliginem offundit oculis?"
87 Auf die aristotelische Seelendefinition rekurrieren – abgesehen von Cicero – unter Verwendung des Begriffs ‚Endelechie' Aetius Doxogr., *De placitis* 387; Meletius Med. *De natura hominis*, J. A. CRAMER, Anecdota Graeca vol. 3, Oxford

erste Entelechie des Körpers (und in dem Moment, in dem dieser Begriff in *De anima* zum ersten Mal genannt wird, ist noch keinesfalls klar, was damit gemeint ist), er muss sich bewusst gewesen sein, dass hier eine frappierende Ähnlichkeit mit einem bereits existierenden Wort besteht und dass jeder Hörer das Konzept des bereits vorhandenen Begriffes mitdenkt. Ebenso ist Aristoteles mit seiner noch berühmteren – und begrifflich mit der ἐντελέχεια eng verwandten – Schöpfung der ἐνέργεια verfahren, die an das bereits bei Platon belegte ἐνάργεια gemahnt[88]. In ἐνάργεια steckt ἀργύριον („Silber", es bedeutet „Klarheit"), ἐνέργεια ist wiederum unübersetzbar. In beiden Fällen benutzt Aristoteles das ältere Wort kaum oder überhaupt nicht[89], dessen Bedeutung nichtsdestoweniger präsent bleibt und im Leser Erkenntnis wie Verwirrung gleichermaßen stiftet. Im ἐνέργεια-Begriff der Rhetorik ist das Konzept der ἐνάργεια präsent[90], und in der neuzeitlichen Kunst- und Rhetoriktheorie werden beide Begriffe fast synonym verwendet. Ähnliches ist Endelechie und Entelechie widerfahren. Im 16. Jh. hatte man noch nicht den Überblick über die Aristotelesüberlieferung, den man später hatte und der Entelechie mit tau eindeutig sichert. Man musste allerhand Spekulationen anstellen[91], und höchste Verwirrung stiftet in diesem Kontext Cic. Tusc. 1, 22, wo Endelechie eindeutig mit ‚d' überliefert und mit *continuata motio* übersetzt ist, also das Konzept der Kontinuität in sich trägt[92]. Andererseits muss Cicero hier auf eine andere Stelle des Aristoteles anspielen, denn er spricht von *animus*, nicht *anima*, und das 5. Element spielt

---

1863, p. 146, 30; Kritolaos frg. 15 (DIELS, Doxographi Graeci p. 592). Natürlich kann es sich auch um Überlieferungsfehler handeln.

88 Auch Melanchthon diskutiert das Verhältnis von ἐντελέχεια und ἐνέργεια LdA 14.
89 ἐνάργεια ist nur in *De anima* 418b24 belegt, ἐνδελέχεια überhaupt nicht.
90 Aristot. rhet. III.11.1411b25. Vgl. dazu Gyburg UHLMANN, Über eine vergessene Form der Anschaulichkeit in der griechischen Dichtung, in: Antike und Abendland 55 (2009) 1–22, 12 f.
91 PETERSEN (s. o. Anm. 10), 58: „ἐνδελέχεια statt ἐντελέχεια [...] sind [...] Entscheidungen, die nicht auf Grund von Kodexstudien getroffen sind, sondern aus einer persönlichen Willkür." Von dieser Einschätzung ist der erste Teil korrekt, der zweite zu schroff.
92 „Aristoteles, longe omnibus Platonem semper excipio praestans et ingenio et diligentia, cum quattuor nota illa genera principiorum esset complexus, e quibus omnia orerentur, quintam quandam naturam censet esse, e qua sit mens; cogitare enim et providere et discere et docere et invenire aliquid et tam multa meminisse, amare, odisse, cupere, timere, angi, laetari, haec et similia eorum in horum quattuor generum inesse nullo putat; quintum genus adhibet vacans nomine et sic ipsum animum endelecheian appellat novo nomine quasi quandam continuatam motionem et perennem."

bei Aristoteles *De anima* auch keine Rolle[93]. Trotzdem bringt Melanchthon, wie seine Zeitgenossen, Aristoteles und Cicero zusammen und verteidigt Ciceros Lesart und Übersetzung als die richtige. Obwohl er das Problem ausführlich mit philologischen Methoden diskutiert (er kennt die oben angeführten Belegstellen bei dem wenig bekannten Epiker Choirilos und Lukian)[94], ist ihm der Streit um Buchstaben letzten Endes egal. In den zeitgenössischen Drucken des CdA geht die Schreibung mit d und t durcheinander, im LdA dominiert dann die Schreibung mit ‚d'[95]. Das Kapitel über die Entelechie endet – im *Commentarius* noch abrupter als im *Liber de anima* – mit der theologischen Definition der Seele[96], im weiteren Verlauf des Buches löst Galen Aristoteles als leitende antike Quelle ab[97]. Zudem wird in der Vorrede zum *Commentarius* auf die Hoffnung verwiesen, man werde dereinst von Gott selbst lernen, was die Seele ist[98]. Neben der – intellektuell sicher anregenden und von SALATOWSKY erschöpfend behandelten – Debatte über den möglichen Un-

---

93 Beinahe nur so lässt sich Cicero verteidigen. Johannes Argyropulos hatte Cicero jegliche Fähigkeit in der Philosophie und in der Beherrschung der griechischen Sprache abgesprochen (GARIN [s. o. Anm. 78], 178). Den salomonischen Ausweg fand schließlich Veit Amerbach, dessen Schrift *De anima* in Reaktion auf Melanchthon verfasst wurde (zum Zerwürfnis zwischen beiden aufgrund dieser Frage vgl. RUMP [s. o. Anm. 10] 11 f.) und der die Diskussion damit zu einem vorläufigen Abschluss brachte: GARIN a.a.O. 186 f.
94 Vgl. oben Anm. 79 und 80. Auf Lukian hatte sich bereits Ermolao Barbaro berufen: GARIN (s. o. Anm. 78) 181. Nicht alle Humanisten, die sich an dem Streit um Delta und Tau beteiligten, hatten das Wissen, dass *Endelechie* bereits vor Aristoteles belegt ist. Angelo Poliziano und Filippo Beroaldo hielten beide Varianten für Neuschöpfungen. S. GARIN (s. o. Anm. 78) 179 f.
95 Eine kleine Auswahl: Schreibung mit ‚t' bzw. τ: CdA fol. 7ᵛ, 14, 16; mit ‚d' bzw. δ: CdA 10, 12 f.
96 CdA 19; vgl. LdA 16. Es sei an dieser Stelle darauf hingewiesen, dass eine Paralleledition von *Commentarius* und *Liber de anima*, wie der Verf. sie z. Zt. in Zusammenarbeit mit Christoph Helmig plant, die zudem auch die in beiden Fällen vorhandenen Handschriften einbeziehen wird, tiefere Einblicke in Melanchthons Anthropologie insofern wird erkennen lassen, als gerade die gegenüber dem *Liber* im *Commentarius* etwas unpräziser und weitschweifiger formulierten Definitionen besonders deutlich werden lassen, was Melanchthons Erkenntnisziel ist, was ihm wichtig und was ihm gleichgültig ist.
97 KUSUKAWA (s. o. Anm. 10), 90 f.
98 Widmungsvorrede zum CdA, fol. a7ᵛ: „Hic [sc. im ‚Himmel'] non quaeremus a Democrito, an sit ex atomis anima, nec ab Aristotele, an sit ἐντελέχεια, sed architectus ipse monstrabit nobis naturam animae" [...] – ein Gedanke, der also nicht erst durch das wenige Tage vor Melanchthons Tod geschriebene berühmte Blättchen (CR 9, 1098) bezeugt ist.

terschied zwischen aristotelischer Entelechie und ciceronischer Endelechie wird m. E. ein entscheidender Aspekt vergessen: Gleichgültig, was ‚Entelechie' auch immer bedeutet, ist es im aristotelischen Text der Genitiv σώματος, der die Seele vom Körper abhängig macht[99]. Bei Cicero fehlt ein *corporis* o.Ä., was Melanchthon den Anlass bietet, im Laufe der Darstellung den Körper verschwinden zu lassen und mit dem Begriff ἐ. nur noch die Seele allein zu behandeln[100]. Dass einem christlichen Theologen das Konzept der Dauerhaftigkeit wegen seiner Nähe zur Unsterblichkeit der Seele willkommener ist als andere, versteht sich von selbst und ist längst erkannt[101].

4. Melanchthon als Skeptiker

Doch beschließen wir jetzt den kurzen Ausflug in die Seelenlehre und kehren noch einmal zu Cicero zurück. Wie bereits festgestellt, ist die skeptische Akademie für einen Philosophen, der eklektisch arbeiten *möchte*, die beste Heimat. Nirgends wird Ciceros Selbsteinschätzung als *iudex* deutlicher als in *De finibus*, wo er in den ersten vier Büchern die epikureische und stoische Lehre zunächst jeweils vorstellen lässt, dann widerlegt und im fünften und letzten Buch vom Standpunkt des Skeptizismus her abwägt und urteilt. Eine gewisse Abgeklärtheit gegenüber philosophischen Schulmeinungen spricht auch aus einer Anekdote, die Cicero seinen engsten Freund, den Epikureer Pomponius Atticus, wiederum in *De legibus*, berichten lässt und die unter römischen Intellektuellen für Heiterkeit gesorgt hatte:

> „*Atticus:* [...] me Athenis audire ex Phaedro meo memini Gellium, familiarem tuum, quom pro consule ex praetura in Graeciam venisset, Athenis philosophos, qui tum erant, in locum unum convocasse ipsisque magno

---

99 Dies kann auch die in neuester Zeit vorgeschlagene radikale Uminterpretation des Begriffs *organikon* in der aristotelischen Seelendefinition i. S. v. „als Organ/Vehikel dienend" (Abraham Bos, Die Aristotelische Lehre der Seele: Widerrede gegen die moderne Entwicklungshypothese, in: Hans-Dieter KLEIN (Hg.), Der Begriff der Seele in der Philosophiegeschichte, Würzburg 2005, 87–99) nicht entkräften. Vgl. zu diesem Problem auch Ronald POLANSKY, Aristotle's *De anima*, Cambridge 2007, 160.
100 Nicht in der Umdeutung der Entelechie zur Endelechie besteht also das antidualistische Konzept (so noch STIENING [s. o. Anm. 45], 768), sondern im Wegfall des Körpers.
101 Vgl. SALATOWSKY (s. o. Anm. 38) 103.

opere auctorem fuisse, ut aliquando controversiarum aliquem facerent modum; quodsi essent eo animo, ut nollent aetatem in litibus conterere, posse rem convenire; et simul operam suam illis esse pollicitum, si posset inter eos aliquid convenire.
Marcus: Ioculare istuc quidem, Pomponi, et a multis saepe derisum [...]"

„Ich erinnere mich", sagt Atticus, „dass mein Phaedrus [das damalige Oberhaupt der epikureischen Schule in Athen – F.M.] mir einmal in Athen erzählte, dass dein Freund Gellius, als er nach seiner Prätur als Statthalter nach Griechenland gekommen war, die Philosophen, die es damals gab, in Athen auf eine Konferenz zusammengerufen hat und ihnen dringend nahelegte, sie sollten sich endlich einmal in ihren Kontroversen mäßigen. Wenn sie aber so eingestellt seien, dass sie ihr ganzes Leben nicht in Zänkereien verbringen wollten, könne man sich doch einigen. Und gleichzeitig habe er ihnen seine Hilfe versprochen, falls sie sich auf irgendetwas einigen könnten." Cicero antwortet: „Ja, Pomponius, das ist spaßig, und schon oft von vielen mit Lachen quittiert worden."

Es handelt sich um Lucius Gellius, der um das Jahr 93 v. Chr. tatsächlich versuchte, Kraft seiner politischen Machtstellung als Prokonsul (vermutlich) der Provinz Asia[102] und seiner persönlichen Autorität die Streitigkeiten unter den Protagonisten der hellenistischen Philosophenschulen beizulegen und eine philosophische Weltformel zu finden. Im Grunde bewies er damit nur seine eigene intellektuelle Unbildung[103], da es offenbar schon in der Antike *common sense* war, dass Meinungs- und Methodenvielfalt untrennbar zur Philosophie gehören.

Melanchthon zitiert diese Anekdote in seinem Briefwechsel des Jahres 1540 mehrfach, erstmals in einem Brief an Justus Jonas[104]:

„Meministi apud Ciceronem in libro de legibus historiam esse de Lucio Gellio, qui, cum ei decreta esset Asia provincia, in itinere Athenis convocavit omnium sectarum philosophos, ac hortatus est eos ad componendas controversias, ac dissidia doctrinae. Ostendit quantum profutura sit studiis et moribus dogmatum consensio: ac pollicetur, se pacificatorem et arbitrum fore. Propemodum hic ita res agitur. Noster Lucius Gellius ait, nihil opus esse prolixa disputatione; posse rem subito componi."

---

102 T. Robert S. BROUGHTON, The Magistrates of the Roman Republic, Vol. 2, New York 1952, 15.
103 Vgl. Matthias HAAKE, Der Philosoph in der Stadt. Untersuchungen zur öffentlichen Rede über Philosophen und Philosophie in den hellenistischen Poleis, München 2007, 160; Ulrich GOTTER, Ontologie versus exemplum: Griechische Philosophie als politisches Argument in der späten römischen Republik, in: K. PIEPENBRINK (Hrsg.), Philosophie und Lebenswelt, Darmstadt 2003, 165–185, 165–167.
104 MBW 2595, 3 ff.; vgl. 2597 und 2608.

Du erinnerst dich doch, dass es bei Cicero in *De legibus* die Geschichte von Lucius Gellius gibt, der, nachdem er Asia als Provinz erhalten hatte, auf der Durchreise in Athen die Philosophen aller Schulen zusammenrief und sie ermahnte, sie sollten ihre Streitigkeiten und Uneinigkeiten in der Lehre einstellen. Er erklärte ihnen, wie förderlich für Wissenschaft und Gesellschaft eine Übereinkunft in den Lehrmeinungen sein würde, und versprach, er werde als Schlichter und Schiedsrichter fungieren. Ungefähr so geht es hier auch zu. Unser Lucius Gellius sagt, eine ausführliche Disputation sei keineswegs notwendig. Man könne sich sofort einig werden.

„Unser Lucius Gellius" ist Nikolaus Granvella, der kaiserliche Gesandte auf dem Wormser Religionsgespräch 1540/41. Aus der Erkenntnis heraus, dass ein Gespräch auf der Grundlage der von Melanchthon erarbeiteten Variata-Fassung der Confessio Augustana zu keinem Ergebnis führen würde, drängte dieser wieder und wieder auf die Abfassung einer neuen Kompromissformel[105]. Natürlich richtet sich der Hauptangriff des historischen Vergleichs gegen Granvella und dessen Naivität. Wesentlich interessanter ist jedoch der zweite Teil des Vergleiches, der die antiken Philosophenschulen mit den konfessionellen Partien auf eine Ebene bringt. Ein Ciceronischer Dialog liefert Melanchthon hier das Material zur Deutung der eigenen Gegenwart. Er ist literarisches Vorbild für einige kurze Momente des ironischen Abstehens auch vom eigenen Engagement[106].

5. Zusammenfassung

Es ist festzuhalten, dass neben allen Anregungen in Einzelfragen, die Melanchthon aus Ciceros Schriften erhalten hat, die wichtigste Parallele, die man zwischen beiden ziehen kann, darin liegt, dass die Philosophie im Dienst der Anwendbarkeit auf ein Ziel hin steht, das ober- und außerhalb des Philosophierens selbst liegt. Diese Feststellung ist weniger trivial, als sie auf den ersten Blick erscheint. Wenn man sie nämlich berücksichtigt – nicht nur bei der Interpretation des Verhältnisses Melanchthon – Cicero, sondern auch bei der Analyse der Verwendung anderer antiker Philosophen durch Melanchthon, zeigt sich die Notwendigkeit eines grundsätzlich anderen Zugriffes als desjenigen der Konstruktion von Stamm-

---

105 Heinz SCHEIBLE, Melanchthon. Eine Biographie, München 1997, 128 ff.
106 Damit kehrt Melanchthon zugleich die Strategie antiker Apologeten wie Tertullian und Minucius Felix, die die Vielfalt der Schulen und Meinungen innerhalb der antiken Philosophie als Beweis für deren Unzulänglichkeit nahmen, um.

bäumen, die Melanchthons Philosophie in Aristoteles, in der Stoa, im Neuplatonismus oder auch in Cicero wurzeln lassen. Maßgeblich für die Auswahl philosophischer Argumente ist ihre Vereinbarkeit mit fundamentalen reformatorischen Positionen, ihre didaktische Verwendbarkeit und ihre philologische Plausibilität. Der Skeptizismus ciceronischer Prägung ist eine Haltung, die zu diesen Kriterien am besten passt. Dass diese skeptische Haltung auch den Theologen Melanchthon nicht unberührt gelassen hat, zeigt die von ihm im Umfeld des Wormser Religionsgespräches mehrfach zitierte Gellius-Anekdote. Sie ist ein interessantes und wenig beachtetes Seitenstück zu dem bekannten und – vielleicht zu – oft zitierten Seufzer über die *rabies theologorum*, von der nur der Tod den philosophischen Reformator befreien konnte.

Melanchthon im Streit um den Ursprung der Seelen: Die Debatte zwischen Johannes Sperling und Johannes Zeisold

Bernd Roling

I. Einleitung

Zu den Debatten, die Leibniz im Modell der Monade beendet sehen möchte, gehört, wie der Hannoveraner Philosoph in seiner ‚Theodizee' in ersten Buch vermerkt, auch die Kontroverse um den Ursprung der Seelen. Hatte Gott die *anima rationalis* im Moment der Zeugung geschaffen oder stammte sie von den Eltern, von denen sie in einem Akt der Traduktion an das Kind weitergegeben wurde? Die Monaden existierten ohne Brüche in der Entfaltung ihrer Attribute, wie Leibniz betont; in den Samentierchen eines Leuwenhoeck oder Swammerdam konnten sie sich weiter entwickeln und als rationale Seelen ein höheres Niveau erreichen, doch musste von Gott kein neues Leben geschaffen werden. Auch die Eltern generierten das Leben nicht; Seelen formten als Monaden einfache Substanzen, die nicht aus den zusammengesetzten Körpern entstehen konnten[1]. Mit einem Handstreich hatte Leibniz damit eine Auseinandersetzung beendet, die vor allem den deutschen Protestantismus über 150 Jahre begleitet hatte. Dass nicht jedem seiner Zeitgenossen die Souveränität gefiel, mit der Leibniz diese Kontroverse für beendet erklärt hatte, liegt auf der Hand. Noch 1774 wirft ihm Justus Christian Hennings in seiner ‚Geschichte von den Seelen der Menschen' vor, die Lebensprinzipien in den Monaden und Samentieren bis ins Absurde vermehrt zu haben, ja man lief Gefahr, so Hennings, die Seelen eines Leibniz mit dem Morgenkaffee in sich aufzunehmen[2].

---

1 Gottfried Wilhelm Leibniz, Die Theodizee, deutsch von Arthur Buchenau, Hamburg 1968, Erster Teil, §§ 86–91, 150–155.
2 Justus Christian Hennings, Geschichte von den Seelen der Menschen und Thiere, Halle 1774, dort ein wertvoller Überblick über die ganze Debatte über den Seelenursprung § 75, 484–512, zu Leibniz 506–507.

Leibniz selbst nennt vor allem zwei Gelehrte, die sich in seinen Augen in einen heillosen Streit um die Frage verstrickt hatten, wie die Seelen ins Leben traten, Johannes Sperling, einen Schüler des Daniel Sennert und Vertreter der Seelenproduktion, und Johannes Zeisold, der zu den Anhängern der Seelenschöpfung gezählt hatte[3]. Beide Autoren dürften heute im Unterschied zu Leibniz weitgehend vergessen sein. Teile dieser Debatte sollen hier in ihren Grundzügen in Erinnerung gerufen werden. Dabei wird vor allem deutlich werden, dass es Melanchthon war, der von beiden Seiten als Autorität vorgebracht werden konnte; von den Vertretern der Neuschöpfung der Seelen ebenso wie von den Anhängern ihrer elterlichen Weitergabe. Ich werde zu diesem Zweck zunächst die Äußerungen zusammenfassen, die sich bei Melanchthon zur Frage des Seelenursprungs finden lassen und in die Debatte geworfen wurden. In einem weiteren Schritt wird sich zeigen lassen, dass diese im ganzen wenigen und diplomatischen Stellungnahmen Melanchthons als Zeugnisse des Traduktionismus gelesen werden konnten und Anlass geboten haben, Melanchthon zu einem Prototypen dieser Lehre zu erklären. Eine Analyse der Kontroverse zwischen Sperling und Zeisold wird dann unter Beweis stellen, dass Melanchthon hier mit dem gleichen Bestand an Referenzen zur Gründergestalt eines lutheranischen Kreationismus, der entgegengesetzten Theorie der Seelenschöpfung, erklärt werden konnte, und damit beiden Parteien als Autorität dienen durfte.

II. Der Praeceptor Germaniae und der Ursprung der Seelen

Fragen wir zunächst, wie sich Melanchthon selbst zum Ursprung der Seelen geäußert hat. Tatsächlich entsteht der Eindruck, der Wittenberger Universitätsdozent habe nicht eindeutig Position beziehen wollen[4]. In

---

3 LEIBNIZ, Die Theodizee (s. o. Anm. 1), Erster Teil, §§ 88, 152–153.
4 Grundlegend zur melanchthonschen Psychologie ist Sascha SALATOWSKY, De Anima. Die Rezeption der aristotelischen Psychologie im 16. und 17. Jahrhundert, Amsterdam/Philadelphia 2006, 69–131. Zum 1552 erschienenen ‚Liber de Anima' Melanchthons, zu seinem Vorgänger, dem ‚Commentarius de anima' und der hybriden Stellung dieses Werkes zwischen Anatomie und Epistemologie außerdem z. B. Jürgen HELM, Zwischen Aristotelismus und zeitgenössischer Medizin: Philipp Melanchthons Lehrbuch De anima (1540/1552), in: Jürgen Leonhardt (Hg.), Melanchthon und das Lehrbuch des 16. Jahrhunderts, Rostock 1997, 175–191; und Bernd ROLING, Exemplarische Erkenntnis: Erziehung durch Literatur im Werk Philipp Melanchthons, in: Christel MEIER/

der 1550 gedruckten „Enarratio Symboli Niceni" stellt sich Melanchthon – und mit ihm Caspar Cruciger, der die Vorlesung verantwortete – am Ende des zweiten Artikels, als er auf das Dilemma der Erbsünde zu sprechen kommt, die Frage, wie die Sünde in die Seele gelangt sein konnte, wenn die Seelen unmittelbar von Gott geschaffen wurden[5]. Leicht ließe sich hierauf antworten, so Melanchthon und Cruciger, die Seele entstehe *ex traduce*, was Augustin und andere Gelehrte behaupten würden. Wer immer jedoch die ganze Diskussion umgehen wollte, so Melanchthon, konnte sich für eine andere Lösung entscheiden. Die Seelen wurden so ins Leben gesetzt, wie sie in ihrer Natur nach dem Sündenfall beschaffen waren, mit ihren spezifischen Unterschieden; die einen als heroische Seelen, die anderen stärker ihren körperlichen Trieben unterworfen[6].

Ausführlicher und mit größerem Nachdruck geht Melanchthon in seiner Schrift ‚De anima' auf den Ursprung der Seelen ein. Werden die Seelen in jedem Zeugungsakt, so Melanchthon, von Gott geschaffen und dem Körper eingeflößt oder entstehen sie allein aus dem Zeugungsakt der Eltern und werden an die Kinder weitergegeben? Dass die Seelen der Pflanzen und Tiere nur durch den Samen transferiert wurden, war für Melanchthon offenkundig[7]. Was den Menschen betrifft, so Melanchthon, wird kein Denker in der Lage sein, die Weisheit Gottes zur Gänze zu durchschauen. Dennoch lassen sich Argumente für und wider die Schöpfung der Seele sichten: Gegen die Weitergabe durch Traduktion sprach die Aussage der Genesis, Gott habe Adam den Odem, das *spira-*

Heinz MEYER/Claudia SPANILY (Hgg.), Das Theater des Mittelalters und der Frühen Neuzeit als Ort und Medium sozialer und symbolischer Kommunikation, Münster 2004, 289–365, hier 294–296.

5   Zu Caspar Crucigers Beteiligung an den Kommentaren Melanchthons und seiner Gestalt allgemein Timothy J. WENGERT, Caspar Cruciger (1504–1548). The case of the disappearing reformer, in: The Sixteenth Century Journal 20 (1989), 417–441.

6   Philipp MELANCHTHON, Enarratio Symboli Niceni complectens ordine doctrinam Ecclesiae Dei fideliter recitatam, in: Opera omnia (28 Bde.), hg. von Karl Gottlieb BRETTSCHNEIDER, Halle/Braunschweig 1834–60, ND New York 1963, Bd. 23, Sp. 196–346, Sp. 263. Im Originaldruck Philipp MELANCHTHON, Enarratio Symboli Niceni complectens ordine doctrinam Ecclesiae Dei fideliter recitatam, Wittenberg 1550, Secundus articulus, fol. 67v.

7   Philipp MELANCHTHON, Liber de anima, in: Opera omnia, Bd. 13, Sp. 5–178, Sp. 17. In einem der frühen Drucke aus dem Jahre 1560 Philipp MELANCHTHON, Liber de anima, Wittenberg 1560, fol. C3v; ebenso auch schon vorher Philipp MELANCHTHON, Commentarius de anima, Straßburg 1540, S. 22.

culum vitae, direkt eingegeben⁸. Mit gleichem Recht konnte man mit der Heiligen Schrift allerdings behaupten, wie Melanchthon zugibt, dass Gott den Seelen im Schöpfungsakt nur ein einziges Mal das Leben eingehaucht hatte, um die Seelen fortan von den Eltern weitergeben zu lassen⁹. Zum Ende war die Bibel also keine Hilfe. Vielleicht begleitete Gott, wie Melanchthon anschließt, auch jeden Zeugungsakt mit einem eigenen *concursus*. Dass der Schöpfer sich trotz der tragenden Rolle der Eltern einschaltete, konnte dann die Unterschiede in den Seelen erklären, denn, wie die Erfahrung zeigte, waren einige von ihnen im Besitz der heroischen Tugenden und andere nicht. Gegen die Neuschöpfung der Seele sprach außerdem, dass Gott auf diese Weise die vom Sündenfall belastete Seele schon als beschädigte Seele in Leben geführt hätte¹⁰. Aber konnte man nicht einwenden, so Melanchthon, dass eine Schöpfung nur die Natur bewahrte, die der Mensch selbst korrumpiert hatte? Melanchthon lässt es offen¹¹. Anhänger der Traduktion hatten noch ein weiteres Argument auf ihrer Seite, wie Melanchthon zugibt. Es hieß in der Schrift zugleich, Gott ruhte am siebten Tag und die Schöpfung hatte ihr Ende gefunden. Wären die Seelen mit jeder Zeugung neu geschaffen worden, hätte Mose die Weltordnung wohl kaum für beendet erklären können¹². Mit dieser Erkenntnis, so Melanchthon selbst, musste die Diskussion jedoch abgeschlossen werden. Man hatte sich mit der begrenzten Weisheit des Menschen zufrieden zu geben und sollte die Geheimnisse Gottes nicht weiter ergründen wollen. Sicher konnte sich der Mensch sein, so Melanchthon, dass Gott der Urheber alles Lebens war, evident war auch, dass unser Intellekt über besondere eingeborene Fähigkeiten verfügte, die mit unseren Seelen verflochten waren¹³, doch weitere Details zu er-

---

8 MELANCHTHON, Liber de anima (s. o. Anm. 7), Sp. 17. In der Originalausgabe MELANCHTHON, Liber de anima (s. o. Anm. 7), fol. C4r.: *Qui dicunt, animas non oriri ex traduce, moventur hoc dicto: Inspiravit Deus in faciem hominis spiraculum vitae.*
9 MELANCHTHON, Liber de anima (s. o. Anm.7), Sp. 18. In der Originalausgabe MELANCHTHON, Liber de anima (s. o. Anm. 7), fol. C4r, ebenso auch schon Melanchthon, Commentarius de anima (s. o. Anm. 7), S. 22.
10 MELANCHTHON, Liber de anima (s. o. Anm. 7), Sp. 18. In der Originalausgabe MELANCHTHON, Liber de anima (s. o. Anm.7), fol. C4r.
11 MELANCHTHON, Liber de anima (s. o. Anm. 7), Sp. 18. In der Originalausgabe MELANCHTHON, Liber de anima (s. o. Anm. 7), fol C4r.
12 MELANCHTHON, Liber de anima (s. o. Anm. 7), Sp. 18. In der Originalausgabe MELANCHTHON, Liber de anima (s. o. Anm. 7), fol C4r.
13 Zur besonderen Rolle der *notitiae naturales* in der Epistemologie Melanchthons z. B. Dino BELLUCCI, Science de la Nature et Réformation. La physique au service de la Réforme dans l'enseignement de Philippe Mélanchthon, Rom 1998,

kennen, lag nicht mehr in der Domäne des Menschen. Bescheidenheit war angebracht[14].

Hatte sich Melanchthon damit für eine Position entschieden, nachdem er die einzelnen Argumente vorgebracht hatte? War er ein Anhänger der Traduktion? Sehen wir, wie die Passagen der Schrift ‚De anima' Melanchthons von ihren beiden Kommentatoren, Victorin Strigel und Johannes Magirus, gelesen werden[15]. Strigel, dessen Melanchthon-Kommentar im Jahre 1590 erscheint, nähert sich den Worten seines Meisters noch mit großer Zurückhaltung. Er benennt die beiden möglichen Haltungen, die Melanchthon vorgebracht hatte. Der Praeceptor, so Strigel, hatte deutlich gemacht, dass aus der vergänglichen Welt der Elemente weder die Unsterblichkeit der Seele noch dauerhafte Erkenntnisgründe abzuleiten waren[16]; zugleich war klar geworden, wie Strigel behauptet, dass die Erbsünde nur schwer mit der Schöpfung einer Seele in Einklang gebracht werden konnte[17]. Hatte sich Melanchthon damit für eine Lösung ausgesprochen? Wenn das Dilemma so mühsam zu beheben war, hatte Melanchthon vielleicht zurecht den besten Weg darin gesehen, so Strigel, den Gegenstand dem göttlichen Ratschluss zu überantworten[18]. Auf ähnliche Weise will kurz vor Strigel auch Simon Gronenberg die entsprechenden Passagen der Schrift ‚De anima' verstanden wissen. Gronenberg hatte im Jahre 1587 eine der ersten protestantischen Disputationen in Wittenberg zur Frage der Genese der Seelen verantwortet und fungierte zugleich als einer der ersten Melan-

---

456–461, oder Günter FRANK, Melanchthon and the Tradition of Neoplatonism, in: Jürgen HELM/Annette WINKELMANN (Hg.), Religious Confessions and the Sciences in the Sixteenth Century, Leiden 2001, 3–18, hier bes. 12–14.

14 MELANCHTHON, Liber de anima (s. o. Anm. 7), Sp. 18: *Sed hanc disputationem abrumpo, et iuniores moneo, ut discernant ea, quae utcunque mentis humanae acie penetrari possunt, ab aliis, quae pervestigari non possunt. Simus hac sapientia contenti, quod vita, sensus, ratiocinatio et electio ostendunt, esse in nobis animas, et esse in eis insitas notitias, et alias dotes, quae testantur, et esse Deum, et animas ab ipso conditas esse.* In der Originalausgabe Melanchthon, Liber de anima (s. o. Anm. 7), fol. C4v.

15 Eine aktuelle Einschätzung der Kommentare zur ‚Anthropologie' Melanchthons liefert mit weiterer Literatur jetzt die wertvolle Arbeit von Simone DE ANGELIS, Anthropologien. Genese und Konfiguration einer ‚Wissenschaft vom Menschen' in der Frühen Neuzeit, Berlin – New York 2010, 54–63.

16 Viktorin STRIGEl, In Philippi Melanchthonis Libellum de Anima notae breves et eruditae, traditae in Academia Jenensi, Leipzig 1590, 27.

17 Ebd., 27–28.

18 Ebd., 28–29.

chthon-Drucker und -Editoren[19]. Melanchthon hatte die Frage, wie die Seelen ins Leben traten, so Gronenberg, zum Ende offengelassen[20].

Johannes Magirus hält sich in seinem Kommentar, der ‚Anthropologia', die fast 25 Jahre später, im Jahre 1613, erscheint, weitaus weniger zurück. Zunächst scheint auch Magirus abzuwägen, um festzustellen, welcher Position Melanchthon am Ende den Ausschlag gegeben hatte[21]. Natürlich wurde die *anima sensitiva* nicht, wie Melanchthon klargestellt hatte, durch einen Zeugungsakt weitergegeben. Offenkundig hält Melanchthon jedoch auch die *anima rationalis* für ein Produkt einer *generatio*, denn sonst hätte er nicht die heroischen Tugenden erwähnt, die es als Zugabe einer solchen menschlichen Produktion der Seele geben musste[22]. Wie Magirus betont, hatte Melanchthon im Ganzen drei isolierbare Argumente vorgebracht, die sich weiter ausspinnen ließen, zwei davon für die Traduktion, eines dagegen. Wenn alle übrigen Teile des Menschen, also auch die sensuelle Seele und der Körper durch die Zeugung entstanden, der Mensch eine Einheit war und im Samen als Spezies weitergegeben wurde, musste auch die rationale Seele von den Eltern stammen[23]. Aber hatte Melanchthon nicht darüber hinaus von einem göttlichen *concursus* gesprochen? Magirus geht noch einen Schritt weiter. Gott konnte in einer *actio specialis* oder einer *actio generalis* agieren, also im natürlichen Kausalgesetz der Schöpfung und durch einen besonderen Eingriff in die Schöpfungsordnung. Er handelte im Zeugungsakt als *causa principalis*, während der Samen als naheliegende Ursache wirkte, so dass der vollständige Mensch zum Ende dennoch das Produkt der Eltern war. Die Seelengaben formten nur akzidentelle Unterschiede, während sich der Mensch in der Substanz gleich blieb, damit hatte sich der göttliche Zugriff jedoch erschöpft. *Concursus* und Traduktion konnten ineinan-

---

19 Zu den Drucken Gronenbergs zählen unter anderem Philipp MELANCHTHON, Operum omnium reverendi viri Philippi Melanchthonis (4 Bde.), Wittenberg 1601; oder Philipp MELANCHTHON, In P. Virgilii Maronis Eclogas argumenta seu dispositiones rhetoricae, Wittenberg 1593.
20 Simon GRONENBERG – Petrus COELEMANN (resp.), Theses de ortu animae, Wittenberg 1587, § 53, fol. C5v. Gronenberg selbst favorisierte, wie zu erwarten, den Traduzianismus, so noch einmal Simon GRONENBERG – Tobias KNOBLOCH, Diquisitio theologico-philosophica, de anima in genere, eius definitionem, originem, et sedem exponens, Wittenberg 1602, §§ 33–35, fol. B3r–B3v.
21 Johannes MAGIRUS, Anthropologia, hoc est commentarius eruditissimus in aureum libellum Philipp Melanchthonis de anima, Frankfurt 1603, dort die Passagen Melanchthons als Tractatus I, c. 6, 71–72.
22 Ebd., Tractatus I, c. 6, Commentum, 77.
23 Ebd., Tractatus I, c. 6, Commentum, 77–78.

dergreifen und mussten sich nicht ausschließen[24]. Das zweite Argument, das Melanchthon zugunsten der Traduktion referiert hatte, konnte sich aus dem Sündenfall gewinnen lassen. Waren die Seelen geschaffen, dann in reiner oder unreiner Form. Wären sie rein geschaffen worden, hätte sie der Körper verdorben, doch konnte die Seele nicht vom ihr unterlegenen Leib affiziert werden. Wäre sie unrein ins Leben gesetzt worden, rührte ihre Unreinheit von Gott, was nicht minder absurd war. Folglich musste die Seele von den Eltern stammen. Ein ganzer Mensch brachte einen Menschen hervor, Seele und Körper, die Sünde wurde im Menschen weitergegeben, also, wie Magirus betont, auch in ihrem Träger, der Seele[25]. Nur ein Argument hatte Melanchthon dagegen, wie Magirus deutlich macht, für eine Schöpfung der Seele benannt, die eingeborenen Ideen. Primordiales Wissen konnte sich nicht allein der Materie und dem Erbe der Eltern verdanken, die Seele verfügte über die berühmten *notitiae naturales*, sie hatte eine unzerstörbare Natur und transzendierte die Materie, also war sie, wie man glauben könnte, ein direktes Ergebnis einer Schöpfung[26]. Zum Ende aber stand es Zwei zu Eins für die Traduzianer und Melanchthon musste zu den Anhängern der elterlichen Zeugung einer Seele zählen.

III. Der Streit um die Traduktion in Mitteldeutschland

Überschaut man das Milieu der protestantischen Philosophen zu Beginn des 17. Jahrhunderts, so verwundert die von Magirus vorgenommene, so nachhaltige Eingliederung Melanchthons in den Kreis der Traduzianer nicht[27]. Überwiegend im Nachbarlager, im Umfeld der reformierten Denker, fanden sich profilierte Gelehrte, die eine Schöpfung der Seele postulierten oder zumindest einen *concursus* Gottes, wie ihn Magirus rasch

---

24 Ebd., Tractatus I, c. 6, Commentum, 78.
25 Ebd., Tractatus I, c. 6, Commentum, 78.
26 Ebd., Tractatus I, c. 6, Commentum, 78–79.
27 Eine Zusammenschau der reformierten Schulphilosophie gibt Wilhelm SCHMIDT-BIGGEMANN, Die Schulphilosophie in den reformierten Territorien, in: Friedrich UEBERWEG, Grundriß der Geschichte der Philosophie, Bd. 4, Das Heilige Römische Reich deutscher Nation, Nord- und Ostmitteleuropa, hg. von Helmut HOLZHEY – Wilhelm SCHMIDT-BIGGEMANN (2 Bde.), Basel 2001, Bd. 4/1, 392–474; als Überblick über die Lutheraner Walter SPARN, Die Schulphilosophie in den lutherischen Territorien, in: Ueberweg, Grundriß, Bd. 4/1, 475–588.

beiseitegeschoben hatte, der den Zeugungsakt nicht nur begleiten sollte, sondern die rationale Seele trotzdem in ihrer Substanz hervorbrachte[28]. Bartholomäus Keckermann favorisierte eine solche göttliche *operatio singularis*, die aus der Vorsehung dafür sorgte, dass im Augenblick der Zeugung auch eine Seele bereitgehalten wurde, während die Elemente nur als sekundäre Ursachen in Erscheinung traten[29]. Auch für die reformierten Theologen Hieronymus Zanchi oder Jacob Coler war die Seele zwar aus der Welt der Elemente generiert worden[30], wie Zanchi in seinen ‚Opera Dei' festhält, doch lediglich in ihrem Sein und nicht in ihrer Substanz. Die *anima intellectiva* ruhte in sich selbst und konnte vom ihr untergeordneten Leib nicht produziert werden, der Körper allein durfte nicht für die Erbsünde verantwortlich sein[31]. Vergleichbare synthetische Positionen, die einen *concursus* Gottes für notwendig hielten, hatten auch in reformierten Zirkeln wenig Durchschlagskraft. Ein Theologe wie Albert Kyper zieht in seinen ‚Institutiones physicae' eine eindeutige Schneise zwischen *creatio* und *generatio*. Die Seele war immateriell und unvergänglich, sie durfte zur Materie, die ihr vorausging, in keinem Bezug stehen und musste daher aus dem Nicht geschaffen werden. Gott brachte sie in jedem Zeugungsakt neu hervor; ein göttlicher Eingriff, der die Genese der Seele begleitete, war damit obsolet geworden[32].

Auf der Seite der lutherischen Vordenker in Mitteldeutschland bietet sich uns ein völlig anderes Bild. Zwar konnte Jacob Martini in Wittenberg zeitweilig mit der Existenz eines göttlichen *concursus* bei der

---

28 Einen sehr luziden Einblick in den Traduzianismustreit im lutherischen Milieu, wenn auch ohne Erwähnung Sperlings und Zeisolds, gibt jetzt der Beitrag von Markus FRIEDRICH, Das Verhältnis von Leib und Seele als theologisch-philosophisches Grenzproblem vor Descartes. Lutherische Einwände gegen eine dualistische Anthropologie, in: Martin MULSOW (Hg.), Spätrenaissance-Philosophie in Deutschland 1570–1650. Entwürfe zwischen Humanismus und Konfessionalisierung, okkulten Traditionen und Schulmetaphysik, Berlin/New York 2009, 211–250, hier 216–227. Das kaum unüberschaubare Material harrt noch der weiteren Aufarbeitung.
29 Bartholomaeus KECKERMANN, Systema physicum septem libris adornatum, Hannover 1612, Liber IV, c. 1, 475–477.
30 Jacobus COLER, Quaestio theologica et philosophica num anima sit ex traduce, an vero a Deo quotidie inspiretur, ex veterum et recentium scriptis, quam diligentissime collecta, Zürich 1586, 15–30.
31 Hieronymus ZANCHIUS, De operibus Dei intra sex dies creatis, in: Omnium operum theologicorum tomi octo, Genf 1619, Bd. 3, Liber II, Sp. 603–627, dort bes. Sp. 616–617.
32 Albert KYPER, Institutiones physicae (2 Bde.), Bd. 1, Liber I, Sectio II, c. 1, §§ 2–3, 150–152.

Genese der rationalen Seele sympathisieren³³, doch vertrat ein Mann wie Balthasar Meisner in seiner ‚Philosophia sobria' die Traduktion kompromisslos. Der Mensch wäre nicht aus dem Menschen hervorgegangen, wie Meisner betont, wenn Gott seinen essentiellen Bestandteil, die Seele, verantwortet hätte und nicht die Eltern des Kindes. Seine Genese wäre jeder animalischen Zeugung unterlegen, in der die Spezies und die Form zur Gänze an die Nachkommen weitergegeben wurden³⁴. Gott hatte gesagt: „Gehet hin und mehret Euch", es lag also im Menschen selbst, sich zu reproduzieren, und einen weiteren Schöpfungsakt konnte die Genese der Seele daher nicht mehr erforderlich machen³⁵. Auch Vorstellungen, nach denen die Seele erst in späteren Lebenstagen in den Körper eingeflößt wurde, erteilt Meisner eine Absage. Ein Akzidenz, eine mögliche plastische Fähigkeit im mütterlichen Uterus, konnte keine Substanz hervorbringen³⁶. Die Seele musste also von Anfang an im Samen weitergegeben werden. Beide Elternteile erwiesen sich hierfür, als Wirkursache geeint im Fleisch, wie Meisner sagt, zu gleichen Teilen verantwortlich, auch wenn dem Vater als Prinzip der Zeugung die tragende Rolle zukommen musste³⁷. Auch die Erbsünde wurde auf diese Weise, wie Meisner noch einmal in seiner ‚Anthropologia sacra' deutlich macht, durch den Samen und über die Seele an die Kinder vermittelt, ohne dass Gott für den gebrochenen Zustand der Seele verantwortlich sein musste³⁸. Dass die Traduktion der Seele zugleich die ureigene Lehre des Aristoteles war, die sich aus einer Reihe von Autoritäten des Stagiriten

---

33 Kurz zu Martinis Diskussion des Seelenursprungs SALATOWSKY, De Anima (s. o. Anm. 4), 327–329. Martini vertrat einen *concursus* Gottes in der Genese der Seele in seinen ‚Exercitationes nobiles de anima', Wittenberg 1606, und noch in einer Reihe von begleitenden einzelnen Disputationen, unter anderem Jacob MARTINI – Jacob MOCK (resp.), Disputatio de origine animae hominis, Wittenberg 1604; Jacob MARTINI – Samuel POLER (resp.), Dilucidatio quaestionum, Wittenberg 1607, dort Quaestio V; und Jacob MARTINI – Peter LORENZ (resp.), Disputatio de anima rationali, Wittenberg 1623.
34 Balthasar MEISNER, Philosophia sobria, Hoc est: Pia consideratio quaestionum philosophicarum in controversiis theologicis, quas Calviani moveant Orthodoxis, subinde occurrentium (3 Bde.), Giessen ²1613, Bd. 1, Sectio III, c. 6, q. 1, 907–908.
35 Ebd., Bd. 1, Sectio III, c. 6, q. 1, 911–912.
36 Ebd., Bd. 1, Sectio III, c. 6, q. 1, 916–917.
37 Ebd., Bd. 1, Sectio III, c. 6, q. 1, 923, 926–927.
38 Balthasar MEISNER, Anthropologia sacra, in qua status naturae humanae et eo spectantes articuli exponuntur, Wittenberg 1628, Dekas I, Disputatio V, q. 5–6, 153–154.

absichern ließ, hatte im Kreis der Lutheraner schon Nicolaus Taurellus in Altdorf für nicht weiter hinterfragbar gehalten[39].

Beim Stettiner Theologen Johannes Micraelius, einer noch nicht hinreichend gewürdigten Figur der pommerschen Domäne, können wir in allen Einzelheiten lesen, wie sich ein Lutheraner den Zeugungsvorgang vorzustellen hatte[40]. Nur eine Seele war simultan mit dem Menschen geschaffen worden, die Seele Adams, die dem ersten Menschen eingeflößt worden war, fortan jedoch wurde sie in einem Akt der *propagatio* von den Eltern weitergegeben. Hätte Gott sie dem Kind im Moment der Zeugung zugeführt, sie wäre kaum vom Sündenfall besudelt worden; es sei denn Gott hätte sie in ihrem korrumpierten Zustand hervorgebracht. Doch warum hätte der vollkommene Schöpfer etwas Depraviertes ins Leben treten lassen sollen[41]? Und wo wäre die Verantwortung der Ureltern, wie Micraelius in einer Reihe weiterer Schriften fragt, wenn die Sünde sich nicht von Generation zu Generation fortpflanzen würde[42]? Allein im Sperma als ihrem Vehikel wurde die Seele also, wie Micraelius betont, in jedem Zeugungsakt generiert und weitergegeben. Für sich hatte der Same keine Kraft; keine *vis plastica* sorgte für die vorläufige Ausformung des embryonalen Körpers, wie man hätte glauben können, sondern die Seele allein als Energeticum und Entelechie des Menschen sicherte, wie Micraelius wiederholt, die Ausgestaltung des vorgeburtlichen Leibes und die schrittweise Vollendung des Menschen[43]. Beide

---

39 Nikolaus TAURELLUS, Theses de ortu animae, Nürnberg 1596, §§ 49–51, fol. B3v–B4r.
40 Berühmt geworden ist Johannes Micraelius vor allem durch seine deutsche Geschichte Pommerns, Johannes MICRAELIUS, Altes Pommer Land, nebst historischer Erzehlung, dero in nähisten dreißig Jahren, biß auff des letzten Hertzogen Bogißlai XIV. Todt in Pommern vorgegangenen Geschichten (2 Bde.), Stettin 1639, ND Hildesheim 2009.
41 Johannes MICRAELIUS – David REGASTUS (resp.), Disputatio philosophica de origine animae humanae, Stettin 1656, Thesis I, fol. B2r–B2v, fol. C3r.
42 Ähnlich auch zur Traduktion Johannes MICRAELIUS, Lexikon philosophicum terminorum philosophis usitatorum, Jena 1653, s.v. anima humana, Sp. 115. Weitere Werke zur Seelenlehre, die auf die *traductio animarum* Bezug nahmen, waren Johannes MICRAELIUS, Centuria thesium physicarum de anima humana, Stettin 1644; Johannes MICRAELIUS, Psychologia per theses succinctas de anima humana eiusque potentiis et operationibus, quibus multae acque difficiles quaestiones circam illam doctrinam occurentes tanguntur, Stettin 1650; und Johannes MICRAELIUS, Discursus philosophicus de anima, eius definitione et potentiis in communi, Jena 1650.
43 MICRAELIUS – REGASTUS, Disputatio philosophica de origine animae humanae (s. o. Anm. 41), Thesis I, fol. D3r–D3v.

Elternteile brachten die Seele hervor, als Wirkursachen, die eine ungeteilte Wirkung provozierten, die Seele, in der Form und Spezies des Menschen, damit aber auch die Erbsünde weitergegeben wurde. Eine wie auch immer geartete göttliche Beteiligung an der Generation der Seele, geschweige denn eine Schöpfung der Seele selbst, hatten sich damit erübrigt, als genuin lutheranische Lehrmeinung musste die Traduktion gelten[44].

Schon im Jahre 1613, also zeitgleich mit Magirus, konnte der damals in Wittenberg angesiedelte Philosoph Sigismund Evenius in seiner ‚Anthropologie' behaupten, jede Form der Versöhnung zwischen einer kreationistischen Position und dem Glauben an die Weitergabe der Seele durch die Eltern sei kategorisch ausgeschlossen. Während die letztere Position als die lutheranische benannt werden konnte, hatte, wie Evenius betont, die andere in Zukunft als papistisch und calvinistisch zu gelten[45]. Nur die *traductio* stand im Einklang mit der Heiligen Schrift, wie sein Wittenberger Kollege Abraham Heinick 1616 hinzufügt, nur sie, wie man Zanchi und anderen reformierten und katholischen Befürwortern entgegenhalten musste, bewahrte vor den dogmatischen Verstrickungen, die eine Neuschöpfung einer deformierten Seele nach dem Sünden nach sich gezogen hätte[46]. Micraelius formuliert es mit Meisner nicht anders: auf der einen Seite der Argumentationslinie fanden sich die Katholiken, die *scholastici* und die Jesuiten, Bellarmin, Suarez oder Arriaga, und mit ihnen die Calvinisten, Männer wie Zanchi, die sich mit den Papisten verschworen hatten, auf der anderen Seite die Lutheraner[47]. Es war also, wenn man die Rigorosität dieser Abgrenzung in den ersten Dekaden des 17. Jahrhunderts in Betracht zieht, sicher kein Zufall, dass sich auch Magirus bemühte, an Melanchthons Traduzianismus keinen Zweifel zu lassen. Dutzende von Disputanten waren in diesen Dekaden angetreten,

---

44 Ebd., Thesis I, fol. D4r–D4v.
45 Sigismund EVENIUS, Disputationes anthropologicae, Wittenberg 1613, Disputatio 19 (resp. Magnus Nicolaus COCCIUS), q. 12, 134–135.
46 Abraham HEINICK – Polycarp ALBIN (resp.), Disquisitio philosophica de traduce animae rationalis, in qua sex rationibus evidentissime ostenditur animam rationalem non de novo creari, aut immediate a deo inspirari, sed per traducem propagari, Wittenberg 1616, c. 1–2, fol. A2v–B2r. Mit gleichem Nachdruck polemisiert in dieser Frage gegen die Calviniani z.B. Abraham TAURER, Declamatiuncula confirmans propositionem: anima rationalis est ex traduce, Halle 1595, fol. B4v.
47 MICRAELIUS – REGASTUS, Disputatio philosophica de origine animae humanae (s. o. Anm. 41), Thesis I, fol. Av–A2r.

um die traduzianistische Position zu wiederholen[48]; ein Autor wie der Tübinger Theologe Theodor Thumm sorgte mit seinen ‚Controversiae de traduce', die neben Meisner das Standardkompendium bilden sollten, in der Gefolgschaft der Wittenberger für ihre weitere Verbreitung[49].

IV. Zeisold, Sperling und die richtige Lesart Melanchthons

In der Herzregion des Luthertums, in Wittenberg, war es nach Meisner der große Mediziner Daniel Sennert, der sich für die traduzianistische Position stark gemacht hatte[50]. Sennert, der auch von Micraelius gern zitiert wird, hatte sich in seinen 1636 gedruckten ‚Hypomnemata' gegen jede Form einer Seelenschöpfung ausgesprochen, ob sie nun den Zeugungsakt begleiten sollte oder, wie andere Gelehrte behauptet hatten, erst nach einer gewissen Zeitspanne nach der Befruchtung erfolgte[51]. Es gab keine materiale Disposition, die der Schöpfung der Seele vorangehen konnte, und auch keine Seelenvermögen, die der Genese einer rationalen Seele vorgeschaltet gewesen wären. Jede leibliche Entfaltung musste den Besitz einer Seele als Formprinzip bereits voraussetzen[52]. Schon der Same war also beseelt und er selbst nur eine instrumentale Ursache, während die lebenspendende Wärme, die sich für die Ausformung des Embryos verantwortlich zeigte, der Seele zu verdanken war. Die Seele der Eltern reproduzierte sich im Zeugungsakt auf ungeteilte Weise, wie sich eine Flamme vermehren oder ein Lichtkegel spiegeln konnte. Im beseelten

---

48 Als Zeugnisse des Traduzianismus allein an einer Universität wie Leipzig Johannes CRUGER – Michael GOLDMANN (resp.), Disputatio de animae humanae productione physica, Leipzig 1630, fol. B3r–B3v; oder Ernst KOLB – Michael VOGEL (resp.), Problema de animae humanae origine certis thesibus, neque prolixis neque multis explicatum, Leipzig 1624, §§ 23–25, fol. Br–Bv, und Johannes MAIOR, Quaestio de origine animae humanae ad articulos Symboli Apostoli reducta, Leipzig 1651, § 25, fol. Br–B2r.
49 Theodor THUMM – Bernhard WILDERSINN (resp.), Controversiae de traduce sive ortu animae rationalis explicata theologice pariter et philosophice, Tübingen 1622.
50 Eine Zusammenfassung der Position Sennerts im Streit um den Seelenursprung geben Paolo ZACCHIA, Die Beseelung des menschlichen Fötus, ediert, übersetzt und kommentiert von Beatrix SPITZER, Köln 2002, 18–20; und FRIEDRICH, Das Verhältnis von Leib und Seele (s. o. Anm. 28), 220–225.
51 Daniel SENNERT, Hypomnemata physicorum, in: Opera omnia (4 Bde.), Lyon 1656, Bd. 1, Liber IV, c. 3, 124.
52 Ebd., Liber IV, c. 4, 125–126.

elterlichen Samen lag die ganze Entelechie des noch entstehenden Menschen bereits eingebettet. Dem Sein nach, wenn auch noch nicht in allen Operationen konnte der Samen, der sein Ziel, die Befruchtung, erreicht hatte, auf diese Weise schon als vollauf lebendig betrachtet werden[53].

Daniel Sennert hatte dem protestantischen Milieu nicht nur die weitgefassten Traktate eines Thomas Fienus oder Fortunius Licetus erschlossen und die zahlreichen katholischen Einlassungen summiert[54], er hatte der theologischen Diskussion der Seelenübertragung, wie die zahlreichen späteren Zitate seiner Werke belegen können, auch eine fachwissenschaftliche Grundlage gegeben, weitaus mehr, als es die vergleichsweise kargen Ausführungen seiner Vorgänger hatten leisten können, und sicher mehr, als eine Schrift wie Melanchthons ‚De anima' es jemals hätte erreichen wollen. Zu Sennerts Meisterschüler wurde in Wittenberg ein Mann, der der Frage nach dem Ursprung der Seelen einen großen Teil seines Œuvres widmete und der zu den bedeutendsten protestantischen Zoologen und Naturwissenschaftlern in Mitteldeutschland gezählt werden muss, Johannes Sperling, den auch Leibniz schon erwähnt hatte. Sperling beleuchtet das Problem von allen Seiten und sein Bekenntnis zur Traduktion ist rückhaltlos. Johannes Zeisold sollte sein halbes Leben damit verbringen, die offene Flanke seines Kontrahenten zu suchen. Ergebnis des Streits war eine nahezu absurde Menge an Veröffentlichungen.

In seiner eng an seinen Lehrer Daniel Sennert gelehnten ‚Dissertatio de traduce' aus dem Jahre 1648, an die sich noch im gleichen Jahr ein direkt gegen Zeisold gerichtetes Folgewerk mit dem Titel ‚Antiparasceve pro traduce' anschließt, erklärt Sperling die Traduktion der Seelen und der Formen im Allgemeinen zu einem universellen Prinzip der Genese und Weitergabe allen Lebens[55]. Keine Seele wurde dem Leib nach dem

---

53   Ebd., Liber IV, c. 6, 128–133.
54   Zur Seelenschöpfung und der Rolle des *semen animatum* als Autoritäten und Opponenten Sennerts z. B. Thomas FIENUS, De formatrice fœtus liber, in quo ostenditur animam rationalem infundi tertia die, Antwerpen 1620, q. 1–2, 1–28, und Fortunius LICETUS, De ortu animae humanae libri tres, Genua 1602, passim, und Fortunius LICETUS, De anima subiecto corpori nil tribuente, deque seminis vita, et efficientia primaria in formatione fœtus liber unus, Padua 1631, dort bes. c. 4, 27–34.
55   In einzelnen Arbeiten hatte Sperling Sennert zuvor gegen mögliche Kritiker, vor allem gegen den Groninger Theologen Johannes Freitag, der die Traduktion der Tierseelen in seiner Schrift ‚De formarum origine' (Groningen 1633) bezweifelt

40. oder 60. Tag zugeführt, wie man behauptet hatte, sie lag dem Samen von Anfang an als formende Kraft zugrunde und wurde mit ihm im Zeugungsakt weitergegeben[56]. Auch eine *vis plastica*, die eine Formung des Körpers vor der Infusion der Seele ermöglicht hätte, war in der Genese des Menschen obsolet[57]. Gott hatte gesagt „Gehet hin und mehret Euch", so Sperling, und der Mensch reproduzierte sich in seiner Spezies selbst in einem Akt der *generatio* vollständig in seiner formtragenden Seele[58]. Seine Lesart der *anima rationalis* zementiert der Wittenberger Physiologe mit einer Reihe von begleitenden Disputationen[59]; kritischen Einwänden von Seiten der Embryologie begegnet er in seiner ‚Anthro-

---

hatte, verteidigt, so z. B. Johannes SPERLING, Tractatus physico-medicus de calido innato, pro Daniele Sennerto, contra Johannem Freitagium, Wittenberg 1634; Johannes SPERLING, Tractatus physico-medicus de origine formarum, pro Daniele Sennerto, contra Johannem Freitagium, Wittenberg 1634; und noch einmal Johannes SPERLING, Defensio Tractatus de origine formarum, pro Daniele Sennerto, contra Johannem Freitagium, Wittenberg 1638.

56 Wichtigster Gewährsmann der Beseeltheit des Samens wurde für Sperling Julius Caesar Scaliger, dessen ‚Exercitationes' er einen durchgehenden Kommentar widmete, Johannes SPERLING, Meditationes in Julii Caesaris Exotericas exercitationes De subtilitate, Wittenberg 1656, Meditatio XIV, Effatum II, 401–413. Zur Natur des Samens außerdem Johannes SPERLING – Ludwig HOMMILIUS (resp.), Dissertatio physica de semine animalium, Wittenberg 1640, passim.

57 Johannes SPERLING, Exercitationes physicae, Wittenberg 1663, Liber I, Exercitatio III, c. 4, 120–121.

58 Johannes SPERLING, Dissertatio de traduce, Wittenberg 1648, c. 3, 15–29; Johannes SPERLING, Antiparasceve pro traduce, Wittenberg 1648, c. 5, 91–96; oder z. B. Johannes SPERLING – Paul WEIER (resp.), Disputatio physica de generatione, Wittenberg 1649, §§ 18–21, fol. Br–B2r; und SPERLING, Exercitationes physicae (s. o. Anm. 57), Liber I, Exercitatio III, c. 4, 119–120. Die Frage, wie sich die *generatio* der *species* in seinem Sinne definitorisch eingrenzen ließ, hatte Sperling von Anfang an umgetrieben, dazu darüber hinaus noch die Arbeiten Johannes SPERLING – Esaias BÜTTNER (resp.), Disputatio physica de generatione et corruptione rerum naturalium, Wittenberg 1644; Johannes SPERLING – Johannes WERGER (resp.), De generatione aequivoca diatribe physica prior, Wittenberg 1654; Johannes SPERLING – Johannes CONRADI (resp.), Disputatio physica de partibus, generatione et creatione, Wittenberg 1649; Johannes SPERLING – Andreas Dietrich TEXTOR (resp.), Disputatio physica de generatione viventium, Wittenberg 1657. Es war zugleich das Thema der eigenen Dissertation Sperlings gewesen, dazu Christian REINHARDT – Johannes SPERLING (resp.), Theoria univocae viventium generationis, Wittenberg 1628.

59 Johannes SPERLING – Bartholomäus SCHLEICHER (resp.), De anima rationali disputatio physica, Wittenberg 1631; Johannes SPERLING – Martin LEHMANN (resp.), Disputatio de anima rationali, Wittenberg 1654; Johannes SPERLING – Emanuel HABERLANDT (resp.), Disputatio de anima rationali, Wittenberg 1658.

pologia physica' und seinem ‚Tractatus de formatione hominis in utero'[60]. Setzte sich die Seele aus den Seelen der Eltern zusammen? Wie konnte sie dann noch als eine unvergängliche Substanz begriffen werden? Nein, beide Elternteile produzierten als Wirkursachen, wie schon Meisner gezeigt hatte, eine gemeinsame Wirkung[61]. Sorgte die Materie, die der Zeugung der Seele voranging, nicht dafür, dass eine körperliche Substanz eine höherwertige unkörperliche ins Leben treten ließ? Nein, denn die Seele selbst war es, die sich im Zeugungsakt vermehrte; nur auf diese Weise war sie auch in der Lage, die Befleckung, die sie im Sündenfall erhalten hatte, als ganze weiterzugeben[62]. Es verbot sich von selbst, wie Sperling betont, Gott die Einhauchung einer schon korrumpierten Seele aufzunötigen; ihre Unvollkommenheit musste sich dem Zeugungsakt des Menschen verdanken, der sie im Geschlechtsakt zur Gänze weitergab[63]. Und noch ein gleichsam aus dem Leben gegriffener Einwand: Wurden im *coitus interruptus* oder während der Masturbation, wie Sperling fragt, nicht mutwillig Seelen verschwendet, wenn der Same schon von Anfang an beseelt war? Nur beide Elternteile gemeinsam konnten erreichen, dass der Samen in der fruchtbaren Materie des Uterus zu einem Instrument der Fortpflanzung werden konnte, alles weitere wäre trivial gewesen[64].

Der theologischen Dimension konnte Sperling in seiner ‚Anthropologia sacra' Rechnung tragen. Waren reine Geister, wie sie in Gestalt der Seele vorlagen, überhaupt in der Lage, sich zu vervielfältigen? Oder lag es nicht vielmehr in ihrem Wesen, dass sie wie der Engel aus dem

---

60 Johannes SPERLING, Anthropologia physica, Wittenberg 1647. Johannes SPERLING, Tractatus de formatione hominis in utero, Wittenberg 1641. Die ‚Anthropologia' erlebte noch zwei weitere Auflagen, 1656 und 1668. Vom ‚Tractatus de formatione' ließ Sperling im Jahre 1655 und 1661 ebenfalls noch zwei weitere Auflagen drucken, eine dritte erschien nach seinem Tod in Wittenberg im Jahre 1675. Eine kurze Zusammenfassung seiner Position gibt Sperling darüber hinaus in seiner ‚Synopsis anthropologiae', die von 1650 bis 1688 fünfmal aufgelegt wurde. Als Beispiel zur *traductio animarum* und ihren Begleiterscheinungen Johannes SPERLING, Synopsis Anthropologiae physicae, Wittenberg 1650, Liber I, c. 1, §§ 5–9, 18–24.
61 SPERLING, Tractatus de formatione (s. o. Anm. 60), c. 2, q. 1, 34, 36; SPERLING, Anthropologia physica (1656) (s. o. Anm. 60), Liber I, c. 4, 98–99. Ebenso z. B. Johannes SPERLING – Georg LOTHUS (resp.), Disputatio physica de forma, Wittenberg 1642, §§ 38–40, fol. B4r–B4v.
62 SPERLING, Tractatus de formatione (s. o. Anm. 60), c. 2, q. 1, 34–35, 37–38; SPERLING, Anthropologia physica (1656) (s. o. Anm. 60), Liber I, c. 4, 93–94.
63 SPERLING, Anthropologia physica (1656) (s. o. Anm. 60), Liber I, c. 4, 82–83.
64 SPERLING, Tractatus de formatione (s. o. Anm. 60), c. 2, q. 1, 34, 37.

Nichts erschaffen werden mussten? Die Natur des Menschen war auf den Körper angelegt, im Körper wurde er individuiert. Seine Seele verstand sich als Formprinzip einer ihr zugeordneten Materie und war in ihrer Genese daher an ihn gebunden[65]. Aber war die Seele in ihrer materiellen Verfasstheit und ihrem körperlichen Ursprung nicht ebenso vergänglich wie die Seele eines Tiers, die aus denselben Vorbedingungen hervorgegangen war? Auch dieser Vorwurf musste, wie Sperling betont, ins Leere greifen, denn es gab keine notwendige Verbindung von körperlicher Fortpflanzung und Sterblichkeit. Erst mit dem Sündenfall war Materie gleichbedeutend mit Vergänglichkeit geworden[66]. Und schließlich, hatte es nicht geheißen, „Gott ruhte am siebten Tag"? Unterschieden werden musste zwischen den *actiones generales* und den *actiones speciales*, die die Schöpfung nur noch aufrechterhielten. Der Modus der Genese der rationalen Seele war im Augenblick der Schöpfung festgehalten worden und bedurfte keiner Fortführung der Schöpfung mehr[67].

Sperling nahm seine Thesen in seine ‚Institutiones physicae' auf und die ‚Synopsis physica', die beide zu den im Fach erfolgreichsten Lehrwerken des mitteldeutschen Raumes werden konnten[68]. Auch eine ‚Defensio Synopseos Physicae' fehlte nicht[69]. Die basale These der Formen- und Seelentraduktion ließ er in Disputationen repetieren, die teils das Phänomen in einem größeren Kontext betrachten sollten[70], teils

---

65 SPERLING, Anthropologia physica (1656) (s. o. Anm. 60), Liber I, c. 4, 96–97.
66 SPERLING, Anthropologia physica (1656) (s. o. Anm. 60), Liber I, c. 4, 92–93; und z. B. SPERLING, Exercitationes physicae (s. o. Anm. 57), Liber I, Exercitatio III, c. 4, 117–119.
67 SPERLING, Anthropologia physica (1656) (s. o. Anm. 60), Liber I, c. 4, 91.
68 Die ‚Institutiones' sahen von 1639 bis 1672 sechs Auflagen, zur *traductio* z. B. die zweite Auflage Johannes SPERLING, Institutiones physicae, Wittenberg 1649, Liber I, c. 3, q. 3, 119–134, oder die sechste Auflage Johannes SPERLING, Institutiones physicae, Wittenberg 1672, Liber I, c, 3, q. 3, 103–116. Die ‚Synopsis physicae' erlebte von 1640 bis 1696 zwölf Auflagen, zur *traductio* z. B. die dritte Edition Johannes SPERLING, Synopsis physicae, Wittenberg 1649, Liber I, c, 3, q. 3–5, 20–21, oder die sechste Auflage Johannes SPERLING, Synopsis physicae, Wittenberg 1661, Liber I, c. 3, q. 3–5, S. 20–21. Beide Werke waren als Vermittler der Korpuskulartheorie bedeutend, hierzu Siegfried WOLLGAST, Philosophie in Deutschland 1550–1650, Berlin 1993, 445–447.
69 Johannes SPERLING, Defensio Synopseos Physicae quo ad partem generalem, Wittenberg 1658, dort ausführlich zur *traductio* Liber I, c. 3, q. 3–5, 265–326.
70 Johannes SPERLING – Christophorus IDELER (resp.), Disputatio physica de homine, Wittenberg 1658, §§ 17–20, dort zur *traductio animarum* fol. B2v–B3v; Johannes SPERLING – Johann TEGGEMANN (resp.), Decas quaestionum physicarum, Wittenberg 1657, dort zur *traductio animarum* q. 2, fol. A4r–B3v; Johannes SPERLING –

einfach Detailfragen wiederholten[71]. Der Tonfall der Schriften Sperlings war mit den Jahren immer aggressiver geworden, zudem schien sich ein gewisser Überdruss in seinen Werken Bahn zu brechen. Hauptverantwortlich war sein Widerpart Zeisold, den Sperling gern als *aphilosophus* oder *magister eruditissimus* titulierte, ohne ihn als Person beim Namen zu nennen. Wie Sperling den Traduzianismus zu seinem Prinzip erkoren hatte, war es für den Gelehrten aus Jena die Schöpfung der Seele, die er in seinen Schriften verteidigte. Auch schon vorher hatte es in Jena einzelne Befürworter der Seelenschöpfung gegeben[72], doch wurde Johannes Sperling Zeisold zur persönlichen Herausforderung, den er mit allem Eifer schließlich auch als Person und nicht mehr nur als Gelehrten bekämpfte. Unerquickliche Früchte dieser Kalamitäten waren eine Schrift mit dem Titel ‚Sperlingius biformis, calumniator perturbatus'[73], ein ‚Processus disputandi Sperlingianus', die beide dem Gegner in der Debatte um die Seele und die Genese der Formen seitenlang versuchen,

---

Eric PLANTIN (resp.), Disputatio physica duas exhibens quarum altera originem formarum, altera praesentiam animae in partibus tradit, Wittenberg 1656, dort zur *traductio animarum* q. 1, membrum III–IV, fol. B2v–C3r.

71 Johannes SPERLING – Johannes RÖHNER (resp.), Exercitatio physica de traductione formarum in brutis, Wittenberg 1648, dort zum *semen animatum* als *vis formatrix* §§ 17–24, fol. A4v–B2r. In die gleiche Richtung gehen die Disputationen Johannes SPERLING – Johannes Gabriel LYSSMANN (resp.), Exercitatio physica de traductione formarum in hominibus, Wittenberg 1648; Johannes SPERLING, – Christian BÜTTNER (resp.), Exercitatio physica de traductione formarum in plantis, Wittenberg 1648; und Johannes SPERLING – Adrianus DAUTH (resp.), Exercitatio physica de traductione formarum in mineralibus, Wittenberg 1649. Die beiden gegenteiligen Positionen behandeln in der gleichen Zeit Johannes SPERLING – Christophorus ALBINUS (resp.), Disputatio physica de creatione formarum, Wittenberg 1648; und Johannes SPERLING – David HELMS (resp.), Disputatio physica de eductione formarum, Wittenberg 1648.

72 Als Beispiel Michael WOLF – Johann Albert STEININGER (resp.), De anima rationali, Jena 1622, Conclusiones I–III, §§ 45–60, fol. B2r–B4v.

73 Johannes ZEISOLD, Sperlingius biformis, hoc est calumniator perturbatus et perturbans, Jena 1651. Dieses Werk ist faktisch unlesbar, doch antwortet es auf ein Pamphlet Sperlings, nämlich Johannes SPERLING, Perturbatio calumniatoris, Wittenberg 1650, das Sperling 1651 gleich noch einmal drucken ließ. Glaubt man Johannes Andreas FABRICIUS, Abriß einer allgemeinen Historie der Gelehrsamkeit (3 Bde.), Leipzig 1752–54, ND Hildesheim 1978, Bd. 3, c. 25, 1011, so hatte Sperling seinem Kontrahenten auch eine Schrift mit dem Titel ‚Geryon triformis' gewidmet, auf die Zeisold mit einem ‚Zeisoldus bicornis' antwortete, doch habe ich diese Werke nicht eruieren können. Vermutlich handelt es sich um die obengenannten.

logische Fehlschlüsse nachzuweisen[74], eine Kette von eher metaphysisch angelegten Disputationen, die sich an den ‚Nachbarn' richten[75], mehrere als Disputationen angelegte ‚Examina Physicae Sperlingianae', die den Naturphilosophen Sperling ins Blickfeld nehmen[76], und sogar öffentlich vorgetragene ‚Quodlibeta', die wenig anderes zum Ziel hatten als die öffentliche Desavouierung seines Gegners[77]. Zeisold musste sich bei allem Hass auf Sperling schon früh darüber im Klaren gewesen sein, dass er im Kreationismus eine Position vertrat, die in seiner Zeit dem Hauptstrom der lutheranischen Theologen elegant zuwiderlief. Wer unter seinen Zeitgenossen die Kette der Argumente Zeisolds mit dem Inhalt der Invektiven verglich, die ab 1635 von katholischer Seite gegen die Thesen Sennerts in Stellung gebracht worden waren – als Beispiel sei Johannes Gallego de La Sernas ‚De naturali animarum origine' aus dem Jahre 1640 genannt – dürfte kaum einen Unterschied festgestellt haben[78]. Die Abgrenzung zum katholischen Lager bestand wohl zuvorderst darin, dass Zeisold sich bemühte, möglichst wenig auf spätmittelalterliche Theologen wie Gregor von Rimini zurückzugreifen, die auch den Traduzionisten zwar bekannt waren, doch in Mitteldeutschland kaum Sympathie genießen konnten. Stichwortgeber seiner Psychologie waren Francisco Suarez, Pedro Hurtado de Mendoza oder die Jesuiten von Coimbra, die kaum in allen Universitäten auf große Gegenliebe stoßen konnten[79]. Es

---

74 Johannes ZEISOLD, Processus disputandi Sperlingianus monstratus, Jena 1651. Eine um etliche Anwürfe und Beleidigungen erweiterte Fassung erschien zehn Jahre später als Johannes ZEISOLD, Processus disputandi Sperlingianus monstratus, Jena 1661.
75 Johannes ZEISOLD, Theoria principiorum physicorum: disputationibus VIII inclusa, quibus doctrina Aristotelico-peripatetica exponitur, cum ea, quae professor quidam in vicina Academia in dissertatione sua de principiis corporis naturalis contra eadem opposuit, examinantur, Jena 1647.
76 Johannes ZEISOLD, Examinis Physicae Sperlingianae disputationes VI, Jena 1650. Auch eine Disputation zur Seelengenese, die sich direkt gegen den Kollegen aus Wittenberg richtet, hat Zeisold in Angriff genommen, mit dem Titel Johannes ZEISOLD – Johannes LANG (resp.), Anatomia Disputationis Sperlingianae Creationi Animae Humanae oppositae, Jena 1652.
77 Johannes ZEISOLD, Quodlibetum Sperlingianum discussum Philosophiae studiosis in alma Leucorea, Jena 1652–53.
78 Johannes GALLEGO DE LA SERNA, De naturali animarum origine invectiva adversus Danielem Sennertum, Brüssel 1640, dort c. 8, 106–169.
79 Beispiele einer fast ausschließlich aus Suarez, Hurtado de Mendoza und den Kommentatoren aus Coimbra gewonnenen Seelenlehre geben die Arbeiten von Johannes ZEISOLD, Discursus philosophicus de anima, eius definitione et potentiis in communi, Jena 1650, passim; und Johannes ZEISOLD – Hermann BARCKHAUS

bedurfte von seiner Seite also noch anderer Autoritäten, die sich auch im Kreis der Lutheraner ins Feld führen ließen.

Disputationen zur Seelenlehre hatten von Anfang an die Lehrtätigkeit Zeisolds in Jena begleitet[80]. Einen kurzen Abriss seiner Position gibt der Jenenser Professor in seiner ‚Anthropologia physica', die sich ausdrücklich auf aristotelische Quellen stützen möchte, und seinem ‚Liber de anima'. Wenn die Seele unsterblich sein sollte, so Zeisold, durfte sie nicht von materiellen Vorbedingungen abhängig sein, sie musste aus dem Nichts geschaffen werden[81]. Die *anima rationalis* des Menschen war eine Substanz, die getrennt von der Materie existieren konnte und im Unterschied zu den tierhaften Seelen in keiner kausalen Relation zur Leiblichkeit stehen durfte. Sie konnte nur unsterblich sein, wenn sie allen Zeugungsvorgängen enthoben war[82]. Die Schrift sagte es selbst: Adam als dem Archetypen des Menschen war die Seele in einem primordialen göttlichen Akt eingehaucht worden[83]. Aristoteles, der ihm in seiner ‚Anthropologia' die meisten Belege schenkt, hatte Zeisold schon in den vierziger Jahren als Autorität einer antitraduzionistischen Position aufzubauen versucht. Unzweifelhaft hatte der Stagirit gezeigt, so Zeisold,

---

(resp.), De animae rationalis potentiis et earum cum inter se, tum ab anima distinctione exercitatio, Jena 1651, passim. Auf den *ortus animarum* wird hier nicht eingegangen. Auch der Status der *anima separata* wurde von Zeisold fast ausschließlich auf der Grundlage dieser jesuitischen Autoritäten diskutiert, dazu Johannes ZEISOLD – Heinrich BRÖKELMANN (resp.), Exercitatio de anima separata, Jena 1657, passim, und als eine seiner letzten Arbeiten Johannes ZEISOLD – Valentin VELTHEM (resp.), Psychoscopia metaphysica, Jena 1665, passim.

80 Johannes ZEISOLD – Christoph SCHMID (resp.), Triga quaestionum physicarum de anima rationali, Jena 1636; Johannes ZEISOLD – Heinrich HIMMEL (resp.), Positiones miscellaneae de anima rationali eiusque duabus facultatibus, intellectu et voluntate, Jena 1641; Johannes ZEISOLD – Ortulph NEUNESIUS (resp.), Disputatio physica de anima rationali, Jena 1642.

81 Johannes ZEISOLD, Anthropologia physica ex fontibus Aristotelis derivata et uberius explicata, Jena 1666, Disputatio IV, a. 4, § 13, fol. Bb4v–Bb5r; Johannes ZEISOLD, Liber de anima, Jena 1659, Sectio I, a. 3, Punctum 2, § 257, 149–150, Punctum 3, § 266, 154–155.

82 ZEISOLD, Anthropologia physica (s. o. Anm. 81), Disputatio IV, a. 4, § 14, fol. Ccr.

83 Ebd., Disputatio IV, a. 4, § 8, Bb3r. Zur Auslegung der Bibel in seinem Sinne verantwortet Zeisold zwei weitere Arbeiten, nämlich Johannes ZEISOLD, Dissertatio de animae humanae propagatione, an et quatenus ea ex oraculo Mosaico Genes. 1, 8 & 9 probari possit?, Jena 1654; und Johannes ZEISOLD, Dissertatio de animae rationalis creatione, quatenus ea ex Scripturis Sacris, praeprimis vero ex Genes. cap. 2, vers. 7, tamquam ex palmario loco, probari potest, Jena 1654.

dass die *anima rationalis* nicht von den Eltern weitergegeben werden konnte[84]. Auch dass der menschliche Same nicht *in actu* beseelt war, sondern nur der Möglichkeit nach, ließ sich, wie Zeisold, glaubte den Schriften des Aristoteles entnehmen. Zudem wären die Konsequenzen des beseelten Spermas, wie auch dem Philosophen nicht entgangen sein dürfte, kaum erträglich gewesen, mochte die Gegenseite auch behaupten, was sie wollte: Wie viele Seelen würden bei der Masturbation verlorengehen, wenn jede Samenzelle bereits mit einer Seele versehen wäre[85]? Wer im Luthertum hatte dagegen eine Schöpfung der Seelen gelehrt? Für Zeisold war es Melanchthon, wie er in seiner ‚Anthropologia' knapp, aber mit Nachdruck deutlich macht, der in der Tradition zum entscheidenden Fürsprecher des Kreationismus geworden war; er hatte, so Zeisold, von Anfang an die Schöpfung der Seele in jedem Zeugungsakt vertreten[86].

In anderen Arbeiten, der längeren Schrift ‚De animae rationalis productione et propagatione' und einem ausgreifenden Traktat mit dem Titel ‚Tradux non-tradux', dem kurz danach zur Bekräftigung noch ein ‚Liber de natura seminis' beigegeben wird, lässt Zeisold zahlreiche weitere Argumente zugunsten der Schöpfung der Seele folgen, die hier nicht alle paraphrasiert werden können. Griffig fasst Zeisold seine Haltung zum Ursprung der Seelen in einer Disputation aus dem Jahre 1651 zusammen, die bereits den sprechenden Titel ‚De animae rationalis productione' trägt. Warum, fragt Zeisold, hatten Gelehrte der eigenen Zeit – gemeint ist natürlich Sperling – die so evidente und aus der Bibel gestützte Wahrheit der Seelenschöpfung in Zweifel gezogen[87]? Man hatte behauptet, wie Zeisold weiß, dass die Schöpfung am siebten Tag ihr Ende gefunden haben musste. Doch wenn zum Erhalt der Spezies die Kreation

---

84 Johannes ZEISOLD, Theoria corporis naturalis et principiorum eius essentialium disputationibus XI inclusa, Jena 1647, Disputatio 11, §§ 53–54, fol. Hhv–Hh2r, und z. B. Johannes ZEISOLD, De Aristotelis in illis, quae ex lumine Naturae innotescunt, cum Scriptura Sacra consensu ab eaque apparente dissensu in duas partes distributus, Jena 1667, Disputatio XI, Sectio 6, a. 1, §§ 1–6, 343–346.

85 ZEISOLD, De Aristotelis in illis, quae ex lumine Naturae innotescunt, cum Scriptura Sacra consensu (s. o. Anm. 84), Disputatio 7, Theorema 7, §§ 38–45, 214–216.

86 ZEISOLD, Anthropologia physica (s. o. Anm. 81), Disputatio IV, a. 4, § 12, fol. Bb4v.

87 Johannes ZEISOLD, Tradux non-tradux, id est Traductio formarum, quae in naturali generatione vulgo statuitur, semetipsum evertens, ex hypothesibus et concessis eorum, qui traducem statuunt, ostensa, et in lucem producta, Jena 1647, Sectio I, §§ 2–4, 3–5.

einer Seele unabdingbar war, was sollte Gott daran hindern, es zu tun[88]? Man hatte eingewandt, die Genese eines Tiers wäre vollkommener als die Produktion eines Menschen, wenn ein Tier sich zur Gänze selbst generieren konnte. Aber verlieh die unmittelbare Schöpfung der Seele dem Menschen nicht eine um vieles höhere Dignität[89]? Es gab keinen von Anfang an beseelten Samen und keine formende Kraft, die ihm innewohnte, wie Zeisold betont[90]; die Funktionen, die im Embryo eine spermatische Seele auszuüben schien, verdankten sich dem *spiritus*[91], der formenden Kraft des weiblichen Uterus, der so oft beschworenen *vis plastica*, die den kindlichen Leib bis zum 40. Tag nach der Zeugung vorbereitete[92]; sie konnten sich aber auch einer Seele verdanken, die von Gott vielleicht schon im Augenblick der Zeugung geschaffen worden war. Die Seelen der Eltern konnten sich für die Seele des Kindes nicht verantwortlich zeigen, denn sie waren weder duplizierbar, noch waren sie teilbar und konnte von ihnen in einem Akt der *decisio* eine neue Seele gelöst werden[93]. Keine unsterbliche rationale Seele konnte in ihrer Genese mit materiellen Prinzipien verflochten sein, wenn sie selbst unsterblich bleiben wollte[94]. Schließlich war eingewandt worden, wie Zeisold zugibt, nicht die ganze Spezies des Menschen sei von den Eltern auf diese Weise produziert worden, solange die formtragende Seele von

---

88 Johannes ZEISOLD – Petrus Valentin BERCKELMANN (resp.), De animae rationali productione et ortu, Jena 1651, Thesis I, §§ 35–36, fol. Bv–B2r. Eine weitere Disputation zu dem Thema erscheint als Johannes ZEISOLD – Nikolaus KLOPFFLEISCH (resp.), Brevis consideratio quaestionis an in generatione hominis anima prolis emanet ab anima parentis, Jena 1662.
89 ZEISOLD – BERCKELMANN, De animae rationali productione (s. o. Anm. 88), Thesis I, § 42, fol. B4v.
90 Johannes ZEISOLD, Liber de natura seminis traduci non traduci subiunctus, in quo illa potissimum controversia, an semen actu animatum sit, ventilatur, et negativa ex affirmantium hypothesibus atque concessis probatur, ad eorum obiecta respondetur, Jena 1649, c. 10, 91–100, c. 22, 206–210; ZEISOLD, Tradux non tradux (s. o. Anm. 87), Sectio II, a. 8, §§ 2–4, 152–154.
91 ZEISOLD, Liber de natura seminis (s. o. Anm. 90), c. 8, 67–73.
92 Johannes ZEISOLD, De animae rationalis productione et propagatione dissertationum partim ex sacris literis, partim ex recta ratione deductarum biga, Jena 1659, Dissertatio II, Sectio 3, § 26, 30–31.
93 ZEISOLD, Tradux non-tradux (s. o. Anm. 87), Sectio II, a. 4, §§ 4–9, 83–89.
94 Johannes ZEISOLD, Fasciculus disputationum physicarum de corpore naturali et principiis rerum naturalium, Jena 1639, Disputatio IV, Sectio 2, a. 2, §§ 24–30, fol. Nr–N2r; und Johannes ZEISOLD, De formarum substantiarum substantialium physicarum productione et ortu disputationes VII, Jena 1648, Disputatio II, §§ 87–94, fol. I2r–I4r.

der *generatio* ausgeschlossen werde[95]. Doch was bedeutete *generatio* eigentlich? Dass alle Teile des Menschen von den Eltern selbst hervorgebracht werden mussten[96]? Auch der Körper des im Uterus ausgebildeten Menschen entstammte in seiner weiteren Entwicklung nicht in gleicher Menge beiden Elternteilen[97]; auch Gott brachte den Menschen im Moment seiner Auferstehung neu hervor, ohne dass seine Seele neu geschaffen werden musste, trotzdem war von einer *generatio* die Rede[98]. Warum sollte man im Fall des in die Welt gesetzten Menschen also nicht ebenso von einer *generatio* sprechen können, solange beide Teile, Form und Materie, Seele und Körper des neuen Kindes, als Folge eines Zeugungsaktes miteinander verbunden wurden[99]? Eines der stichhaltigsten Argumente der Traduktion lag schließlich, wie Zeisold wusste, im Sündenfall. War die Seele nach dem Abfall der Ureltern unrein geschaffen worden, obwohl Gott in seinem Wesen eigentlich nur Vollkommenes hervorbringen konnte? Auch hier war Zeisolds Antwort fast katholisch: *Formaliter* hatte die Erbsünde der Seele ihren Ursprung nicht in Gott, sie war durch die moralische Kausalität der Ureltern in die Welt gebracht worden. Materiell betrachtet entstammte sie dem Leib, mit dem die Seele nach ihrer Schöpfung in Kontakt trat[100].

In seiner Disputation aus dem Jahre 1651 nennt Zeisold nur noch zwei Autoritäten, die man für den Kreationismus in Feld zu führen hatte, Aristoteles und Melanchthon, der sich in seinen Schriften als Lutheraner für die geschaffenen Seelen stark gemacht hatte[101]. Tatsächlich ließ sich Melanchthon also aufgrund seiner scheinbaren Indifferenz zu einem Gewährsmann der Seelenschöpfung umfunktionieren, auch wenn ein Mann wie Magirus das Gegenteil behauptet hatte und auch der heutige Eindruck ein anderer sein dürfte. Melanchthon hatte, so sagt es Zeisold schon im Jahre 1657 in einem direkt gegen Sperling gerichteten Werk,

---

95 ZEISOLD, De animae rationalis productione et propagatione (s. o. Anm. 92), Dissertatio II, Sectio 1, §§ 82–86, 246–251.
96 ZEISOLD, Tradux non-tradux (s. o. Anm. 87), Sectio II, a. 7, §§ 18–19, 147–150, a. 15, §§ 4–6, 210–211; ZEISOLD – BERCKELMANN, De animae rationali productione (s. o. Anm. 88), Thesis I, §§ 37–38, fol. B4v.
97 ZEISOLD, De animae rationalis productione et propagatione (s. o. Anm. 92), Dissertatio II, Sectio 1, §§ 23–26, 199–201.
98 ZEISOLD – BERCKELMANN, De animae rationali productione (s. o. Anm. 88), Thesis I, § 38, fol. B4v.
99 ZEISOLD, Tradux non-tradux (s. o. Anm. 87), Sectio II, a. 6, §§ 8–9, 112–114.
100 ZEISOLD – BERCKELMANN, De animae rationalis productione (s. o. Anm. 88), Thesis I, §§ 46–48, fol. Cv–C2r.
101 Ebd., Thesis I, § 25, fol. Bv.

mit Nachdruck unterstrichen, dass die gewöhnliche *generatio* der einfachen Kreaturen von der *infusio* der menschlichen Seele kategorisch unterschieden werden musste[102]. Ihre Unzerstörbarkeit, so hatte Melanchthon verlautbaren lassen, entzog sich jeder Form von menschlicher Produktion; sie musste daher unmittelbar in ihrer Genese auf Gott zurückzuführen sein[103]. Folglich hatte Melanchthon, wie Zeisold in seiner Schrift ‚De propagatione animae' betont, jeder Form des Traduzianismus unter den Lutheranern eine radikale Absage erteilt[104]. Im Jahre 1662 erscheint die ‚Diatribe historico-elenctica de sententiae creationem animae statuentis antiquitate et veritate' Zeisolds, eine große historische Zusammenschau des Kreationismus, in der Zeisold seine eigene Problemgeschichte der Seelenschöpfung schreibt. Zeisold wendet große Mühen auf, um die kreationistische Haltung der Kirchenväter zu verdeutlichen[105], ebenso deutlich sieht er die Schöpfung der Seele durch die Schrift selbst abgesichert. Schon während der Auseinandersetzung mit der Bibel ist es nun Melanchthon, dessen Bezug auf die Offenbarung und das *spiraculum*, das dem Adam eingeflößt wurde, für Zeisold zur Richtlinie wird[106]. Melanchthon hatte auf diese Weise unwiderruflich gezeigt, dass im Gotteswort die Schöpfung der Seele grundgelegt war. Nicht einmal Johannes Sperling hätte dies bezweifeln können[107]. In einer eigenen Sektion des Werkes führt Zeisold jene Melanchthonpassagen aus dem ‚Liber de anima' und der ‚Enarratio Symboli' auf, mit denen hier begonnen wurde. Sie liefern ein eindeutiges Bekenntnis zum Kreationismus, wie Zeisold betont, das Melanchthon für einen Lutheraner zum nachhaltigen Glaubenszeugen in der Frage der Seelenschöpfung hätte machen müssen[108]. Warum sich die Dogmengeschichte in den ersten Jahrzehnten des 17. Jahrhunderts so augenfällig in die andere Richtung

---

102 Johannes ZEISOLD, Meditationum physicarum libri duo, in quibus ea, quae non nemo in duobus prioribus suae Synopseos Physicae libris noviter proposuit et Aristotelicis scholis opposuit, considerantur, Jena 1657, Liber I, c. 3, q. 3, § 30, 83–84. Auch dieses Werk kennt nur Sperling als Opponenten.
103 ZEISOLD, De animae rationalis productione et propagatione (s. o. Anm. 92), Dissertatio I, Sectio 3, c. 1, § 2, 111, § 4, 113–114, § 7, 116–118.
104 Ebd., Dissertatio I, Sectio 3, c. 2, § 10, 119–120.
105 Johannes ZEISOLD, Diatribe historico-elenctia de sententiae creationum animae rationalis statuentis antiquitate et veritate, necnon de sententiae propugnationem animae rationalis per traducem statuentis novitate et absurditate, Jena 1662, Sectio I, a. 2, punctum 2, 46–54.
106 Ebd., Sectio I, a. 1, punctum 1, 20–21.
107 Ebd., Sectio I, a. 2, punctum 3, 93–94.
108 Ebd., Sectio III, a. 2, 248–253.

bewegt hatte, wagt Zeisold nicht zu beantworten. Für Sperling, der nur denkbar marginal auf die Melanchthon-Zitate Zeisolds eingeht, war *Philippus* von Anfang an keine Autorität gewesen, mit der er sich, wie er nahelegt, auseinanderzusetzen hatte[109].

V. Schlussbemerkungen

Hatte womöglich Johannes Zeisold und nicht Johannes Magirus und mit ihm Johannes Sperling den Praeceptor Germaniae richtig gelesen? Die Gefolgsleute Sperlings in der Mitte des 17. Jahrhunderts, sein Kollege Constantin Ziegra aus Wittenberg[110], Johannes Deutschmann, der an der gleichen Universität lehrte[111], oder der erwähnte Johannes Micraelius aus Stettin referieren in ihren Arbeiten zur *Origo animarum* die Thesen Sperlings und seiner Vorgänger ausgiebig[112], vor allem Sennert wird ihnen zur entscheidenden Referenz. Zeisold tritt in diesen Schriften nicht in Erscheinung, auch nicht, wenn ihre Verfasser Positionen der Gegner Revue passieren lassen. Als er die Scharen der Kombattanten im Streit um den Ursprung der Seelen in Katholiken, Calvinisten auf der einen Seite und Lutheraner auf der anderen Seite teilt, bemerkt zumindest Johann Ernst Pfuel aus Stettin in seiner ‚Psychologia' etwas süffisant, Zeisold habe versucht, Sperling wie einen Pelagianer zu behandeln und die *physici Jenenses* hätten den Fehler begangen, sich an den Katholiken zu orientieren[113]. Die zahlenmäßig geringen Autoren aus dem lutherischen Milieu, die sich in der Folgezeit dennoch für die Schöpfung der Seele entscheiden, hatten in der katholischen Literatur ausreichend Referenzen. Nur wenige Gelehrte des engeren lutherischen Zirkels, darunter Heinrich Alt, Professor für Philosophie in Helmstedt, berufen sich aus-

---

109 SPERLING, Defensio Synopseos Physicae (s. o. Anm. 69), Liber I, c. 3, q. 3, obiectio 7, 287–288, q. 5, obiectio 16, 323–324.
110 Constantin ZIEGRA, – Christophorus GUTZKE (resp.), De origine animae humanae, creationis propugnatoribus opposita pro traduce, Wittenberg 1650, dort zu Sperling Sectio I, § 3, fol. A3v, Sectio II, Theorema III, §§ 2–3, fol. D4v–Ev.
111 Johannes DEUTSCHMANN – Johannes HEMMEL (resp.), Tractatio philosophica de ortu animae rationalis, Adriano Heereboord opposita, Wittenberg 1658, dort affirmativ zu Sperling §§ 20–22, fol. B2v–B3r.
112 MICRAELIUS – REGASTUS, Disputatio philosophica de origine animae humanae (s. o. Anm. 41), Thesis I, fol. Dr.
113 Johannes Ernst PFUEL, Psychologia sive de Doctrina de anima humana, Stettin 1686, c. 2, § 41, fol. C4v, §§ 49–59, fol. Dr.

drücklich auf Zeisold, wenn sie sich zum Fürsprecher einer Seelenschöpfung aufschwingen[114]. An seiner Heimatuniversität Jena zitiert man ihn zwar in den siebziger Jahren noch, wenn es um allgemeine Fragen der Psychologie ging, doch machte man sich, wie es scheint, Zeisolds Haltung zur Seelenschöpfung nicht mehr zu eigen[115].

Mit beißender Kritik wird Zeisolds Kreationismus von einem Kollegen aus Danzig bedacht, dem späteren Königsberger Schulrektor Konrad Neufeld, der in Wittenberg scheinbar bei Sperling studiert hatte. Harsch im Ton brandmarkt Neufeld nicht nur die antilutherischen Wege der Universität Jena im Allgemeinen[116], sondern widerlegt Punkt für Punkt alle Argumente, die der *graeculus Zeisoldus*, wie Neufeld ihn tituliert, in seinem ‚Tradux non-tradux' gegen die Traduktion der Seelen vorgebracht hatte[117]. Neufeld, der sich wie ein Erbe des Wittenberger Naturwissenschaftlers gerierte, stellt diesem Werk noch weitere Invektiven zur Seite, die sich alle ausdrücklich gegen Zeisold richten[118]. Als sich Jacob Thomasius in Leipzig wenige Jahre nach Zeisolds Arbeiten dem Ursprung der Seelen widmet und sich ebenfalls auf die Seite der

---

114 Heinrich ALT – Heinrich GRELLE (resp.), Disputatio physica de origine animae rationalis, Helmstedt 1665, dort zu Zeisold und seiner in den Augen Alts richtigen Position § 13, fol. B3v–B4r, § 17, fol. Cv–C2r. Auf Melanchthon bezieht sich der Helmstedter Alt allerdings nicht.
115 Johannes HOFFMANN – Georg Melchior WALTHER (resp.), Disputatio physica de animae rationalis potentiis, Jena 1675, dort aus Auszüge aus Zeisolds ‚Liber de anima' c. 1, § 4, fol. A2r, §§ 11–12, fol. A3r–A3v., c 2, § 6, fol. Bv.
116 Konrad NEUFELD, Antecessus, Repetitioni disquisitionis de origine animae rationalis per traducem contra creationem, nec non appendici in eadem materia contra D. Christiani Dreieri Erörertung et M. Johan. Zeisoldi, Physicae Professoris Jenensis Traducem non Traducem atque alia scripta oppositae, Danzig 1652, § 2, 3–4.
117 Ebd., §§ 4–31, 5–55. Eine eigene Arbeit zum Seelenursprung ließ Neufeld im Jahre 1653 folgen, Konrad NEUFELD, Quaestio de origine animae rationalis, Danzig (?) 1653.
118 Unter den Werken gegen Zeisold im Anschluss an den ‚Antecessus' z. B. Konrad NEUFELD, Vanitas Octavi Mundi Miraculi a Johanne Zeisoldo, Phys. Prof. Jenensis et eius causidicis nuper creati, evidenter ostensa in Quaestione de origine animae rationalis probatur, vero M. Zeisoldum, advocatos eius et creaturus in hac quaestione ad interpretationes S. Scripturarum ecclesiasticas, librorum symbolicorum, nec non unanimem nostratium theologorum consensum obligari, a quibus creationem animae defendendi turpem hactenus fecere secessum, Danzig 1653, und im Anschluss noch einmal Konrad NEUFELD, Solida Vindicatio ex loco Gen I, 8 & 9 postulata nova eaque vanissima ac absurdissima pro vindicando octavo Jenensi miraculo in dissertatione ad Cap. Gen. I, 8 & 9 nuper mihi opposita a Johanne Zeisoldo, Danzig 1655.

Traduzianer schlägt, geht Thomasius auch auf die Melanchthon-Lektüre Zeisolds ein. Schon die Selbstverständlichkeit, mit der Zeisold einige der Kirchenväter, vor allem Augustinus, für seine Sache eingespannt hatte, erscheint Thomasius dubios[119]. Vollends grotesk mutet dem Leipziger Professor Thomasius, scheinbar auch kein persönlicher Freund Zeisolds, die großzügige Eingliederung an, die der Jenenser Gelehrte an Melanchthon vorgenommen hatte. Auch mit gutem Willen, so Thomasius, konnte man aus den Passagen des ‚Liber de anima' und der ‚Enarratio', die Zeisold gesammelt hatte, keine tiefergreifende Sympathie für die Schöpfung der menschlichen Seele herauslesen[120]. Andere Gelehrte, unter ihnen Jacobus Martini, mochten sich für eine göttliche Hilfeleistung in der Genese der Seele ausgesprochen haben, doch nicht einmal eine vergleichbare Mittlerstellung möchte Thomasius Melanchthon noch zubilligen[121]. Zeisolds Melanchthon-Lektüre hatte ihren Autor zur Gänze verfehlt. Noch im Jahre 1717 geht Johann von Elswick in seinen ‚Recentiores de anima controversiae', die einen Überblick über diverse Psychologien der frühen Neuzeit geben, auf die Debatte zwischen Zeisold und Sperling ein. Dem Wittenberger von Elswick war nicht entgangen, dass Zeisold sich von der Standardposition der Lutheraner weit entfernt hatte[122]. Lag Zeisold mit seiner Berufung auf Melanchthon richtig? In Wahrheit, so von Elswick, hatte Melanchthon, wie schon Strigel gezeigt hatte, keine eindeutige Position bezogen; als Gewährsmann des Kreationismus ließ er sich nicht heranziehen[123].

Es war also sicher nicht Johannes Zeisold, der sich in der mitteldeutschen Diskussion des Seelenursprungs durchgesetzt hatte. Ebenso wie die Lutheraner in der Folgezeit an der These der Traduktion und der schon hinreichend etablierten Linie eines Meisner oder Sperling festhielten und die Stimme Zeisolds ungehört verhallen ließen, waren Calvinisten, geschweige denn die jesuitischen oder dominikanischen Nachfolger eines Suarez, Vazquez oder Arriaga auf einen Lutheraner aus Jena angewiesen, um sich von der Richtigkeit der Seelenschöpfung zu überzeugen. Mit den Erfolgen der Mikroskopie und Embryologie, den Arbeiten eines Antoni van Leeuwenhoek oder William Harvey, verla-

---

119 Jacob THOMASIUS – Johannes VAKE (resp.), De origine animae humanae, Leipzig 1669, Sectio 3, 23–24.
120 Ebd., Sectio 3, 42.
121 Ebd., Sectio 3, 43.
122 Johann Hermann VON ELSWICK – Christian KRAUSE (resp.), Recentiores de anima controversiae, Wittenberg 1717, §§ 29–30, 46–51.
123 Ebd., § 30, 50.

gerte sich die Diskussion in der Folgezeit, ohne jedoch abzubrechen. Arbeiten zum Ursprung der Seele finden wir bis weit ins 18. Jahrhundert. Mit Blick auf Melanchthon kann uns die Debatte der ersten Hälfte des 17. Jahrhunderts zeigen, dass die Autorität des Praeceptor Germaniae im lutherischen Milieu noch immer so groß war, dass sie als Fixpunkt dienen konnte, selbst wenn sie zur Sache keine stichhaltigen Argumente mehr beisteuerte. Deutlich geworden ist vielleicht auch, dass es Melanchthons allgemein eher auf Ausgleich bedachte Argumentationslinie war, sein hinlänglich bekannter Irenismus, der dafür sorgte, dass er gleich mehreren Parteien zum Referenzpunkt werden konnte, selbst wenn ein wirklicher Kompromiss zwischen den Fronten mit seiner Hilfe nicht mehr zu erreichen war.

Melanchthon als Philosoph in graphischen Bildnissen des 16.–19. Jahrhunderts

Maria Lucia Weigel

Im folgenden Beitrag soll anhand von ausgewählten Beispielen aus der graphischen Sammlung des Brettener Melanchthonhauses die Frage diskutiert werden, inwieweit Philipp Melanchthon als Philosoph in die Bildnistradition eingegangen ist. Dabei können die Beobachtungen lediglich die Richtung weisen, in die künftige Untersuchungen der Bildnisse Melanchthons gehen sollen. Vor der Diskussion der Bildbeispiele sind einige Bemerkungen zum Porträtverständnis in der Frühen Neuzeit und zur Rolle Melanchthons im Bilddiskurs notwendig.

Die eingangs gestellte Frage ist nicht nur von einiger Bedeutung im Hinblick auf die Rezeption des Wittenberger Gelehrten in den Bildmedien von der Frühen Neuzeit bis ins 19. Jahrhundert. Vielmehr lässt sich darüber hinaus in der Darstellung Melanchthons die Wirkungsgeschichte bildlicher Topoi in besonders signifikanter Weise aufzeigen. Der Gelehrte wurde in den visuellen Medien sowohl als Humanist als auch als Reformator wahrgenommen[1]. Beide Aspekte sind in seiner Biographie und in seinem Wirken verankert und spiegeln sich sowohl in seinen Schriften als auch in deren Rezeption in der europäischen Geistesge-

---

1   Dies zeigt sich in den wenigen existierenden Zusammenstellungen von Melanchthonporträts, vgl. Sybille HARKSEN, Bildnisse Philipp Melanchthons, in: Philipp Melanchthon. Humanist, Reformator, Praeceptor Germaniae, Ausstellungskatalog, Berlin 1963, 270–287; Kira KOKOŠKA, Die Melanchthon-Bildnisse von Lucas Cranach d. Ä. und Lucas Cranach d. J. bzw. der Cranach-Werkstatt. Ein systematisierender Katalog, Heidelberg, Magisterarbeit, unveröffentlichtes Manuskript 1995; Rainer BEHRENDS, „VIVITUR INGENIO CAETERA MORTIS ERUNT", in: Günther WARTENBERG (Hg.), Philipp Melanchthon und Leipzig. Beiträge und Katalog zur Ausstellung, Leipzig 1997, 115–140; vgl. darüber hinaus Günter FRANK/ Maria Lucia WEIGEL (Hg.), Grafik im Melanchthonhaus. Bestandskatalog der druckgrafischen Sammlung, Heidelberg/ Ubstadt-Weiher/ Basel 2003; Maria Lucia WEIGEL, Die vielen Gesichter des Philipp Melanchthon. Das Bildnis des Reformators im Spiegel der Brettener Graphiksammlung, in: Fragmenta Melanchthoniana, Bd. 2: Gedenken und Rezeption – 100 Jahre Melanchthonhaus, hg. von Günter FRANK/Sebastian LALLA , Heidelberg/ Ubstadt-Weiher/ Basel 2003, 161–178.

schichte². In dieser Hinsicht unterscheidet sich Melanchthon von Luther, der stets allein in seinem theologischen Wirken wahrgenommen wurde³. In den Bildmedien ist im Hinblick auf die Gestalt Melanchthons daher eine differenzierte Darstellung zu erwarten, in der sich die jeweilige Gewichtung beider Aspekte manifestiert. Dabei ist der Kontext zu berücksichtigen, in den die bildliche Darstellung eingebettet ist; aus ihm lassen sich zusätzliche Deutungsebenen erschließen, die die Bildaussage bekräftigen und weiter differenzieren.

Die Ebenen, auf denen sich die bildliche Botschaft im Hinblick auf Melanchthon jeweils entfaltet, sind nicht nur unter dem Aspekt der an Naturnähe orientierten Formulierung der Gestalt des Gelehrten zu erfassen. Jedoch lassen sich bereits aus den im Kontext dieses Spannungsfeldes getroffenen bildlichen Entscheidungen signifikante Aussagen ablesen. In der Forschung ist diese Frage in dem allgemeinen Zusammenhang von Porträtähnlichkeit und piktorialer Botschaft im Bildnis der Renaissance bereits mehrfach diskutiert worden⁴. Im vor-

---

2   Vgl. hierzu Heinz SCHEIBLE, Melanchthon und die Reformation (VIEG Beiheft 41, hg. von Gerhard MAY/Rolf DECOT), Mainz 1996.
3   Vgl. Ilonka VAN GÜLPEN, Der deutsche Humanismus und die frühe Reformations-Propaganda 1520–1526. Das Lutherporträt im Dienst der Bildpublizistik, Hildesheim/Zürich/New York 2002.
4   Vgl. Dieter MERTENS, Oberrheinische Humanisten im Bild. Zum Gelehrtenbildnis um 1500, in: Konrad KRIMM/ Herwig JOHN (Hg.), Bild und Geschichte. Studien zur politischen Ikonographie. Festschrift für Hansmartin Schwarzmaier zum 65. Geburtstag, Sigmaringen 1997, 221–248; Jörg ROBERT, Evidenz des Bildes, Transparenz des Stils – Dürer, Erasmus und die Semiotik des Porträts, in: Frank BÜTTNER/ Gabriele WIMBÖCK (Hg.), Das Bild als Autorität. Die normierende Kraft des Bildes, Münster 2004 (Pluralisierung und Autorität, hg. vom Sonderforschungsbereich 573 Ludwig-Maximilians-Universität München, Bd. 4), 205–227; Peter-Klaus SCHUSTER, Individuelle Ewigkeit. Hoffnungen und Ansprüche im Bildnis der Lutherzeit, in: August BUCK (Hg.), Biographie und Autobiographie in der Renaissance. Arbeitsgespräch in der Herzog-August-Bibliothek Wolfenbüttel vom 1. bis 3. November 1982, Wiesbaden 1983, 121–173; DERS., Überleben im Bild. Bemerkungen zum humanistischen Bildnis der Lutherzeit, in: Werner HOFMANN (Hg.), Köpfe der Lutherzeit, Ausstellungskatalog, Hamburg 1983, 20–25; Susanne SKOWRONEK, Autorenbilder. Wort und Bild in den Porträtkupferstichen von Dichtern und Schriftstellern des Barock (Würzburger Beiträge zur deutschen Philologie, hg. v. Horst BRUNNER/Gunter GRIMM/Günter HESS/Dietrich HUSCHENBETT/Helmut PFOTENHAUER/Werner WEGSTEIN/Norbert R. WOLF, Bd. 22), Würzburg 2000, hier: 25–79. Zum aktuellen Stand der Diskussion vgl. Sabine HAAG, Christiane LANGE, Christoph METZGER, Karl SCHÜTZ (Hg.), Dürer – Cranach – Holbein, Die Entdeckung des Menschen: Das deutsche Porträt von 1500, Ausstellungskatalog, Wien 2011.

liegenden Beitrag soll die Diskussion im Hinblick auf die spezifische Bildaussage im Fall Melanchthons um einen Gesichtspunkt erweitert werden, der über die rein abbildhafte Ebene hinausgeht und wesentlich zur Interpretation der Bildnisse beiträgt. Auch die Wahl des Mediums beinhaltet im Hinblick auf die innerbildlich vermittelte Botschaft sowie auf die Adressatenkreise und die Verwendung der Werke eine eigene Aussage, die in die Deutung einbezogen werden muss. Beschränken sich die hier gemachten Beobachtungen auf graphische Bildnisse, also auf Kupferstiche und Radierungen, so sollen diese Medien innerhalb des eng gesteckten Rahmens auf ihre spezifische Aussagekraft im Hinblick auf die eingangs genannte Fragestellung überprüft werden. Es wird sich herausstellen, dass Melanchthon als Philosoph innerhalb und mithilfe eines kohärenten bildlichen Systems einer visuellen Rhetorik dargestellt wird, das sich über alle genannten Ebenen erstreckt und sich zu einer übergeordneten Bildaussage verdichtet.

Betrachtet man die Entwicklung des Bildnisses in reformatorischer Zeit, so fällt auf, dass in der ersten Phase der Ausbreitung der Reformation die Porträts von Martin Luther zahlenmäßig die Darstellung aller anderen Mitstreiter der protestantischen Sache bei Weitem überwiegen. Anhand der Verbildlichung seiner Person wird protestantische Glaubenspropaganda ausgebildet[5]. Luthers Porträt gibt schließlich den Kanon vor, dem die Medialisierung anderer Reformatoren folgt[6]. Melanchthon ist jedoch als Sonderfall zu betrachten. Zwar wurde er im Verlauf der reformatorischen Wirkungsgeschichte überwiegend als Mitstreiter Luthers wahrgenommen und so in ein im Protestantismus verbreitetes Bildkonzept eingebunden, das auch die Bildnisse der Reformatoren einschließt. Dieses basiert jedoch im Fall des Porträts auf älteren Bildnistraditionen wie dem Humanistenporträt, das die Ausbildung des Reformatorenbildnisses beeinflusste[7]. Neben der Einbindung der Gestalt Melanchthons in diese im

---

5 Vgl. Van Gülpen (s. o. Anm. 3).
6 Vgl. Daniela ROBERTS, Protestantische Kunst im Zeitalter der Konfessionalisierung. Die Bildnisse der Superintendenten im Chorraum der Thomaskirche zu Leipzig, in: Susanne WEGMANN/Gabriele WIMBÖCK (Hg.), Konfessionen im Kirchenraum. Dimensionen des Sakralraums in der Frühen Neuzeit, Korb 2007 (Studien zur Kunstgeschichte des Mittelalters und der Frühen Neuzeit, hg. v. Christian FREIGANG/Marc Carel SCHURR/Evelin WETTER, Bd. 3), 325–344.
7 Vgl. Kurt LÖCHER, Humanistenbildnisse – Reformatorenbildnisse. Unterschiede und Gemeinsamkeiten, in: Hartmut BOOCKMANN/Ludger GRENZMANN/Bernd MOELLER/Martin STAEHELIN (Hg.), Literatur, Musik und Kunst im Übergang vom Mittelalter zur Neuzeit. Bericht über Kolloquien der Kommission zur

16. Jahrhundert entwickelte Porträtgattung spielt die Ausprägung eines von der im oben genannten Sinne kanonisierten Darstellung abweichenden Bildnistyps, der ihn als Humanisten zeigt, eine nicht unbedeutende Rolle.

Im Melanchthonporträt rückt die Rhetorik in mehrfacher Hinsicht in den Vordergrund. Dies sollen die angeführten Bildbeispiele aufzeigen. Die Redekunst wurde von dem Gelehrten selbst als Organisationsform wissenschaftlicher Inhalte und als Überzeugungsstrategie im Hinblick auf deren Vermittlung eingesetzt. Melanchthon gilt als Universalgelehrter, dessen Wirken sich auf der Grundlage seiner umfassenden humanistischen Bildung entfaltete. In diesem Kontext ist auch sein Philosophiebegriff zu sehen, wie von Günter Frank an anderer Stelle ausführlich erörtert wird[8]. Melanchthons Philosophieverständnis erstreckt sich demnach auf den gesamten Kanon des antik überlieferten Bildungswesens und ist daher als humanistisch zu bezeichnen. Trivium und Quadrivium, der Fächerkanon der „Artes liberales", wird hierbei um Geschichtswissenschaft und Poetik erweitert. Der Gelehrte beschäftigte sich darüber hinaus jedoch auch mit Gegenständen der Rechtsphilosophie und der Medizin unter dem Blickwinkel einer philosophischen Betrachtung. Auch die Theologie ist einbezogen. Melanchthon entwickelte, folgt man Frank, einen universalwissenschaftlichen Philosophiebegriff, in dem alle Wissenschaftsbereiche aufeinander bezogen sind. Diese erschließen sich in Gestalt von topischen Strukturen, die Wissensorganisation und -vermittlung erst ermöglichen. Letztere erfolgt in Form der Argumentation, die als rhetorische Methode den Zuhörer vom Gesagten überzeugen will. Die Topik, die in Dialektik und Rhetorik beheimatet ist, kommt unter diesen Vorzeichen in der Betrachtung jedweden wissenschaftlichen und damit in die Philosophie einzubeziehenden Gegenstandes zum Einsatz. Melanchthon ist als Universalgelehrter immer auch Rhetoriker, also Philosoph. Als solcher tritt er im Porträt in Erscheinung. Dieser Bildnistypus unterscheidet sich von demjenigen, der Melanchthon als Reformator zeigt, indem hier ein intellektuelles, auf den Dargestellten zugeschnittenes humanistisches Programm veranschaulicht wird[9]. Die Übergänge zwi-

---

Erforschung der Kultur des Spätmittelalters 1989 bis 1992, Göttingen 1995 (Abhandlungen der Akademie der Wissenschaften in Göttingen. Phil.-Hist. Klasse, Dritte Folge, Nr. 208), 352–390, hier: 365–380.

8   Vgl. den Beitrag von Günter FRANK im vorliegenden Band und DERS., Die theologische Philosophie Philipp Melanchthons (1497–1560), Leipzig 1995 (EThSt 67).

9   Vgl. LÖCHER (s. o. Anm. 7), 355.

schen beiden Porträttypen sind allerdings fließend, wie sich aus der Diskussion der Bildbeispiele erhellen wird.

In Bildnissen der Frühen Neuzeit wird der im humanistischen Kontext entwickelten Herangehensweise an geistige Inhalte, die diese zugleich strukturiert und überzeugend vermittelt, Rechnung getragen, indem eine Methode bildlicher Rhetorik zur Anwendung gelangt[10]. Schon in den Jahrhunderten zuvor wurden verschiedenartige visuelle Vermittlungsstrategien als Topoi gedeutet und im kunsttheoretischen Diskurs als Ausdruck bildlicher Rhetorik interpretiert[11]. Im 16. Jahrhundert erlangte dieser Ansatz in humanistischen Kreisen erneut Aktualität. An dieser Entwicklung hatte Melanchthon wesentlichen Anteil. Hatte im 15. Jahrhundert bereits Conrad Celtis im Rahmen seiner Auseinandersetzung mit dem antiken Bildungsweg die Redekunst in humanistischen Kreisen verbreitet[12], so verfasste Melanchthon auf der Grundlage antiker Schriften eigene Rhetoriken, die in der Topik eine Methode zur Ausarbeitung von überzeugenden Argumenten bereitstellen[13]. Die Topik erschließt nicht nur alle Bereiche der Wissenschaft, sondern auch das Kunstwerk. Mit diesem setzt sich Melanchthon in seinen Schriften explizit auseinander. Seine Publikationen zur Rhetorik schaffen die Verbindung zwischen der Topik als Wissenschaftsmethode und ihrer Anwendung in den bildenden Künsten[14]. Der Humanist be-

---

10 Allgemein zur Geschichte der rhetorischen Kunsttheorie vgl. Markus HUNDEMER, Rhetorische Kunsttheorie und barocke Deckenmalerei. Zur Theorie der sinnlichen Erkenntnis im Barock, Regensburg 1997 (Studien zur christlichen Kunst, hg. v. Frank BÜTTNER/ Hans RAMISCH, Bd. 1), 101–124.

11 Vgl. Robert SUCKALE, Die Erneuerung der Malkunst vor Dürer, Bd. 1, Petersberg 2009, 419–435; Klaus KRÜGER, Das Sprechen und das Schweigen der Bilder. Visualität und rhetorischer Diskurs, in: Valeska VON ROSEN/ Klaus KRÜGER/Rudolf PREIMESBERGER, Der stumme Diskurs der Bilder. Reflexionsformen des Ästhetischen in der Kunst der Frühen Neuzeit, Berlin 2003,17–52.

12 Vgl. Dieter WUTTKE, Humanismus als integrative Kraft. Die Philosophia des deutschen „Erzhumanisten" Conrad Celtis. Eine ikonologische Studie zu programmatischer Graphik Dürrs und Burgkmairs, Nürnberg 1985 (Renaissance-Vorträge, hg. v. den stadtgeschichtlichen Museen Nürnberg, Bd. 8), 33,38.

13 Philipp MELANCHTHON, De rhetorica libri tres, Wittenberg 1519. Dieser Erstfassung folgten weitere, vgl. Joachim KNAPE, Philipp Melanchthons „Rhetorik", Tübingen 1993.

14 Vgl. Joachim KNAPE, Rhetorizität und Semiotik. Kategorientransfer zwischen Rhetorik und Kunsttheorie in der Frühen Neuzeit, in: Wilhelm KÜHLMANN/ Wolfgang NEUBER (Hg.), Intertextualität in der Frühen Neuzeit. Studien zu ihren theoretischen und praktischen Perspektiven, Frankfurt a.M. 1994 (Frühneuzeit-

trachtet das Kunstwerk unter dem Gesichtspunkt der Argumentation und legt dessen Strukturen mithilfe der Topik offen; ein Ansatz, der sich im Jahrhundert zuvor bereits in Italien bei Leon Battista Alberti findet[15]. Melanchthon nimmt ausschließlich auf die Tafelmalerei seiner Zeit Bezug, wohl ganz unter dem Vorzeichen einer Nutzbarmachung bildlicher Darstellung für die Vermittlung reformatorischer Inhalte. Dürer wird als Vertreter der hohen Kategorie, Grünewald als derjenige der mittleren genannt, während die Kunst Cranachs d. Ä. als Beispiel für die niedere Kategorie aufgeführt wird[16]. Mit dieser Systematisierung der Stilhöhen ist nicht, wie angenommen werden könnte, eine Bewertung im Hinblick auf ästhetische Kategorien und eine damit verbundene Wertschätzung gemeint. Vielmehr führt Melanchthon diese Unterscheidungen unter Berücksichtigung der Argumentationsweise auf, die bei Dürer komplex, bei Cranach dagegen einfach (*gracile*) erscheint. Diese Charakterisierung lässt sich in Verbindung bringen mit der *simplicitas* in lutherischem Sinn, wie unten ausgeführt wird, und ist in diesem Zusammenhang als Bezeichnung einer Qualität zu verstehen, die positiv konnotiert ist. Stile, so zeigt sich in Bezug auf das reformatorisch orientierte Kunstschaffen, können als Topoi im Bild fungieren. Auch unter diesem Aspekt werden sie in der kunsthistorischen Forschung behandelt. Eine interessante Parallele für das auf so vielfältige Weise auslegbare Potential des Begriffs *simplicitas* zeigt sich sowohl in der humanistischen Verwendung des Begriffs in Bezug auf die Erschließung der germanisch-deutschen Vergangenheit, wobei die Einfachheit im moralischen Sinne als Unverdorbenheit der Sitten ausgedeutet wird[17], als auch in Luthers wiederholtem Lob der *simplicitas* im Hinblick auf den Einsatz der Bilder im religiösen

---

    Studien, hg. v. Institut für die Erforschung der Frühen Neuzeit, Wien, Bd. 2), 507–532, hier: 514–518.
15 Vgl. ebenda, 518–524 zur Diskussion der Grundlagen Albertis; vgl. dazu auch HUNDEMER (s. o. Anm. 10), 101–113.
16 „Durerus enim pingebat omnia grandiora et frequentissimis lineis variata. Lucae picturae graciles sunt, quae et si blandae sunt, tamen, quantum distent a Dureri operibus, collatio ostendit. Matthias quasi mediocritatem servabat.", zit. nach Philipp MELANCHTHON, Elementorum rhetorices libri duo, CR 13, 504. Zur Interpretation dieser Passage vgl. Donald B. KUSPIT, Melanchthon and Dürer: the search for the simple style, in: JMRS 3,1 (1973), 177–202; Reiner MARQUARD, Untersuchungen. Philipp Melanchthon und Mathias Grünewald, in: ZKG 108 (1997), Vierte Folge, XLVI, 295–308.
17 Vgl. Edgar BIERENDE, Lucas Cranach d. Ä. und der deutsche Humanismus. Tafelmalerei im Kontext von Rhetorik, Chroniken und Fürstenspiegeln, Berlin 2002, 263.

Kontext[18]. Bereits in diesem Beispiel eines Wortverständnisses, das je nach Kontext unterschiedliche Aussagen beinhaltet, zeigt sich das Potential der Verschränkung dieser im Zusammenhang mit einem rhetorischen Bildverständnis als Topoi zu definierenden Wortbedeutungen. Im Bild kann *simplicitas* auf unterschiedliche Weise visualisiert werden, wie es Poulsen im Hinblick auf Cranachs Tafelbilder dargelegt hat[19]. Auch in den Bildfindungen des Wittenberger Hofmalers ist die Einfachheit der Darstellung jedoch nur als eine visuelle Strategie unter mehreren zu sehen.

Diese Beobachtungen liefern den Schlüssel zu einer Betrachtung des frühneuzeitlichen Porträts. Im Fall Melanchthons kann dadurch das Besondere der Verbildlichung seiner Person herausgestellt werden, weil er als Vertreter einer Rhetorik des Bildes mithilfe eben dieser Strategie im Bildnis erfasst wird. Im Hinblick auf die Ausbildung frühneuzeitlicher Bildniskonzepte, die die Topik als grundlegende Gestaltungsstrategie einbeziehen, kann Melanchthons Wirkung nicht überschätzt werden, ist er doch der wichtigste Vermittler antiken Wissens und antiker Methodik im Umfeld von Humanismus und Reformation im Hinblick auf die überzeugende Vermittlung der damit in Verbindung stehenden Inhalte[20]. Damit ist zugleich der Rahmen abgesteckt, innerhalb dessen der Gelehrte wahrgenommen wurde. Dies zeigt sich auch in seinem Bildnis.

Melanchthons Auseinandersetzung mit der bildenden Kunst basierte auf eigener Anschauung. Er stand in engem wechselseitigen Austausch mit den bedeutendsten deutschen Künstlern des 16. Jahrhunderts. In Nürnberg gehörte er zum Zirkel um den Humanisten Willibald Pirckheimer, zu dem auch Albrecht Dürer zählte. Bei den Zusammenkünften wurden unter anderem Fragen der Malerei und Kunsttheorie diskutiert[21]. Auch mit Lucas Cranach d. Ä., der als kursächsischer Hofmaler Zugang zu antiker und als antik eingeschätzter Kunst hatte und darüber hinaus in

---

18 Vgl. Hanne Kolind POULSEN, Fläche, Blick und Erinnerung. Cranachs ‚Venus und Cupido als Honigdieb' im Licht der Bildtheologie Luthers, in: Lucas Cranach. Glaube, Mythologie und Moderne, Ausstellungskatalog, Hamburg 2003, 130–143, hier: 135 und ebenda, Anm. 28.
19 Vgl. ebenda, 135 ff.
20 In diesem Zusammenhang ist es von Bedeutung, dass Melanchthon den drei kanonischen Gattungen der Rede die „unterrichtende" als vierte Gattung hinzufügt, vgl. Frank BÜTTNER, „Argumentatio" in Bildern der Reformationszeit. Ein Beitrag zur Bestimmung argumentativer Strukturen in der Bildkunst, in: ZfKG 57 (1994), 23–44, hier: 32.
21 Vgl. Lydia HILBERER, Iconic World. Albrecht Dürers Bildbegriff, Würzburg 2008, 84 mit Quellenangaben.

den am Hof geführten humanistischen Diskurs eingebunden war[22], unterhielt Melanchthon regen Kontakt. Melanchthon selbst wurde von Cranach mehrfach im Holzschnitt festgehalten[23]. Diese im Typus der Brust- oder Halbfigur geschaffenen Bildnisse hatten vor allem in der Publizistik eine reiche Nachfolge bis ins 19. Jahrhundert, ebenso wie die um 1560, dem Todesjahr Melanchthons, entstandenen Altersbildnisse des Gelehrten im Typus der Ganzfigur und des Brustbildes von der Hand Lucas Cranachs d. J., der ab 1550 die Werkstatt des Vaters weiterführte. Diese Bildnisse sowie dasjenige von Dürer fungierten für Künstler nachfolgender Jahrhunderte als Vorlagen für eigene Bildschöpfungen, die jedoch signifikanten Umgestaltungen und Kontextveränderungen unterworfen wurden. Dies wird im Rahmen dieses Aufsatzes anhand einzelner Beispiele erläutert. Besonderes Augenmerk liegt dabei auf der Veränderung der ursprünglichen Bildaussage durch den von der Vorlage abweichenden Einsatz visueller Topoi.

Eine entscheidende Einflussnahme des Humanisten auf die Ausbildung der protestantischen Bildprogramme in der Werkstatt Cranachs kann angenommen werden und ist in der Forschung wiederholt erörtert worden. Ein rhetorisches Bildverständnis bildet dabei die Voraussetzung einer im reformatorischen Sinne erfolgreichen Vermittlung der bildlichen Botschaft. Grundlage dafür ist eine bildliche Argumentation mithilfe von Topoi, wie sie in der jüngeren Forschung zum Œuvre Cranachs und zu demjenigen anderer Künstler an Werkgruppen und Einzelbeispielen herausgearbeitet werden konnten[24].

Luthers Haltung zur Bilderfrage im religiösen Kontext zielte darauf ab, das Kunstwerk ausschließlich in seiner Materialität zu sehen und dessen Verweischarakter auf eindeutig festgelegte religiöse Inhalte zu beschränken[25]. Mehrdeutigkeit war nicht erwünscht, der Charakter des

---

22 Vgl. BIERENDE (s. o. Anm.17), 268.
23 Vgl. BEHRENDS (s. o. Anm. 1), 123–137.
24 Während BÜTTNER (s. o. Anm. 20), 31, einen Einfluss Melanchthons voraussetzt, nimmt POULSEN (s. o. Anm. 18), 135 eine Einflussnahme Luthers an. Zum Argumentum in Bildern der Frühen Neuzeit vgl. auch Carsten-Peter WARNCKE, Sprechende Bilder – sichtbare Worte. Das Bildverständnis in der frühen Neuzeit, Wiesbaden 1987 (Wolfenbütteler Forschungen, hg. v. der Herzog August Bibliothek, Bd. 33), 111.
25 Vgl. hier und im Folgenden die konzise Zusammenfassung von Luthers Haltung zur Bilderfrage bei POULSEN (s. o. Anm. 18), 134 f. mit Angabe der Quellenschriften; Thomas KAUFMANN, Die Bilderfrage im frühneuzeitlichen Luthertum in: Peter BLICKLE/André HOLENSTEIN/Heinrich Richard SCHMIDT/Franz-Josef SLADECZEK (Hg.), Macht und Ohnmacht der Bilder. Reformatorischer Bilder-

Bildes als Vermittler göttlicher Gnade und als Träger göttlicher Kraft gar, der dessen Gebrauch im katholischen Kontext über Jahrhunderte hinweg geprägt hatte, führte nun zu einer entschiedenen Absage an derart ausgelegte Werke und an solche, die eine derartige Deutung nahe legten. Die Funktion des Bildes bestand nach lutherischem Verständnis darin, den Betrachter in die Lage zu versetzen, die spezifisch lutherische Auslegung der Bibel, wie sie im Rahmen der Predigt stattfand, zu memorieren. Auch hier zeigt sich, wie bei Melanchthons Anwendung der Topik auf die bildende Kunst, eine Fokussierung auf den Betrachter. Allerdings lässt Melanchthons Bildverständnis, das sich aus dem genannten Passus in seiner Rhetorik ergibt, wesentlich weiteren Raum für die Anwendung und Entwicklung spezifisch visueller Argumentationsstrukturen, deren „richtige" Interpretation sich nicht aus einem vorgegeben Deutungsrahmen ableitet. Auch das Repertoire an Bildmotiven ist nicht auf spezifisch christliche Formulierungen festgelegt, so ist zu folgern. Vielmehr kann, so stellt es sich dar, im melanchthonianischen Sinn ein Bild auch pagane Elemente enthalten, die ein umfassenderes Weltverständnis und eine Akzeptanz und Wertschätzung nicht- bzw. vorchristlicher Inhalte und mit ihnen verbundener Präsentationsstrategien offenbaren. Darüber hinaus wird die Einbindung aller visuellen Motive und Strategien in Form von topischen Elementen auch bei Melanchthon in den Dienst der Vermittlung reformatorischen Gedankenguts gestellt. Dessen Methode, Bilder in mehreren Deutungsebenen anzulegen und die in der aktuellen Kunst der Zeit bereits unter diesem Gesichtspunk geschaffenen im Rahmen einer Topik zu deuten, unterscheidet sich jedoch entscheidend von der Auffassung Luthers. Sie tritt als Ansatz einer Kunsttheorie zutage, auf deren Basis die Rhetorik zum Charakteristikum des Kunstverständnisses folgender Epochen werden konnte[26]. Melanchthons Methode erschließt die Kunst der Frühen Neuzeit damit umfassend.

Vor diesem Hintergrund liegt es nahe, die in den Cranachschen Altarbildern mit reformatorischem Inhalt bereits in der Forschung aufgezeigte Bildgestaltung mithilfe visueller Topoi auch als Grundlage der Interpretation von Bildnissen zu betrachten. Die Topik ist dabei als

---

sturm im Kontext der europäischen Geschichte, München 2002 (HZ.B, N. F., Bd. 33), 407–454.

26 Vgl. HUNDEMER (s. o. Anm. 10), 201–202. Möglicherweise stand Luther aufgrund seines Bildverständnisses Dürer distanziert gegenüber, vgl. Peter-Klaus SCHUSTER, Bild gegen Wort: Dürer und Luther, in: Pirckheimer-Jahrbuch 1 (1985), 59–70.

Organisationsstruktur unterschiedlichster visueller Phänomene zu begreifen. Sie erschließt das Bildnis sowohl in seiner materiellen Erscheinung wie auch in seinem Inhalt, der auf außerbildliche Verhältnisse rekurrieren kann, als eine stringente Methodik. Die Ausprägung der Topoi variiert dabei von Bild zu Bild. Die Einzelelemente werden jeweils in den Dienst der auf den Betrachter zugeschnittenen Überzeugungsstrategie gestellt. Die Topik erweist sich auch als geeignete Methode, den Bedeutungswandel von Bildnissen über große Zeiträume hinweg darzustellen, weil sie im Hinblick auf Inhalte und Strategien kein geschlossenes, sondern ein offenes Deutungssystem ist. Darin gründet, wie an dieser Stelle nicht ausgeführt werden kann, auch ihre Aktualität im Hinblick auf die Entwicklung einer modernen Bildwissenschaft[27].

Im Folgenden soll eines der prominentesten Bildnisse Melanchthons, das Kupferstichporträt von Dürer aus dem Jahr 1526, untersucht werden (Abb. 1). Schon Löcher bemerkt die Abwesenheit von Verweisen auf Melanchthons reformatorische Tätigkeit und stellt den humanistischen Hintergrund des Dargestellten als Interpretationsgrundlage des Stiches heraus[28]. Die Bildaussage erhellt sich aber auf Grundlage der Lektüre Löchers nicht, weil dieser die bildliche Strategie Dürers nicht benennt. Der topische Charakter der Bildelemente, der sich auf mehreren Ebenen zeigt, weist hier den Weg.

Der Stich stellt das erste Bildnis des Gelehrten dar. Es zeigt ihn als Schulterstück im Dreiviertelprofil nach rechts gewandt, vor offenem Himmel und hinter einer steinernen Brüstung mit Inschrift. Die vom Entstehungsdatum des Stiches und dem Künstlermonogramm gerahmte lateinische Inschrift im unteren Feld des Porträts lautet: „1526 / VIVENTIS POTUIT DURERIUS ORA PHILIPPI / MENTEM NON POTUIT PINGERE DOCTA / MANUS / AD" (1526 / Das Antlitz des lebenden Philipp, nicht seine Geistseele vermochte Dürer mit gelehrter Hand zu malen / AD)[29].

---

27 Vgl. Ulrich PFISTERER, „Die Bilderwissenschaft ist mühelos". Topos, Typus und Pathosformel als methodische Herausforderung der Kunstgeschichte, in: DERS./Max SEIDEL (Hg.), Visuelle Topoi. Erfindung und tradiertes Wissen in den Künsten der italienischen Renaissance, München, Berlin 2003 (Italienische Forschungen des Kunsthistorischen Institutes in Florenz, Max-Planck-Institut, hg. v. Max SEIDEL/Gerhard WOLF, Vierte Folge, Bd. 3), 21–47.
28 Vgl. LÖCHER (s. o. Anm. 7), 373.
29 Die deutsche Übersetzung stammt von Rudolf PREIMESBERGER, vgl. DERS., Albrecht Dürer: Das Dilemma des Porträts, epigrammatisch (1526), in: DERS./Hannah BAADER/Nicola SUTHOR (Hg.), Porträt, Berlin 1999 (Geschichte der

Abb. 1

---

klassischen Bildgattungen in Quellentexten und Kommentaren, hg. v. Kunsthistorischen Institut der Freien Universität Berlin, Bd. 2), 220–227, hier: 220.

Dürer schuf sein Melanchthonporträt als Einzelblatt[30], das als Freundschaftsgabe in den Humanistenzirkeln Verwendung fand, den Gepflogenheiten dieser Adressatenkreise entsprechend. Das Kupferstichbildnis des Erasmus von Dürer und die überlieferte Reaktion des Gelehrten, der selbst der Auftraggeber war, verweisen auf diese Praxis und den bewussten Einsatz derartiger Bildnisse zu propagandistischen Zwecken[31]. In der Forschung konnte in Bezug auf das Melanchthonporträt eine Vielzahl von Interpretationssträngen erschlossen werden. Sie reichen vom versteckten Verweis auf den frommen Charakter des Dargestellten durch Eintragen des christlichen Bekenntniszeichens in das rechte Auge in Gestalt eines sich darin spiegelnden Fensterkreuzes[32] über die Deutung der Physiognomie im Rahmen der antiken Lehre von den vier Temperamenten[33] und dem nachlässigen Tragen der Kleidung als Bezugnahme auf die Zielgruppe lutherische Theologie, den einfachen Mann[34], bis hin zur Aufschlüsselung der Inschrift auf der steinernen Brüstung und ihren Bedeutungsfeldern[35]. Betrachtet man diese Vielfalt der Interpretationsebenen als Ausdruck einer topischen Struktur, so offenbart sich nicht etwa ein neuer Deutungsstrang, der die Bildaussage gegenüber dem bisher Offengelegten verändern würde. Vielmehr lassen sich die disparaten Erscheinungen zu einer stimmigen Deutung zusammenfügen. Die topische Natur der Bildelemente, die sich insbesondere in der Inschrift verdichten, ist in der Forschung schon erkannt worden[36], nicht aber ihre Eigenschaft als Elemente einer bildlichen Argumentation, die darauf

---

30 Die Auftragslage in Bezug auf Melanchthon ist ähnlich wie im Fall des Pirckheimerbildnisses von Dürer zu beurteilen, indem der Künstler in der thematischen Ausgestaltung freie Hand hatte, auch wenn das Blatt vom Dargestellten selbst in Auftrag gegeben und bezahlt wurde, vgl. Rainer SCHOCH/Matthias MENDE/Anna SCHERBAUM, Albrecht Dürer. Das druckgraphische Werk, Bd. 1: Kupferstiche, Eisenradierungen und Kaltnadelblätter, München, London, New York 2001, 219.
31 Vgl. LÖCHER (s. o. Anm. 7), 358.
32 Vgl. Jan BIAŁOSTOCKI, The Eye and the Window. Realism and symbolism of light-reflections in the art of Albrecht Dürer and his predecessors, in: Horst KELLER (Hg.), Festschrift für Gert van Osten, Köln 1970, 159–176.
33 Vgl. Sabine FASTERT, Individualität versus Formel. Zur Bedeutung der Physiognomik in den graphischen Porträts Albrecht Dürers, in: Frank BÜTTNER/ Gabriele WIMBÖCK, Das Bild als Autorität (s. o. Anm. 4), 227–260, hier: 247– 252.
34 Vgl. David Hotchkiss PRICE, Albrecht Dürer's Renaissance. Humanism, Reformation and the Art of Faith, Ann Arbor (Mich.) 2003, 247.
35 Vgl. PREIMESBERGER (s. o. Anm. 29).
36 Vgl. ebenda, 220.

abzielt, Melanchthon als Rhetoriker darzustellen. Es erscheint daher zur Verdeutlichung dieses Vorgehens lohnend, zwei Paare von visuellen Topoi herauszugreifen.

Inschrift und dargestellte Person sind in einem System gegenseitiger Bezugnahme miteinander verbunden. Die vielfach genannte Dichotomie von Wort und Bild als zwei Ebenen der Darstellung lässt sich als Argumentationsfigur deuten. Beide Elemente stehen einander auf unterschiedlichen Wahrnehmungsebenen gegenüber, sind also in größtmöglichem Kontrast aufgeführt. Sie verstärken einander dadurch, dass das Geschriebene durch die Evidenz des Bildes übertroffen wird. Die Inschrift drückt eine im Humanismus weit verbreitete Skepsis gegenüber der physischen Erscheinung als vergänglicher Qualität aus und hebt auf das eigentliche Aufscheinen der Wesenheit einer Person in ihrer Geistseele ab, die sich in ihren Schriften, nicht aber in ihrer bildlichen Darstellung offenbart[37]. Schon die Verwendung des Wortes *mens* verweist auf den philosophischen Diskurs der Jahrhunderte vor Melanchthon, der in das Verständnis des 16. Jahrhunderts vom Geist als Ort der Gottesbegegnung eingegangen ist[38]. Dies ist von Preimesberger bereits als gezielte Pointe erkannt worden, jedoch ohne die Aussage exakt einzugrenzen. Melanchthon selbst setzt sich in seinen Schriften mit der Natur des menschlichen Geistes als Organ theologischer Erkenntnis auseinander[39]. Der Verfasser des Epigramms nimmt in seiner Wortwahl konkret Bezug auf diese von Melanchthon behandelte philosophische Problematik und charakterisiert damit den Dargestellten in seiner Tätigkeit als Philosoph.

Der seit der Antike verbreitete Topos des unvergänglichen Geistes, der im Widerspruch zur vergänglichen Physis steht, konnte in der Forschung im Hinblick auf Dürers Bildnis auf die Lektüre des antiken Dichters Martial zurückgeführt werden[40]. Die Meisterschaft Dürers, die sich in der Gestaltung des Porträts offenbart, widerlegt die aufgestellte Behauptung sogleich mithilfe ureigenster visueller Strategien, bestehend in der bildlichen Wiedergabe der Person, die, wie durch die Inschrift bezeugt, höchst lebendig erscheint. Dies geschieht hier nicht im Rahmen eines Gemäldes, das der Forderung nach Mimesis und die Natur noch

---

37 Vgl. SCHUSTER, Überleben im Bild (s. o. Anm. 4), 19 f.
38 Vgl. PREIMESBERGER (s. o. Anm. 29), 221.
39 Vgl. FRANK, Theologische Philosophie (s. o. Anm. 8), 199–202.
40 Mart. 10, 32, 5 f. Vgl. PREIMESBERGER (s. o. Anm. 29), 222 und ebenda, Anm. 11. Walther LUDWIG, Das bessere Bildnis des Gelehrten, in: Philologus 142 (1998), 1, 123–161, hier 136 f. weist andere antike Quellen nach. Er schlägt als Verfasser des Epigramms Eobanus Hessus und Joachim Camerarius vor.

übertreffender *imitatio* des lebendigen Eindrucks mithilfe von Farbe nachkommen könnte, sondern unter den Vorzeichen einer graphischen Kunst, der lediglich das Schwarz der gestochenen Linie zur Erreichung dieser Vorgaben zu Gebote steht. Von Erasmus von Rotterdam ist die Aussage überliefert, dass der Einsatz von Farbe der Könnerschaft Dürers im Medium der Graphik nur abträglich sein könne[41]. Der Künstler meistert die gestellte Aufgabe somit in glanzvoller Weise mit „gelehrter Hand", so bezeugt es die Inschrift im Künstlerlob. Dürer hat es, so muss gefolgert werden, in einem hohen Schwierigkeitsgrad vermocht, das Antlitz des lebenden Melanchthon darzustellen. Die Lebendigkeit der bildlichen Rede entfaltet hier ihr eigenes, piktoriales Überzeugungspotential, unabhängig vom Kontext der in der Schrift aufgestellten Behauptung und im Gegensatz dazu. In Dürers Stich ist der Terminus *docta manus* in der Inschrift unmittelbar in Beziehung zum (gelehrten) Geist des Dargestellten gesetzt und beide sind im selben Deutungsfeld angesiedelt. Durch ihre Gelehrtheit ist die Künstlerhand in der Lage, eine bildliche Argumentation erfolgreich vorzubringen, die ihre Parallele in der Geistestätigkeit Melanchthons findet[42]. Das bekannte Motiv des künstlerischen Paragones, das Malerei und graphische Kunst gegeneinander in Stellung bringt[43], erfährt eine Erweiterung auf die im schriftlichen Werk des Gelehrten sich manifestierende Überzeugungskraft, der im Werk des Künstlers diejenige einer piktorialen Argumentation gegenübergestellt wird. Beide stehen im Dienst der Darstellung Melanchthons als Rhetoriker. Die *persuasio*, Ziel jeder Rhetorik, ist im Werk, dem schriftlichen des Autors wie dem bildlichen des Künstlers, gelungen. Der Künstler bedient sich derselben Strategie wie der in seinem Werk präsente Gelehrte, der durch den universellen Gebrauch der Rhetorik als Philosoph

---

41 ERASMUS VON ROTTERDAM, De recta Latini Graecique sermonis pronuntiatione dialogus, 1528, vgl. für die engl. Übersetzung der betreffenden Passage Erwin PANOFSKY, The Life and Art of Albrecht Dürer, Princeton 1943, 44.

42 Tatsächlich erhebt bereits Conrad Celtis in einem Anfang 1500 entstandenen Epigramm Dürer zum Universalgelehrten und damit zum Philosophen, mit der Begründung, dass dieser durch seine Malerei und Kunsttheorie die Philosophie erweitere, vgl. WUTTKE (s. o. Anm. 12),13, 34. Form und Inhalt des Distichons auf Dürers Melanchthonporträt wurden in der neulateinischen Epigrammdichtung vielfach rezipiert, wobei den Fähigkeiten des Künstlers häufig noch größeres Lob zuteil wurde als in der Vorlage, vgl. LUDWIG (s. o. Anm. 40), 148 ff.

43 Eine Paragone-Diskussion fand bereits im Frühhumanismus auf breiter Ebene statt, vgl. Katharina Barbara LEPPER, Der „Paragone". Studien zu den Bewertungsnormen der bildenden Künste im frühen Humanismus: 1350–1480, Bonn 1987.

in Erscheinung tritt. Diese sich im Bild auf mehreren Ebenen offenbarende Aussage, die sich in der Anwendung visueller Strategien unmittelbar und in engstem Sinne auf die Tätigkeit des Dargestellten bezieht, zeichnet das Kupferstichbildnis des Gelehrten vor anderen graphischen Bildnissen von der Hand Dürers aus. Während die Dauerhaftigkeit der in der Inschrift aufgestellten Behauptung durch deren Erscheinungsform – in Stein gemeißelt, in humanistischer Kapitalis verfasst – postuliert wird, tritt ihre Widerlegung in der Präsenz des Bildes zutage, das sich einer nur ihm eigenen Wirkmacht bedient, die nicht versprachlicht werden kann.

An dieser Stelle muss darauf verwiesen werden, dass auch Lucas Cranach d. Ä. in seinen beiden Kupferstichbildnissen von Luther aus den Jahren 1520 und 1521 in der Inschrift, die nach humanistischer Manier auf einer Tafel angebracht ist, die sterbliche Gestalt dem unvergänglichen Geist in einem Gegensatz gegenüberstellt und die Möglichkeiten des Malers auf die Wiedergabe ersterer beschränkt sieht[44]. Löcher bemerkt zu Recht die auf einen humanistisch gebildeten Adressatenkreis zugeschnittene Konzeption dieser Arbeiten[45]. So setzt auch der Wittenberger Maler den humanistischen Topos ein, der Dürer zur Durchführung seiner auf die Person Melanchthons exakt zugeschnittenen visuellen Argumentation anregt. Cranach verzichtet in seiner Bildfindung auf diese Möglichkeit, auch weil im Fall Luthers die theologische Botschaft, nicht die wissenschaftliche Methode zu ihrer Vermittlung im Vordergrund steht. Die Bezugnahme auf Theologie und reformatorisches Wirken steht in den folgenden Jahrhunderten ebenso in zahlreichen Bildnissen Melanchthons im Vordergrund. Dies kann in Form einer visuellen Argumentation geschehen, die sich topischer Elemente bedient. Allerdings ist die Bildaussage dann nicht allein auf die Darstellung des Gelehrten in seiner Geistestätigkeit, der Anwendung der Rhetorik, bezogen, sondern hebt auf die dem Betrachter vermittelten Inhalte ab. Auch in diesen Fällen jedoch wird Melanchthon im Bild als Rhetoriker charakterisiert. Dies soll anhand weiterer graphischer Porträts diskutiert werden.

In Dürers Melanchthonbildnis werden andere Facetten, die die Person des Dargestellten und ihre Stellung innerhalb der aktuellen religiösen und humanistischen Diskurse näher charakterisieren, in Gestalt weiterer Topoi in die übergreifende Bildargumentation eingebettet. Hier ist, um ein Beispiel herauszugreifen, die spezifische Art zu nennen, in der

---
44 Vgl. Martin WARNKE, Cranachs Luther. Entwürfe für ein Image, Frankfurt a.M., 30 (Abb.), 40 (Abb.).
45 LÖCHER (s. o. Anm. 7), 370. Vgl. dazu auch LUDWIG (s. o. Anm. 40), 134 f.

Melanchthon seine Kleidung trägt. Innerhalb der reichen Rezeptionsgeschichte, die Dürers Bildfindung zuteilwurde, gerinnt dieser Topos zum Wiedererkennungsmerkmal, das auf die Autorität des Nürnberger Künstlers verweist. Die ursprünglich im Vordergrund stehende Verortung Melanchthons innerhalb der Zielgruppe reformatorischer Bemühungen tritt dabei in den Hintergrund. War diese Bildaussage im Ursprungszusammenhang schon dadurch gebrochen, dass die potentiellen Adressaten des Freundschaftsblattes in humanistischen Kreisen, nicht aber auf der Straße zu suchen waren, so zeigt die Übernahme die Abschwächung dieses Topos, bis dieser vornehmlich auf den Urheber der Bildfindung, nicht aber in erster Linie auf den Dargestellten verweist[46].

Der Kupferstich von Robert Boissard vom Ende des 16. Jahrhunderts zeigt den Gelehrten in dem von Dürer geschaffenen Typus seitenverkehrt vor horizontal schraffiertem Grund unter einen Bogen mit rankenverziertem Zwickel platziert, der von Säulen getragen wird und die Inschrift trägt: „PHILIPPUS MELANNTHON GERMANIAE PHOENIX" (Abb. 2). Das Feld, das bei Dürer als Inschriftentafel fungiert, ist im unteren Teil mit dem lateinischen Text versehen: „Corpore parvus erat sed maximus arte philippus, / Quam bene Germanis sic Philo mela fuit." (Körperlich klein, aber der Größte in der Wissenschaft war Philippus, / Welch ein Segen war daher die Nachtigall für die Deutschen.)[47] Der obere Teil des Feldes ist als Tisch gedeutet, auf dem sich neben einem aufgeschlagenen Buch, Tintenfass und Schreibfeder auch eine Tafel mit knappen biographischen Angaben des Dargestellten befindet. Die Signatur des Stechers ist im schraffierten Bildfeld aufgeführt.

In der Inschrift im unteren Teil des Bildes wird die körperliche Erscheinung des Gelehrten seiner geistigen Größe gegenübergestellt – ein Nachklang der humanistischen Topik von der Dichotomie der physischen und der geistigen Natur. Das Erteilen der Ehrennamen „Phoenix Germaniae" und „Philomela", durch die Melanchthon in den Inschriften ausgezeichnet wird, entspricht einer in Humanistenkreisen geübten

---

46 Skowronek erläutert eine solche Bedeutungsverschiebung anhand des Melanchthonstichs von Heinrich Aldegrever (1502–1555/61), vgl. SKOWRONEK (s. o. Anm. 4), 63 f.

47 Die deutsche Übersetzung stammt von Gerhard SCHWINGE, vgl. DERS., Melanchthon in der Druckgraphik. Eine Auswahl aus dem 17. bis 19. Jahrhundert. Dokumentation einer Ausstellung aus den Beständen der Graphiksammlung des Melanchthonhauses Bretten, präsentiert aus Anlass der 5. Verleihung des Melanchthonpreises der Stadt Bretten am 20. Februar 2000, hg. v. Günter FRANK, Ubstadt-Weiher 2000, 46.

Abb. 2

Praxis[48]. Zum einen wird hier auf den Erneuerer des Geisteslebens in Deutschland angespielt, der durch den aus der Asche erstehenden mythischen Vogel verkörpert wird. Zum anderen wird ein Teil des Gelehrtennamens in ein Wortspiel eingebunden, das auf die Schönheit des

---

48 Mehrere latinisierte Ehrennamen Melanchthons sind unter Nennung der Quelle noch im 18. Jahrhundert überliefert, vgl. Jacob BRUCKER, Ehrentempel der Deutschen Gelehrsamkeit, in welchem die Bildnisse gelehrter und um die schönen und philologischen Wissenschaften verdienter Männer unter den Deutschen aus dem XV. XVI und XVII. Jahrhunderte aufgestellet und ihre Geschichte, Verdienste und Merckwürdigkeiten entworfen sind, Augsburg 1747, 167, Anm. a.

Vogelgesangs abhebt. So melodisch wie der Gesang der Nachtigall ist die Rede des Gelehrten, so ist es zu deuten. Hierin verweist der Schöpfer des Stichs auf eine rhetorisch genutzte Kategorie, die der Schönheit, die als Überzeugungsstrategie im Wort, nicht nur im reformatorischen, zur Geltung kommt. In der Schönheit liegt auch das Gute und Wahre[49]. In dieser Anspielung zielt die Bildaussage auf den Rhetoriker Melanchthon ab. Im Wortspiel schwingt jedoch eine weitere Gleichsetzung zweier topischer Elemente mit, die auf den ersten Teil der Inschrift Bezug nimmt. So unscheinbar wie die äußere Erscheinung der Nachtigall ist auch diejenige des Gelehrten, beide aber sind auf ihrem Gebiet unübertroffen, so ist zu folgern. Dürers Bildfindung, durch das Weglassen der ursprünglichen Inschrift ihrer komplexen visuellen Argumentation beraubt, wird in ein neues Bezugssystem topischer Elemente eingebunden, das sich im geschriebenen Wort manifestiert und auf das gesprochene verweist. Wie ein Nachweis der Mängel in der körperlichen Erscheinung des Gelehrten wird Dürers Melanchthonbild aufgeführt. Die im Bild präsente Gestalt wird in der sprachlich geführten Argumentation in ihrer Dürftigkeit betont. Dies geht über die Dichotomie von vergänglichem Körper und unvergänglichem Geist in den Inschriften der Humanistenbildnisse hinaus. Dürer inszeniert den Gelehrten mithilfe physiognomischer Topoi, die gerade dessen Geistesgröße spiegeln und seine tatsächliche Erscheinung überhöhen sollen[50]. Die bei Boissard darüber hinaus zur Anwendung gelangende visuelle Strategie beschränkt sich auf die Ausstattung des Gelehrtenbildnisses mit allgemeinen, unspezifischen Würdeformeln, wie dem Architekturbogen und dem Schreibzeug. Der Dargestellte wird dadurch ausgezeichnet, also in seiner geistigen Bedeutung herausgestellt. Unter diesem Aspekt wird dann auch die berühmte Bildfindung Dürers wiederum positiv konnotiert. Sie, die auf den Rhetoriker Melanchthon verweist, wird ehrend in derselben Absicht aufgeführt, wobei der Verweis auf Dürer den Ruhm des Dargestellten,

---

49 Dies kann zumindest aus neuplatonischer Sicht behauptet werden, die für die kunsttheoretischen Ansätze bereits im Italien des 15. Jahrhunderts bedeutsam wurde, beispielsweise für Alberti, vgl. Thomas LEINKAUF, Der neuplatonische Begriff des ‚Schönen' im Kontext von Kunst- und Dichtungstheorie der Renaissance, in: Verena OLEJNICZAK LOBSIEN/ Claudia OLK (Hg.), Neuplatonismus und Ästhetik. Zur Transformationsgeschichte des Schönen, Berlin, New York 2007 (Transformationen der Antike, hg. von Hartmut BÖHME/ Horst BREDEKAMP/Johannes HELMRATH/Christoph MARKSCHIES/Ernst OSTERKAMP/Dominik PERLER/Ulrich SCHMITZER, Bd.2), 85–115.

50 Vgl. PREIMESBERGER (s. o. Anm. 29), 220.

dem die Ehre der Bildnisaufnahme zuteilwurde, ebenso belegt wie den Kenntnisreichtum Boissards, der sich dieser Vorlage bedient. In der Übernahme der Bildschöpfung Dürers liegt der Verweis auf dessen künstlerische Autorität, nicht derjenige auf seine visuelle Argumentation, die den Gelehrten in seiner ureigensten Tätigkeit auf kunstvolle Weise adäquat charakterisierte. Allerdings ist die Bildaussage, die Charakterisierung Melanchthons als Rhetoriker, auch im veränderten Kontext beibehalten. Von Dürers bildlicher Argumentation bleiben jedoch nur die nachgeordneten Topoi der Kleidung und der physiognomischen Details, die im ursprünglichen Kontext zum Hauptargument hinzutreten. Boissards Stich findet sich zusammen mit einer Reihe weiterer graphischer Bildnisse in Jean Jacques Boissards Gelehrtenkompendium, das in der Tradition antiker Porträtgalerien Bildnisse berühmter Männer in Buchform miteinander vereint[51].

In anderen Stichen, die von Dürers Bildnis inspiriert sind, werden selbst die unspezifischen Bezugnahmen auf das im Humanismus angesiedelte intellektuelle Deutungsfeld der Bildaussage eliminiert. So beschränkt sich Jakob Herings Kupferstich aus der ersten Hälfte des 18. Jahrhunderts auf die Wiedergabe des Gelehrten im Dürerschen Typus (Abb. 3). In diesem Fall erscheint die Komposition im Druck seitenrichtig, wird jedoch außer von einer das Bild füllenden Parallelschraffur auch von einer Kreuzschraffur hinterfangen, die von der rechten Schulter des Gelehrten schräg nach links oben ansteigt. Ein am unteren Bildrand befindliches Feld trägt die Inschrift: „PHILIPPUS MELANCHTHON / BRETTENSIS / Incomparabile totius orbis litterati decus, Graecae Linguae in Aca-/ demia Wittenbergensi Professor, et in religionis negotio occupatissimus." (Die unvergleichliche Zierde der gesamten Gelehrtenwelt, der Griechischen Sprache Professor an der Universität Wittenberg, vielbeschäftigt in Religionsverhandlungen.)[52] Darunter sind Geburts- und Sterbedatum des Gelehrten genannt.

Das Gelehrtenlob wird hier mit der Nennung der beiden Tätigkeiten Melanchthons auf universitärem und reformatorischem Gebiet verknüpft. Auf die Rhetorik wird im Wort nicht angespielt, wohl aber lässt

---

51 Jean Jacques BOISSARD, Icones quinquaginta virorum illustrium doctrina et eruditione praestantium, Frankfurt a. M. 1597–1599. Die Icones sind in vier Bänden angelegt. Zur Konzeption dieser Werke vgl. SKOWRONEK (s. o. Anm. 4), 72 ff.
52 Die deutsche Übersetzung stammt von Gerhard SCHWINGE, vgl. DERS. (s. o. Anm. 47), 48.

sich der Modus der Präsentation Melanchthons als Steigerung gegenüber dessen Erscheinung in Dürers Stich deuten. Die starke Verschattung der rechten Schulter, die sich bereits im Stich von 1526 findet, mag den Künstler des 18. Jahrhunderts dazu angeregt haben, den Raum hinter der Person durch einen wenn auch unspezifischen Schattenwurf in die Darstellung einzubeziehen und dadurch zu öffnen wie auch die Gesichtszüge in stärker ausgeprägtem Hell-Dunkel-Kontrast zu gestalten, als dies in Dürers Bildnis der Fall ist. Dadurch ergibt sich eine Steigerung der

Abb. 3

bildlichen Präsenz des Gelehrten, der dem Betrachter lebendig und unmittelbar körperhaft vor Augen tritt. Hierin zeigt sich eine Strategie der Verlebendigung, die als visuelle Umsetzung einer Kategorie gedeutet werden kann, die in der Rhetorik ihren Platz hat. Allerdings, so muss betont werden, zählt diese bildliche Überzeugungsstrategie im 18. Jahrhundert zum künstlerischen Allgemeingut, das keine spezifische Bezugnahme auf die Geistestätigkeit Melanchthons darstellt.

So werden in den Schabkunstbildnissen von Johann Jacob Haid, die dieser für Jacob Bruckers im Jahr 1747 erschienenen „Ehrentempel der Deutschen Gelehrsamkeit" schuf[53], in derselben Manier wie Melanchthon zahlreiche weitere Gelehrte mit hell beleuchtetem Gesicht in einen dunklen Raum eingestellt, aus dem heraus sie sich in besonderer Lebendigkeit an den Betrachter zu wenden scheinen. Haid nutzt als Vorlage für sein Melanchthonbildnis (Abb. 4) eine Bildfindung von Lucas Cranach d. J., die Melanchthon im Brustbild, mit der Gelehrtenschaube bekleidet und mit offenem Hemdkragen zeigt. In der Hand hält er ein geschlossenes Buch, das nicht näher bezeichnet ist. Es handelt sich um ein Altersbildnis des Gelehrten, das in Gemäldefassungen und im Holzschnitt vorliegt[54]. Der Holzschnitt weist einen ausgeprägt flächigen Charakter auf. Dieser verdankt sich der Linienführung, die durch das Medium bedingt ist, sowie der fehlenden Gestaltung des Grundes. Die Bildschöpfung wurde jedoch auch im Chiaroscuro-Druck ausgeführt[55], wodurch diese scheinbaren Mängel ausgeglichen sind, denn der Druck auf farbigem Grund aktiviert diesen als die tiefenräumlich erschlossene Umgebung der Linienfigur. Diese Formulierung des Bildnisses bei Haid, nun in anderer Technik, die eine die Raumtiefe betonende Gestaltung in hellen und dunklen Partien durch die feinere und differenziertere Linienführung begünstigt, ist möglicherweise durch den Kupferstich von Lucas Kilian vom Beginn des 17. Jahrhunderts vermittelt, der durch die Bildunterschrift auf das reformatorische Wirken Melanchthons Bezug nimmt, nicht ohne das Disputieren als Vorgehensweise des Gelehrten zu erwähnen (Abb. 5). Haid wie Kilian beziehen sich wohl auf gemalte Fassungen des Altersbildnisses, die in höherem Maße die in den Graphiken umgesetzten malerischen Qualitäten aufweisen als dies im Holzschnitt der Fall ist.

---

53 Vgl. BRUCKER (s. o. Anm. 48).
54 Vgl. BEHRENDS (s. o. Anm. 1), 132, 133 (Abb.).
55 Vgl. Friedrich W. H. HOLLSTEIN, German engravings, etchings and woodcuts 1400–1700, Bd. 6, hg. v. Karel G. BOON u. a., Amsterdam 1959, 152.

Abb. 4

Melanchthon als Philosoph in graphischen Bildnissen 223

Abb. 5

Brucker nimmt Melanchthon ausschließlich unter dem Gesichtspunkt seiner Gelehrtheit in das Kompendium auf, nicht aufgrund seines reformatorischen Wirkens[56]. Ausführlich wird in der erläuternden Textpassage, der das Bild vorangestellt ist, auf die rhetorischen Fähigkeiten des Gelehrten eingegangen und Melanchthons Vermittlung der Schriften von Aristoteles und Hesiod, Vergil und Terenz, Livius und Cicero erwähnt[57]. Die oben genannte visuelle Strategie unterstützt die Unmittelbarkeit der figürlichen Erscheinung und tritt somit als rhetorische Qualität der Bildnisgestaltung in Erscheinung, ohne sich im Kontext des „Ehrentempels", wie bereits erwähnt, ausschließlich auf Melanchthon zu beziehen.

Im Zusammenhang mit der eingangs gestellten Frage kann diese Art der Darstellung in Bildnissen des 16. Jahrhunderts jedoch als Topos für die Lebendigkeit und Unmittelbarkeit des Bildinhaltes in eine visuelle Argumentation eingebunden werden, die auf die dargestellte Person explizit Bezug nimmt. Dies zeigt sich in einem gemalten Melanchthonporträt von Lucas Cranach d. J., das sich in einer für Sigismund von Brandenburg in zwei Bänden auf Pergament gedruckten Lutherbibel aus der Druckerei von Hans Lufft befindet (Abb. 6)[58]. Die Bibel entstand im Jahr 1560 und enthält kolorierte Holzschnitte sowie miniaturierte Initialen; den beiden Bänden sind insgesamt vier Blätter mit Bildnissen vorgebunden. Eines davon zeigt Melanchthon, ein weiteres Luther, das dritte und vierte, jeweils eines in jedem Band, tragen das Bildnis des adligen Auftraggebers, der in späteren Jahren zum Protestantismus übertrat. Es handelt sich somit um einen explizit reformatorischen Kontext, in den die Bildnisse eingebunden sind.

Die Bildnisminiatur Melanchthons soll in diesen Beitrag aufgenommen werden, weil nach ihr ein Künstler des 19. Jahrhunderts, Ludwig Emil Grimm, eine Radierung schuf, die die Veränderung der ursprünglichen Bildaussage durch die Übertragung in ein anderes Me-

---

56 Vgl. Helmut ZÄH, Die Bedeutung Jacob Bruckers für die Erforschung der Augsburger Gelehrtengeschichte, in: Wilhelm SCHMIDT-BIGGEMANN/Theo STAMMEN (Hg.), Jacob Brucker (1696–1770). Philosoph und Historiker der europäischen Aufklärung, Berlin 1998 (Institut für Europäische Kulturgeschichte der Universität Augsburg, Colloquia Augustana, Bd. 7, hg. v. Johannes BURKHARDT/Theo STAMMEN), 83–98, hier: 96 f. zur Konzeption des „Ehrentempels".
57 Vgl. BRUCKER (s. o. Anm. 48), 170 zu den antiken Autoren, 171 zur Redekunst.
58 Bayerische Staatsbibliothek München, 2 ° L. impr. membr. 21, Seite III^r. Die Maße des Porträts betragen 28 × 17 cm. Die Bezeichnung als Miniatur wird hier übernommen, weil sie die Gattung angemessen bezeichnet, innerhalb derer das Bildnis angesiedelt ist.

Melanchthon als Philosoph in graphischen Bildnissen 225

Abb. 6

dium und die damit einhergehende Kontextveränderung sinnfällig vor Augen führt.

Das Melanchthonporträt in der Pergamentbibel zeigt diesen nach links gewendet in Halbfigur vor blauem Grund, die Hände auf eine Brüstung gestützt, vor der eine steinerne Inschrifttafel angebracht ist. Der

Gelehrte trägt eine pelzbesetzte schwarze Schaube, darunter ein geöffnetes Hemd und einen roten Rock. In der Hand hält er ein aufgeschlagenes Buch. Dieser späteste Bildnistypus tritt in Cranachs Gruppenbildnissen und in Einzelbildnissen wiederholt auf, die erste datierte Fassung stammt aus dem Jahr 1559[59].

Das Buch ist mit einem Eintrag in griechischer Schrift versehen. Es handelt sich um ein Zitat aus der 37. Rede des Gregor von Nazianz über die Perikope Mt 19,1–12[60]. In deutscher Übersetzung lautet diese: „Alles was richtig ist, ist von Gott. Es wird aber denen gegeben, die berufen sind und dem zustimmen."[61] Die Inschrift auf der Tafel ist in Latein abgefasst und gibt ein Lobgedicht von Johann Stigel mit dem Titel „De libris Philippi" wieder[62]. Es lautet:

„Sicut apis vario sugens e flore liquorem
    Subtili pressum nectare fingit opus:
Sic selecta etiam tibi mens argute Melanthon.
    Et veris gignit scripta referta bonis.
Haec apis officii memor, in commune laborans,
    Esse Deo gratum, quod facit omne cupit.
Cedite degeneres fucato pectore fuci,
    Haec Apis est ipso vindice tuta DEO."[63]

Der Autor nimmt Bezug auf die Tätigkeit Melanchthons. Er vergleicht dessen Tun, das Hervorbringen von Schriften, die ausgewählt und mit wahrem Guten erfüllt seien, mit der Tätigkeit der Biene, die Blütensaft aus bunten Blumen sauge und aus dem feinen Nektar den Honig erzeuge. Stigel erwähnt den scharfen Geist Melanchthons, der dies zu vollbringen

---

59 Sie befindet sich im Städelschen Kunstinstitut Frankfurt a.M., vgl. BEHRENDS (s.o. Anm. 1), 131. LUDWIG (s.o. Anm. 40), 146, sieht in dem Bildniskonzept einen Gegenentwurf zu der in Dürers Melanchthonporträt thematisierten Nicht-Darstellbarkeit des Geistes. In beiden Fällen läßt er jedoch die vorhandene bildliche Rhetorik außer Acht, die den Gegenbeweis mit den ureigensten Mitteln des Bildes antritt.
60 Vgl. Hans-Peter HASSE, Melanchthon und die „Alba amicorum": Melanchthons Theologie im Spiegel seiner Bucheintragungen, in: Günter FRANK (Hg.), Der Theologe Melanchthon, Stuttgart 2000 (MSB 5), 291–338, hier: 314.
61 Die deutsche Übersetzung stammt von Heinz SCHEIBLE, vgl. DERS., Philipp Melanchthon: eine Gestalt der Reformationszeit. 50 Bilder und zwei Landkarten, Karlsruhe, Bretten 1995 (Lichtbildreihe zur Landeskunde), 113.
62 Vgl. Wilhelm KRAG, Wittenberger Stammbucheinträge in der Bayerischen Staatsbibliothek München, in: ZfB 42 (1925), 1–8, hier: 5.
63 Für eine vorläufige Übersetzung dieses bislang meines Wissens unübersetzten Gedichts danke ich Thorsten FUCHS.

in der Lage sei. In diesem Tun gleiche der Gelehrte auch in anderer Hinsicht der Biene, die aus Pflichtgefühl und zum allgemeinen Nutzen arbeite, dabei Gott wohlgefallen wolle. Die Drohnen (*fuci*), d. h. nichtsnutzige, in moralischem Sinne Verkommene mit heuchlerischem (*fucato*) Herzen, mögen weichen, die Biene sei sicher, weil Gott selbst ihr Beistand sei.

Die bildliche Darstellung, die dem Typus des Humanistenbildnisses folgt, wird von goldenen Rahmenleisten begrenzt, die mit Ranken und Putten geschmückt sind, wobei auf dem blauen Grund im Inneren Blätter mit ornamental geschwungenen Ranken vom Rahmen zur figürlichen Darstellung überleiten. Dieser Teil des Bildes ist im unteren Bereich durch die als Schattenwurf zu deutende, in dunklerem Blau ausgeführte Partie hinter Melanchthon als Raum definiert. Schattenwürfe finden sich ebenfalls im Bereich der aufliegenden Hände und des linken Arms. Auch die Brüstung ist durch Striche, die eine perspektivische Gestaltung andeuten, räumlich definiert. Diese Gestaltungsabsicht zeigt sich darüber hinaus in der Geste, mit welcher Melanchthon das geöffnete Buch dem Betrachter präsentiert. Es reicht über die Brüstung hinaus und in den Bereich der Inschriftentafel hinein, so dass die Schrift gut lesbar wird. In ähnlicher Weise ist das Lutherporträt gestaltet[64], das auf Seite II^v der Pergamentbibel dem Bildnis Melanchthons als Pendant gegenübersteht. Das Melanchthonbildnis zeigt den geflügelten Drachen, das Signet Cranachs, und die Jahreszahl 1560, das Lutherporträt dagegen ist nicht signiert und datiert. Auf der Rückseite des Blattes mit der Melanchthon-Darstellung befindet sich ein in seiner Handschrift geschriebenes Gedicht mit dem Titel „De monarchiis"[65].

Im Zusammenhang mit der Charakterisierung Melanchthons als Philosoph ist die Tatsache von Belang, dass der griechische Text einen von Melanchthon selbst vorgenommenen handschriftlichen Eintrag darstellt[66]. Wie Hasse ausführt, verwandte Melanchthon in einer eigenen Rede das genannte Gregorzitat, um die Notwendigkeit des Studiums der Kirchengeschichte zu betonen, weil daraus die Auffindung von *testimonia* für die Wahrheit der Kirchenlehre erfolge[67]. Melanchthons eigene

---

64 Vgl. Thesaurus librorum. 425 Jahre Bayerische Staatsbibliothek, Ausstellungskatalog, München 1983, 252, 253 (Abb.).
65 Vgl. Traudel HIMMIGHÖFER, „De monarchiis" – ein Melanchthon-Autograph in der Bibliothek der Evangelischen Kirche de Pfalz in Speyer, in: BPfKG 62 (1995), 353–370, hier: 358 mit einer deutschen Übersetzung des Gedichts.
66 Vgl. HASSE (s. o. Anm. 60), 316, Anm. 104.
67 Vgl. ebenda, 314–316 m. Anm. 103.

theologische Überzeugung in der Frage des Verhältnisses von freiem Willen des Menschen und dem Willen Gottes ist hier gespiegelt. Hasse verweist im Fall der Verwendung des Zitats als Bucheintrag auf die direkte Bezugnahme auf den Betrachter, der sich darin bestärkt sehen konnte, zur „Kirche der Berufenen" zu zählen. Melanchthon verwendet das Gregorzitat demnach als Topos in der eigenen Rede, die sich zweifellos rhetorischer Überzeugungsstrategien bedient. Dieser Topos wird im Bild in zweierlei Aspekten wirksam. Zum einen belegt er eine spezifisch melanchthonianische Sichtweise in der genannten theologischen Fragestellung, zum anderen bezieht er den Betrachter der Bibel, den Auftraggeber Sigismund von Brandenburg, in den Kreis der Auserwählten im Sinne des Kirchenlehrerwortes ein. Diese Hauptaussage des Bildes wird durch die Art der visuellen Präsentation gestützt, die ihr in argumentativer Weise weitere Überzeugungsstrategien zur Seite stellt.

Melanchthon ist in einer das Körperhafte betonenden Darstellung im Bild anwesend. Cranach entwickelte, folgt man Troschke in seiner Arbeit über die Miniaturbildnisse von Cranach d. J., den Typus des halbfigurigen Porträts in diesem Medium erst aus Anlass einer zweiten großen Auflage von Pergamentbibeln am Ende der 1550er Jahre, nach dem in der vom Ende der 1530er Jahre stammenden ersten Auflage Ganzfigurenbildnisse vorherrschten, in denen die Individualität der Dargestellten nur wenig zur Geltung kam[68]. In der Halbfigur rückt die individuelle Erscheinung in einer sorgfältigeren Ausarbeitung der Physiognomie in den Vordergrund, dahingehend lässt sich Cranachs gestalterische Absicht nun deuten. Melanchthon wendet sich zusammen mit Luther an den Fürsten, um ihm persönlich die Botschaft des Textes nahe zu bringen. Er tut dies in einer Weise, die seine bildliche Erscheinung besonders realitätsnah charakterisiert. Dazu tragen die leuchtenden, doch modellierend aufgetragenen Farben bei. Das detailliert ausgearbeitete Antlitz und die körperhafte Darstellung erzeugen darüber hinaus eine Lebendigkeit, die im Konzept der visuellen *persuasio* eine Rolle spielt. Zu diesem Eindruck trägt auch die Platzierung der Gestalt innerhalb des Bildgevierts bei. Melanchthon ist an den rechten Bildrand gerückt, sein linker Arm wird vom Rahmen überschnitten. Dies hat die Wirkung, dass der Betrachter den Dargestellten als in einem räumlichen Kontinuum befindlich wahrnimmt, das sich hinter dem Bildrahmen erstreckt und im Schattenwurf der Gestalt angedeutet ist. Es stellt, so vermittelt diese Strategie, einen Handlungs-

---

68 Vgl. Asmus FREIHERR VON TROSCHKE, Miniaturbildnisse von Cranach d. J. in Lutherbibeln, in: ZDVKW 6 (1939), 15–28, hier: 22.

raum dar, der zur Gestalt des Dargestellten gehört, nicht aber zum realen Raum, in dem sich der Betrachter des Bildes zum Zeitpunkt der Wahrnehmung der Miniatur befindet. Der Gelehrte bewohnt gewissermaßen den Korpus des Buches, die Lutherbibel, die er als Reformator dem Auftraggeber vorzustellen im Begriff ist. Die Unverbundenheit der räumlichen Situationen wird dadurch aufgehoben, dass das aufgeschlagene Buch aus dem virtuellen, weil ausschließlich mit Mitteln der Malerei erzeugten, Bildraum in die Sphäre des Betrachters hineinreicht. Schon in der Generation vor Dürer und Cranach hatte europaweit eine Rezeption niederländischer Malerei eingesetzt. Diese basierte unter anderem auf der Entwicklung eben jener illusionistischen Darstellungsweisen, die auch in Cranachs Bildkonzept umgesetzt sind[69]. Die Unmittelbarkeit der Anschauung, die dadurch erreicht wurde, ist bereits im Kontext niederländischer Bilder Teil einer visuellen Argumentation, wie Preimesberger aufgezeigt hat[70].

In der Cranachminiatur wird dem Betrachter bereits durch die Anordnung der Bildelemente eine Hierarchie in deren Wahrnehmung vorgegeben, die die inhaltliche Argumentation spiegelt. Büttner hat diese Vorgehensweise anhand von Tafelbildern Cranachs d. Ä. erörtert[71]. Eine visuelle Argumentation entfaltet sich auch im hier untersuchten Melanchthonbildnis.

Der bedeutende Gelehrte ist persönlich und körperhaft anwesend, er weist dem Blick des Betrachters in der Geste des vorgestreckten Buches den Weg, so kann die Bildnisstrategie Cranachs interpretiert werden, und er tritt damit in seiner eigenen Lehrautorität in Erscheinung. Im Rahmen dieser Interpretation gewinnt auch der handschriftliche Eintrag des Gregor-Zitats an Bedeutung. Nicht der Text allein ist dazu angetan, den Fürsten zu überzeugen und für die Neue Lehre einzunehmen, es ist der Lehrende selbst, der dies durch die Demonstration seiner eigenen Überzeugung erreicht. In seiner Funktion als Professor der Wittenberger Universität gelingt ihm dies im Rahmen der eigenen Lehrrede, die sich hier ins Bild mit dessen eigenen Gestaltungsmitteln übertragen findet. In der Handschrift ist der Gelehrte in besonderer Weise gegenwärtig. Im

---

69 Vgl. Till-Holger BORCHERT, Die Erneuerung der Malkunst. Überlegungen zur altniederländischen Tafelmalerei, in: Van Eyck bis Dürer. Altniederländische Meister und die Malerei in Mitteleuropa, Ausstellungskatalog, Brügge 2010, 18–33, hier: 32.
70 Vgl. Rudolf PREIMESBERGER, Zu Jan van Eycks Diptychon in der Sammlung Thyssen-Bornemisza, in: ZfKG 60 (1991), 459–489.
71 Vgl. BÜTTNER (s. o. Anm. 20).

Bildnis steht die Gestalt, wie wir auch und gerade in Bezug auf die humanistisch gestimmten Lutherbildnisse von der Hand Cranachs erfahren haben, für das geistige Profil des Dargestellten. Jenseits einer die Skepsis gegenüber bildlicher Darstellung benennenden Rhetorik von der Unmöglichkeit, eine Person vollgültig im Bildnis zu erfassen, ist hier die in der Handlung, dem Vorweisen des handschriftlich verfassten Textes, vollzogene Präsenz der geistigen Natur des Gelehrten durch dessen körperliche Anwesenheit gesteigert. Diese wird als Argument für die Plausibilität der Textaussage in Dienst genommen.

Einem möglichen Einwand an dieser Stelle, diese Art der Darstellung sei nicht allein dem Universalgelehrten vorbehalten, sondern zeige sich im Kontext der Pergamentbibel auch im Bildnis Luthers, soll nachgegangen werden. Die in der gleichen Weise durch die genannten visuellen Strategien gesteigerte Präsenz des Reformators widerlegt die Behauptung, diese Strategie stelle allein Melanchthon als Rhetoriker, als Philosophen dar. Allerdings zeigt sich in der Natur der Texte in den aufgeschlagenen Büchern, die in das jeweilige Bildkonzept eingebunden sind, eine Differenzierung zwischen dem Universalgelehrten Melanchthon und dem Theologen Luther[72]. Dieser präsentiert einen hebräischen Text, ein Bibelzitat. Bezeichnend ist, dass es zwar ebenfalls als handschriftlicher Eintrag erscheint, dieser jedoch von Melanchthon ausgeführt wurde. Er trug auch die biographischen Notizen zu Luther auf der Rückseite des Blattes ein. Melanchthon scheint somit ein weit größeres Interesse an derartigen visuellen Überzeugungsstrategien gehabt zu haben als der Hauptreformator. Der Aufbau der visuellen Argumentation, in der im Fall Melanchthons der handschriftliche Eintrag als Topos der Echtheit der Überzeugung desjenigen, der ihn vornahm, mit dem Potential der *persuasio* durch deren Einbindung ins rhetorische Bildgefüge verbunden war, ist damit in Bezug auf Luther nicht möglich. Auch steht Luther als Lehrautorität für die Interpretation der Urtexte der Bibel, während Melanchthon zu deren Auslegung die Texte der Kirchenlehrer heranzieht. Indem er sich ihrer Autorität bedient, gliedert er diese als Topos mit eigenem Überzeugungspotential in seine Argumentation ein. Melanchthon ist also, im Unterschied zu Luther, in besonderer Weise in seinem rhetorischen Vorgehen gezeigt und damit als Philosoph ge-

---

72 Das Bildnis Sigismunds ist insofern nicht in eine Argumentation eingebunden, in der mit Text und Eigenhändigkeit gearbeitet wird, als dieses den Fürsten lediglich mit einer Schriftrolle in der Hand und ohne Bildinschrift wiedergibt, vgl. TROSCHKE (s. o. Anm. 68), 23 (Abb.).

kennzeichnet, wenngleich er seine Tätigkeit explizit im Rahmen der Glaubenspropaganda ausübt.

Das Gedicht Stigels stärkt das erwähnte Argument der Lehrautorität Melanchthons, indem es ein Lob auf dessen Vorgehen ausbringt, das im Hervorbringen von mit wahrem Guten erfüllter Schriften besteht. Wie die Biene den Saft der Blüten saugt, feinen Nektar erzeugt und in (süßen) Honig umwandelt, ist im Hinblick auf eine vergleichbare Tätigkeit Melanchthons ohne Zweifel dessen Arbeit mit den Schriften der Kirchenlehrer gemeint. Damit nimmt das Gedicht im Kontext der Miniatur auf das Gregorzitat Bezug. Melanchthon, so kann man diese Argumentation lesen, erzeugt eigene Schriften, süß wie Honig, aus der Lektüre derjenigen der Kirchenlehrer. Hier begegnet der Topos der Süßigkeit, die wie die Schönheit des Nachtigallengesangs im Kupferstich von Boissard als eine Qualität der Gelehrtentätigkeit aufgeführt wird. Bezog sich die entsprechende Äußerung bei Boissard auf die Rede Melanchthons, so bezieht sich der Topos bei Stigel auf die Schriften des Gelehrten. In beiden Fällen ruft der Topos jedoch eine positive Qualität aus der Kategorie des sinnlich Erfahrbaren auf. Dies verweist auf die Bestimmung der Topoi, Argumente im Gefüge einer Überzeugungsstrategie zu sein, die sich zur Erreichung ihres Ziels offenkundiger Wahrheiten aus dem Bereich des allgemein sinnlich Erfahrbaren bedient. Cranach nutzt in seinem Bildnis Melanchthons auch in diesem Fall die über das Wort vermittelte Topik zur Erzeugung einer bildlichen Rhetorik.

Das Gedicht auf der Rückseite des Porträts, das von dem Gelehrten oft für Buchkeinträge verwendet wurde[73], spricht die Autorität Gottes als über den Fürsten stehend an und bindet so den Adressaten und Besitzer des kostbaren Buches in eine Verpflichtung zum rechten Handeln ein – zu dem die Zugehörigkeit zum „wahren Glauben" im reformatorischen Sinne zählt, so möchte man ergänzen, wofür die Anleitung in Gestalt des Bibeltextes im Buch selbst gegeben ist. Über den Gedichttext werden so weitere Argumente eingebracht, auch sie ergänzen die in der visuellen Strategie aufscheinende Bildrhetorik durch textgebundene Topoi.

Im Jahr 1811 fertigte der Maler und Radierer Ludwig Emil Grimm, Bruder von Jakob und Wilhelm Grimm, eine Radierung dieses Pergamentbibel-Bildnisses vor Ort in der damaligen Münchener Hofbibliothek an (Abb. 7)[74]. Es zeigt Melanchthon getreu der Vorlage, wobei sich

---
73 Vgl. HASSE (s. o. Anm. 60), 316, Anm. 104, 297, Anm. 32; oben S. 227.
74 Vgl. Gerhard FREUND, Ludwig Emil Grimm. Maler und Radierer des 19. Jahrhunderts, Steinau a. d. Straße 1990, 24.

Abb. 7

die Darstellung auf das Geviert beschränkt, in welches das Bildnis platziert ist. Die Radierung stellt also lediglich einen Ausschnitt der Miniatur dar, dieser endet knapp unterhalb der Brüstung, Inschrifttafel und Rahmen sind nicht einbezogen. Der Grund hinter der Figur ist, bedingt durch die Schraffurtechnik, insgesamt uneinheitlich gestaltet. Der im gemalten Bildnis vorhandene Schatten hinter Melanchthon ist nicht wiedergegeben. Datierung und Cranachsignatur sind hell auf dunklem Grund zu sehen, die ornamentalen Fortsätze der Ranken jedoch ausgelassen. In einem hellen Feld unterhalb der Brüstungsplatte sind, abweichend von der Vorlage, die Lebensdaten des Gelehrten in deutscher Sprache eingetragen. In dieses Feld ragt die linke obere Ecke des aufgeschlagenen Buches hinein, das Melanchthon in den Händen hält.

Die Radierung ist insgesamt sehr dunkel; dies ist nicht als Eigenschaft des Brettener Exemplars zu sehen, auch dasjenige im Amtshaus der Stadt Steinau weist diese Eigenschaft auf[75]. Dadurch tritt die Differenzierung der Kleidung des Gelehrten optisch zurück. In seiner Physiognomie ist das feine Lineament der Vorlage, das die Alterszüge Melanchthons kennzeichnet, nur in einigen Partien gut sichtbar wiedergegeben. Die in der Vorlage bis auf den Schattenwurf einheitlich gestaltete Beleuchtung ist in der Radierung in ein düsteres Bildlicht verwandelt, Gesicht, Buchseiten und Hände des Gelehrten treten als Bedeutungsträger hell hervor. Der untere Teil des Antlitzes wirkt dagegen stark verschattet. Dies ist durch die im Gegensatz zur Vorlage dunkle Gestaltung des Bartes bedingt.

Die Schrift des in die Buchseiten eingetragenen Gregorzitats ahmt Melanchthons Handschrift nach, die Seiten selbst sind in einigen Bereichen schraffiert und damit der Tonigkeit der anderen Partien angeglichen.

Der optische Eindruck, der von demjenigen des Vorbilds beträchtlich abweicht, ist zum einen dem Wechsel des Mediums geschuldet. Anders als in den anderen Bildbeispielen weist die Vorlage hier eine Gestaltung in kräftigen Buntfarben auf, die naturgemäß in der graphischen Übertragung nicht zur Geltung kommt. Zum anderen tritt in dem kleinteiligen Strich der persönliche Stil des Radierers zutage, den dieser im Studium von seinem an der Münchener Kunstakademie tätigen Lehrer Carl Hess übernahm[76]. Auch andere Arbeiten Grimms weisen dieses Charakteristikum auf. Im Unterschied zu den vorangegangenen Beispielen, in der sich die Diskussion auf die Veränderung der rhetorischen Zusammenhänge in der Rezeption einer Vorlage beschränkte, wobei die mehr oder weniger getreue Kopie des Vorbilds nicht auf den persönlichen Stil des Stechers verweist, sondern im besten Fall topischen Charakter hat, handelt es sich in dem Blatt aus dem frühen 19. Jahrhundert um eine Übertragung mit hohem Anteil an Personalstil. Die erwähnte Tonigkeit findet sich auch in anderen Arbeiten des Künstlers, wobei mit diesem Begriff nicht vornehmlich die Dunkelheit der Bilderscheinung gemeint ist, sondern ein Zusammenschluss aller Bildelemente über eine farblich harmonische Grundstimmung. Da die Farbigkeit in diesem Fall als

---
75 Vgl. ebenda, 28.
76 Vgl. ebenda, 16 f.

Kontrast von Schwarz und Weiß definiert ist, bezieht sich die Aussage auf die Annäherung beider Extreme an einen Mittelwert. Die in besonderem Maß mit dem Konzept einer individuellen Aussage verbundenen Bildpartien, Gesicht, Hände, über deren Gestik der Blick des Betrachters gelenkt wird, und Buch, sind durch Helligkeit betont. In der farbigen Vorlage tritt zu diesen Elementen noch die weißgrundige Inschrifttafel hinzu. Grimm erfasst in seiner Kopie die bildliche Struktur des Vorbilds, die dem Blick des Betrachters die visuelle Rhetorik erschließt. Da die Radierung jedoch wesentliche Elemente dieser Bildstrategie unbeachtet lässt, verkürzt sich die Bildaussage nun auf die Präsentation des griechischen Textes, dessen Handschriftlichkeit nicht zur Geltung kommt. Die den Raum erschließenden Strategien – Überschneidung des Körpers durch den Bildrand, Hineinreichen des Buches in das dem biographischen Eintrag vorbehaltene Feld – werden vom Künstler jedoch als Charakteristika der Cranachschen Bildschöpfung übernommen. Das Resultat ist ein Bildnis Melanchthons, der sich in seiner Eigenschaft als Lehrer der griechischen Sprache präsentiert. Die visuelle Rhetorik des Bildes, die den Gelehrten mit dem von ihm selbst eingesetzten Überzeugungsstrategien darstellte, tritt hinter die wenig komplexe Darstellung eines humanistisch Gebildeten zurück. Grimm erfasst die ursprüngliche Bildaussage nicht, sondern radiert das Bildnis im Zuge seiner Studien Alter Meister, die durch seine Graphiken aus dem zweiten Jahrzehnt des 19. Jahrhunderts nach anderen berühmten Meistern, darunter Raffael, belegt sind[77]. Nicht die im Kontext einer visuellen Argumentation verbildlichte Gestalt Melanchthons weckt das Interesse des Künstlers, sondern der Ruhm Cranachs. Das Kunstwerk wird um seiner selbst willen Gegenstand der künstlerischen Auseinandersetzung, nicht aufgrund des vermittelten Inhalts.

---

77 Vgl. ebenda, 24.

Personenregister

Aetius Doxographus 165
Agricola, Rudolf 67–69, 80, 84–86, 90
Alberti, Leon Battista 206, 218
Alt, Heinrich 196f.
Amerbach, Veit 164, 167
Anonymus *Ad Herennium* 81
Antiochus von Askalon 25
Antonius, M. (Redner) 65
Argyropulos, Johannes 54f., 167
Aristophanes 4, 149
Aristoteles 1, 6–10, 12f., 15, 19, 23, 26, 31, 38, 40, 46–79, 81–83, 85f., 91, 135, 148f., 153–155, 160f., 164–168, 171, 181, 191f., 194, 224
Arriaga, Rodrigo de 183, 198
Atticus 168f.
Augustinus 2, 15, 31, 56, 115, 163, 175, 198
Averroes 54

Badius Ascensius, Jodocus 55
Barbaro, Daniel 54
Barbaro, Ermolao 54, 167
Barbirianus, Jacobus 67
Basilius von Caesarea 31–33, 112
Bellarmino, Roberto 183
Beroaldo, Filippo 167
Bessarion, Basilius 54
Biel, Gabriel 47
Blumenberg, Hans 115f., 132
Bodin, Jean 116, 134, 146
Boethius 64, 66f., 69, 81–83, 163
Boissard, Jean Jacques 219
Boissard, Robert 216, 218f., 231
Borgia, Cesare 124
Brenz, Johannes 51
Brück, Christian 52
Brucker, Jacob 151, 217, 221, 223f.

Bruni Aretino, Leonardo 53–55
Burenius, Arnold 52
Buridanus, Johannes 55

Caesarius, Johannes 69
Calvin, Johannes 31
Camerarius, Joachim 50f., 58, 101, 107, 109, 149, 213
Camicianus, Andreas 109
Capito, Wolfgang 56
Casaubon, Isaac 54
Catull 108
Celtis, Conrad 205, 214
Choirilos 164, 167
Chrysippos von Soloi 162
Cicero 1, 7, 12f., 15, 19, 23, 25, 61, 64–67, 69, 77, 79–83, 85f., 89f., 110, 140, 147–171, 224
Clemens von Alexandrien 2, 24f., 31
Clichtove, Josse 55
Cochlaeus, Johannes 103–106
Coler, Jacob 180
Cranach, Lucas d. Ä. 201, 206–209, 215, 229f.
Cranach, Lucas d. J. 112, 201, 208, 221, 224, 226–228, 231f., 234
Crassus, L. Licinius 65
Crato, Johannes 52f.
Cruciger, Caspar 175
Crüger, Johannes 184

Delphus, Aegidius 55
Demosthenes 90
Deutschmann, Johannes 196
Diderot, Denis 151
Dilthey, Wilhelm 1, 45f., 75, 140, 150f., 154, 156f., 162
Duns Scotus, Johannes 129f., 135
Dürer, Albrecht 202, 205–216, 218–220, 226, 229

Ebner, Erasmus 95, 101, 109
Eck, Johannes 103–106, 110
Elswick, Johann von 198
Empedokles 78
Epikur 156
Erasmus von Rotterdam 2f., 36, 55, 59, 67f., 84, 87–90, 115, 160, 212, 214
Evenius, Sigismund 183

Farnese, Alessandro 54
Fienus, Thomas 185
Freitag, Johannes 185f.

Gadamer, Hans-Georg 1
Galenos 26, 149, 167
Gallego de la Serna, Juan 190
Gaza, Theodorus 54
Gellius, Aulus 163
Gellius, Lucius 169–171
Goldstein, Kilian 102
Granvelle, Nicolas Perrenot de 99, 170
Gregor von Nazianz 226–229, 231, 233
Gregor von Rimini 190
Grimm, Ludwig Emil 224, 231, 233f.
Gronenberg, Simon 177f.
Grünewald, Matthias 206
Grynäus, Simon 59

Haid, Johann Jacob 221
Harvey, William 198
Heinick, Abraham 183
Hennings, Justus Christian 173
Herbert von Cherbury, Edward 141
Hering, Jakob 219
Hesiod 5, 224
Hess, Carl 233
Hess, Johannes 92f.
Hessus, Eobanus 213
Heyd, Ludwig Friedrich 56
Hirtius 163
Hobbes, Thomas 116, 127f., 134, 145f.
Hoffmann, Johannes 197
Homer 105, 108, 111

Horaz 108, 110
Hurtado de Mendoza, Pedro 190

Johannes Chrysostomos 2, 31–33
Johannes de Sacrobosco 59
Jonas, Justus 50, 169

Kant, Immanuel 132
Keckermann, Bartholomäus 180
Kilian, Lucas 221
Klug, Joseph 50f.
Kolb, Ernst 184
Kritolaos 166
Kyper, Albert 180

Laktanz 152
Lang, Johannes 4
Leeuwenhoek, Antoni van 198
Lefèvre d'Étaples, Jacques 54f., 91
Leibniz, Gottfried Wilhelm 173f., 185
Licetus, Fortunius 185
Livius 224
Locke, John 141
Lotichius, Petrus Secundus 96
Lufft, Hans 224
Lukian 164, 167
Lukrez 159
Luther, Martin 2–4, 12–14, 25, 36, 46f., 49, 72f., 90–92, 106, 130–132, 136, 160, 163, 202f., 206–209, 212, 215, 224, 227f., 230

Machiavelli, Niccolò 115–117, 123–125, 127f., 133f., 136f., 143–145
Magirus, Johannes 177–179, 183, 194, 196
Major, Johannes 184
Martial 108, 213
Martini, Jacob 180f., 198
Meisner, Balthasar 181, 183f., 187, 198
Melanchthon, Philipp
– Aristoteleskommentare 7, 11, 3, 50f., 71f.

- Briefe und Vorreden 3f., 31, 50–52, 56, 59f., 90–92, 96f., 99–101, 107, 149f., 161, 169f.
- Cicerokommentare 7, 70, 140, 148f.
- Commentarius de anima 164f., 167, 174–176
- Dialektiken, s.a. Erotemata dialectices 68–70, 149
- Disputationes theologici 31
- Enarratio Symboli Niceni 11, 175, 195
- Erotemata dialectices, s.a. Dialektiken 6, 9, 68f., 156
- Ethicae doctrinae elementa 11, 14, 18–20, 23, 30f., 36f., 39, 43, 49, 52f., 60, 71–75, 141, 147, 155, 160f., 163
- Explicatio Symboli Niceni 16, 27–29, 34, 38
- Gedichte 95–113, 148, 227
- Grammatica Graeca 56, 90f.
- Heubtartikel christlicher Lere 31, 35, 37–39
- Initia doctrinae physicae 7
- Liber de anima 7, 15–18, 26, 155, 162f., 166f., 174–177, 195, 198
- Loci-theologici-Schriften 7f., 31–35, 49, 84f., 90–93, 121, 123, 125f., 129, 142, 150, 155, 158–160, 163
- Pauluskommentare 121f.
- Philosophiae moralis epitome 23, 52, 161
- Pro Luthero oratio 49
- Quaestiones aliquot Ethicae 52f.
- Rhetoriken 67, 70, 149, 205f.
- Theogniskommentar 158
- Universitätsreden und Deklamationen 3–5, 7–9, 31, 90f., 121, 147, 153f.
- Vorlesungen 5f., 46, 51f., 57, 59, 91, 101, 148

Meletius Medicus 165
Menander 164
Micraelius, Johannes 182–184, 196
Mommsen, Theodor 147
Müller, Krafft 52

Myconius, Friedrich 97, 99

Neufeld, Konrad 197
Nikolaus V. 53

Oecolampad, Johannes 56, 67, 86, 90
Origenes 24
Osiander, Andreas 100f.
Ostermayr, Wolfgang 46

Paulus 3f., 32, 37f., 92f., 120f., 137f.
Pelargus, Ambrosius 103–106
Perion, Joachim 54
Petrarca, Francesco 147, 149
Petrus Lombardus 82, 84f., 90, 92
Pfuel, Johann Ernst 196
Pirckheimer, Willibald 56, 105f., 207, 212
Platon 4, 148f., 166
Poliziano, Angelo 167
Pomponazzi, Pietro 115
Popper, Karl 61
Ps.-Maximus Confessor 82
Pufendorf, Samuel von 135, 138

Quintilian 85, 149

Rabelais, François 167
Raffael 234
Reuchlin, Johannes 56
Richelieu, Armand-Jean du Plessis 145
Rousseau, Jean-Jacques 146

Salomo 37f., 50
Scaliger, Julius Caesar 186
Schilling, Ulrich 59
Schwebel, Johannes 52
Scultetus, Abraham 53, 75
Seneca 152
Sennert, Daniel 174, 184f., 190, 196
Setzer, Johann 51
Sigismund von Brandenburg 224, 228, 231
Simler, Georg 56, 90

Sperling, Johannes   174, 180,
    185–190, 192, 194–198
Stadianus, Franciscus   56
Stigel, Johann   226, 231
Strigel, Victorin   53, 75, 177
Sturm, Johannes   55, 102, 106, 109
Suárez, Francisco   119, 122f., 127f.,
    139, 142, 183, 190, 198
Swammerdam, Jan   173

Taurellus, Nicolaus   182
Terenz   224
Theognis   158
Theokrit   96
Thomas von Aquin   130, 135, 139
Thomasius, Jacob   197f.
Thumm, Theodor   184

Valla, Giorgio   54
Valla, Lorenzo   115, 159
Vazquez, Gabriel   198
Venetus, Jacobus   165
Vergil   106, 108, 224
Vitoria, Francisco de   116–120,
    122f., 125–132, 134, 136–139,
    141–143, 145f.
Vives, Juan Luis   55

William von Ockham   129f., 136

Zabarella, Jacopo   115
Zanchi, Hieronymus   180, 183
Zeisold, Johannes   174, 180, 184f.,
    189–198
Ziegra, Constantin   196

Sachregister

Affektenlehre 17, 23, 26, 71
Allegorese 98, 105, 111
Allgemeinbegriffe 58, 156f.
anima intellectiva 180
anima rationalis 173, 178, 180f., 183f., 186, 188, 191f., 195–197
anima sensitiva 178
Anthropologie 14, 16, 20, 25, 47, 121f., 130f., 133, 142, 167, 177f., 180f., 183, 187f., 191f.
Aristotelismus 11, 49, 58, 115, 120
Artes liberales 4–6, 8, 204
assensio 23f., 34, 36–38
Astrologie 10
Astronomie 5, 10

Bildmedien 201f.
Buße 14

Calvinismus 183, 196, 198
causae secundae 27, 33
causa prima 33
causa principalis 25, 178
concursus 176, 178–181
confirmatio 70, 81
conplexio 81

Determinismus 25, 34, 36, 40f., 159–161
Dialektik 4, 6, 9, 26, 30, 42, 62–64, 66–70, 72f., 77f., 81, 85f., 89f., 121, 149, 204
dicta probantia 79, 82
differentia specifica 79, 87
disciplina 15, 18, 28, 72, 158

Eklektizismus 2, 89, 150–152, 154, 168
Embryologie 182, 184, 186, 193, 198

enargeia 166
Endelechie 164–168
endoxon 62f., 78f., 82
energeia 164, 166
Entelechie 155, 164–168, 182, 185
Enthusiasten 34, 36
Enthymem 83
Epikureismus 36, 156f., 168f.
Epistemologie 9, 24, 62, 140f., 143, 174, 176
Erbsünde 92, 159, 163, 175, 177, 180f., 183, 194
Erkenntnisfähigkeit 17–20, 26f., 64, 71, 131, 140f., 213
Erkenntnistheorie 7, 140f.
Erlösung 14f., 17, 20f., 28
Ethik 7f., 11, 12–15, 18–22, 26, 29, 38, 45–55, 59–61, 70–75, 91, 121f., 140, 148, 154
Eudaimonie 21
Ewigkeit 8
Exkommunikation 52
exornatio 81

Fatalismus 36f., 40, 160
fides s. a. Glaube 25f., 34, 38, 85, 100
finis principalis 74f.

Gemeinwohl 124, 126f.
generatio 178, 180, 186, 194f., 229
genus proximum 79
Geschichtsschreibung 5f., 150, 204
Gesetzesbegriff s. a. Rechtsbegriff 15, 117, 125, 127, 130, 137f.
Gewissen 19, 34, 136–139, 143
Glaube s. a. *fides* 14f., 17, 20–26, 28–38, 41f., 45, 91, 100, 112, 121f., 126, 231
Gnade 14f., 21f., 24, 28f., 31, 34f., 37f., 41, 46–48, 209

Gottebenbildlichkeit 15–20, 22f.,
  29, 39, 42, 71, 75, 154f., 158
Gottesbegriff 7, 32, 123
Gottesbeweis 8, 20, 141
Gotteserkenntnis 19, 27, 74f., 127,
  154
Gottesfurcht 14, 23, 29, 35
Gottesgehorsam 24, 28, 74f.
Gottesliebe 29f., 35
Gottvertrauen 14, 21, 29, 35, 38, 98
Grammatik 4, 8, 56, 90

habitus 8f., 15, 26, 88
Heiliger Geist 22, 29–33, 35–37, 39,
  42
Hermeneutik 1, 42, 56, 68, 70
hexis s. *habitus*
Humanismus 4–8, 13, 40–42, 45, 48,
  53, 55, 57, 67f., 86f., 89f., 92, 96,
  99, 108–113, 147f., 150, 201,
  204–208, 210, 212–216, 219, 230,
  234

ideae innatae 134, 140–142, 157
inventio 65, 70, 77, 79–83, 86–89
iudicium 16, 60, 70, 79f., 89, 149f.

Jesuiten 183, 190f., 198

koinai ennoiai 140, 156
Kompatibilismus 40f.
Konfessionalisierung 115, 117, 146
Kontingenz 37, 159, 161
Kreationismus 174, 183, 190, 192,
  194f., 197f.

lex divina 16, 28, 74f., 131f., 142
lex moralis 15, 72f.
lex naturalis s. Naturrecht
loci communes 56, 65f., 68, 70, 77, 82,
  85, 92f., 126, 155
loci praecipui 60, 70
locomotiva 27f., 39
Logik 1, 85f., 122
lumen naturale 45, 157f.
Lutheraner 174, 179f., 182–184,
  190–192, 194–199

Machiavellismus 115, 117, 134, 145
Manichäismus 11, 34, 36
Mathematik 5, 10
Medizin 7, 26, 174, 204
Metaphysik 1, 8, 10, 49, 86, 91, 115,
  123, 134f., 190
Monaden 173
Mönchtum 2, 100, 106

Naturrecht 1, 15f., 19f., 23, 52, 71,
  75, 117f., 122, 125–127, 133, 142,
  145f., 156, 158f.
Neuplatonismus 171, 218
Nominalismus 57f., 142, 154
notitiae naturales 17f., 140–143,
  154–158, 176f., 179
Nutzen s. a. Utilitarismus 68, 71f.,
  78, 101, 121, 154, 161, 227

Ockhamismus 47, 136
Offenbarung 14f., 45, 61, 72, 85,
  104, 140, 195
Ökonomik 48, 71
opinio(nes) 26, 60, 157, 160f.

Pelagianismus 31, 36, 163, 196
Perseitas 131, 135f., 139
Philosophie
– Moralphilosophie 6f., 9, 39,
  40–42, 46f., 52, 71, 73f., 158
– Naturphilosophie 7, 49, 75, 190
– Philosophia Christiana 2f., 73
– Philosophia perennis 91
– praktische 7, 11–13, 18–22, 24,
  30, 38, 47–49, 55, 59, 66, 72–74,
  120, 123, 125f., 131, 148, 205
– Rechtsphilosophie 7, 9, 123, 146,
  204
Physiognomie 212, 218f., 228, 233
poeta doctus 111
Poetik 5–7, 90, 204
Politik 7, 10, 13f., 19, 21–24, 28, 42,
  46, 48–50, 59f., 65f., 71, 73, 109,
  115–139, 145f., 152, 169
Prädikate 79–81, 83, 86f., 89
probabile 62, 66, 68f., 82, 162
prolepseis 156

propositiones   9, 33, 66f., 69f., 81–84, 160, 183
    maxima propositio   66f., 82–84
Psychologie s. Seelenlehre

Rationalismus   131, 134–136
Rechtfertigungslehre   4, 12–15, 20, 24, 40–42, 47f., 52, 73, 90–92, 122
Rechtsbegriff s. a. Gesetzesbegriff 126f., 129, 142
Rhetorik   1, 4, 9, 42, 63f., 66–68, 70, 77–93, 108, 110, 121, 147–149, 151, 166, 203–205, 207, 209, 213–215, 218f., 221, 226, 230f., 234,
    visuelle   205, 207, 226, 231, 234

Säkularisierung   115, 117, 132
Scholastik   38, 46f., 85, 119, 131, 142, 149, 163, 183
Schwärmer   34
scientia   6, 8f., 26, 59, 65
Scotismus   131, 135, 139
Seelenlehre   7, 9, 15, 141, 143, 147–199
Seelenschöpfung   174, 184f., 189, 192, 194f., 197f.
simplicitas   206f.
Staatsräson   115, 125, 134
Stoa   6, 19, 24f., 32f., 36–38, 64, 112, 152, 154, 156f., 160–162, 168, 171
Sünde s. a. Erbsünde   14, 28, 72, 92, 138, 175, 179, 182f.
Sündenfall   15–17, 22, 29, 33, 37f., 48, 74, 84, 131, 140, 142, 175f., 179, 182, 187f., 194

Syllogismus   9, 62–64, 69, 77f., 83, 86
Synergismus   26, 35

Theodizee   32, 37, 40, 163, 173f.
Thomismus   120, 134–136, 139, 159, 163
Topik   48, 61–72, 77–93, 108, 204–207, 209f., 212, 215f., 218, 231, 233
Traduktionismus   173–179, 181–183, 185, 188, 194, 197f.
Tugend   15, 18–20, 23, 29, 39–42, 48, 51, 71, 74f., 85, 148, 162f., 176, 178

Universalien   58
Utilitarismus s. a. Nutzen   133, 143

Vernunft   14f., 17, 19, 21–24, 29f., 32, 37, 40, 58, 66, 119–123, 127f., 131f., 134–136, 140, 158
Verstand   16f., 22, 26f., 29, 35, 42, 135
via moderna   57f.
vis obligandi   134–137, 139, 143f.
vis plastica   182, 186, 193
Voluntarismus   120, 129f., 132–136, 138f.
Vorsehung   33, 37, 41, 159, 163, 180

Willensfreiheit   8, 11–43, 48, 51, 71, 155, 159–163
Wormser Religionsgespräch   95, 97, 99, 105, 107, 109, 112, 170f.

www.ingramcontent.com/pod-product-compliance
Lightning Source LLC
Chambersburg PA
CBHW070610170426
43200CB00012B/2644